UMA VISÃO GLOBAL DO PSICODRAMA

Fundamentos históricos, teóricos e práticos

Dados Internacionais de Catalogação na Publicação (CIP)
(Câmara Brasileira do Livro, SP, Brasil)

Blatner, Adam
  Uma visão global do psicodrama: fundamentos históricos, teóricos e práticos / Adam Blatner e Alee Blatner; [tradução Pedro S. Dantas Jr.] — São Paulo: Ágora, 1996

  Título original: Foundations of psychodrama
  Bibliografia
  ISBN 978-85-7183-515-3

  1. Psicodrama I. Blatner, Allee. II. Título.

96-3111   CDD-616.891523
                                                 NLM-WM 430

Índice para catálogo sistemático:
  1. Psicodrama   616.891523

www.editoraagora.com.br

EDITORA AFILIADA

Compre em lugar de fotocopiar.
Cada real que você dá por um livro recompensa seus autores
e os convida a produzir mais sobre o tema;
incentiva seus editores a encomendar, traduzir e publicar
outras obras sobre o assunto;
e paga aos livreiros por estocar e levar até você livros
para a sua informação e o se entretenimento.
Cada real que você dá pela fotocópia não autorizada de um livro
financia um crime
e ajuda a matar a produção intelectual de seu país.

UMA VISÃO GLOBAL DO PSICODRAMA

Fundamentos históricos, teóricos e práticos

Adam Blatner e Allee Blatner

ÁGORA

Do original em língua inglesa
Foundations of psychodrama: History, theory, & practice
Copyright © 1988, by Springer Publishing Company, Inc., Nova York, 10012

Tradução: **Pedro S. Dantas Jr.**
Revisão técnica: **Silvia R. A. Petrilli**
Capa: **Yvoty Macambira**

Editora Ágora
Departamento editorial
Rua Itapirucu, 613 – 7º andar
05006-000 – São Paulo – SP
Fone: (11) 3872-3322
Fax: (11) 3872-7476
http://www.editoraagora.com.br
e-mail: agora@editoraagora.com.br

Atendimento ao consumidor
Summus Editorial
Fone: (11) 3865-9890

Vendas por atacado
Fone: (11) 3873-8638
Fax: (11) 3873-7085
email: vendas@summus.com.br

Impresso no Brasil

SUMÁRIO

Apresentação à edição brasileira 7
Introdução 9
1 Uma Visão Global do Psicodrama 17

PARTE I — FUNDAMENTOS HISTÓRICOS

2 As Origens Históricas do Psicodrama 27
3 Desenvolvimentos Posteriores do Psicodrama 37
4 As Resistências ao Psicodrama 45

PARTE II — FUNDAMENTOS FILOSÓFICOS

5 Fundamentos Filosóficos do Psicodrama: Co-criatividade e Responsabilidade 57
6 Fundamentos Filosóficos do Psicodrama: Metafísica e Sociatria 65
7 Espontaneidade 75

PARTE III — FUNDAMENTOS PSICOLÓGICOS

8 Fundamentos Psicológicos do Psicodrama 85
9 Fatores Terapêuticos no Psicodrama 99
10 Dinâmica do Papel: Base Psicológica do Psicodrama 109
11 Integrações com Outras Terapias 121

PARTE IV — FUNDAMENTOS SOCIAIS

12 Psicodrama e o Campo Interpessoal..133
13 As Implicações da Sociometria...143

PARTE V — FUNDAMENTOS PRÁTICOS

14 Princípios das Técnicas Psicodramáticas...155
15 Síntese de Termos e Técnicas Psicodramáticas................................161

Bibliografia..183
Apêndice A: Cronologia Histórica do Psicodrama e da
Psicoterapia de Grupo..189
Apêndice B: Uma História Psicodramática...197

APRESENTAÇÃO À EDIÇÃO BRASILEIRA

Entrar em contato com Adam e Allee Blatner por meio deste livro despertou-me grande satisfação. Incumbida de realizar a revisão técnica flagrei-me repetidas vezes distante desta tarefa por me encontrar envolvida e encantada pelo estilo simples e fluido do texto. Os autores, ainda pouco conhecidos pelos psicodramatistas brasileiros, dominam a arte do esclarecimento, transformando temas complexos do âmbito da socionomia em matéria acessível, ainda assim, respeitando sua merecida seriedade e importância.

O título *Uma visão global do psicodrama — Fundamentos históricos, teóricos e práticos*, o primeiro entre tantos escritos por esses autores, traduzido para nosso idioma, expressa fielmente o conteúdo do livro, desenvolvido de forma didática e atraente. Adam e Allee apresentam conceitos estruturais do psicodrama tais como técnicas, influências teóricas e práticas, tanto a partir da obra de J. L. Moreno, incluindo dados bibliográficos e observações interessantes sobre a influência da personalidade do criador do psicodrama no movimento psicodramático, como das diversas correntes desenvolvidas no trato do ser humano em solo americano. Passeiam pela psicoterapia de grupo e a sociometria deixando rastros de consistente experiência tanto do ponto de vista de quem aplica como daquele que se submeteu ao trabalho psicodramático. Entre outros aspectos relevantes, terminam por propor um trabalho por meio da 'dinâmica do papel', uma síntese de suas diversificadas vivências profissionais e psicodramáticas.

É material excelente para os que estão em formação, para aqueles que se dedicam a formar psicodramatistas, e para outros profissionais que desejam conhecer o psicodrama, sobretudo o psicodrama norte-americano do qual temos no Brasil ainda pouca divulgação.

Que Adam e Allee sejam bem-vindos entre os psicodramatistas brasileiros!

Silvia Petrilli
Psicóloga e Psicodramatista

INTRODUÇÃO

O psicodrama e os métodos correlatos são projetados para cultivar e utilizar a criatividade na psicoterapia, na educação e em outros contextos. E isto é feito combinando o poder da imaginação, a flexibilidade do drama, o estímulo da ação e os *insights** da moderna psicologia psicodinâmica. Além disso, o psicodrama destaca-se entre as psicoterapias por sua capacidade de abranger amplo espectro de questões: passado, presente e futuro; dinâmica intrapsíquica, interpessoal e de grupo; apoio, educação, expressão e cognição; aspectos espirituais, artísticos, políticos e de lazer; prevenção, diagnóstico e tratamento; comunicação não-verbal; *setting* e acessórios; e tempo para aquecimento.

Não conheço outro campo que tenha abordagem tão holística. Sua faixa de ação é, por si só, de valor terapêutico primordial pois, ao contrário do reducionismo, ao englobar aspectos tão variados de nossa existência, o psicodrama sugere aos pacientes, um nível de respeito que diz, na verdade (parafraseando Walt Whitman): "Você se contradiz? Muito bem, então, você se contradiz! Você é grande! Em você existem multidões!". A filosofia do psicodrama exige que olhemos as pessoas como capazes de magnífico processo criativo, uma celebração da realidade de papéis — alguns tornando-se sintéticos, outros se refinando; alguns remodelados, outros abandonados; papéis originais e antigos; os rígidos e cristalizados e os novos e flexíveis; papéis *in potentia*, impostos à pessoa; papéis escolhidos conscientemente, desempenhados de maneira habitual ou compulsiva. A meta do psicodrama, assim como a de

---

* *Insight, setting, acting-out, role-playing, role-taking* são termos consagrados entre os profissionais brasileiros devido à grande dificuldade de se encontrar os respectivos termos em português que permitam a abrangência dos seus significados. Por estes motivos serão mantidos em inglês no decorrer do livro. (N.R.T.)

outras terapias psicodinâmicas, é o desenvolvimento da parte da psique que poderia ser chamada de o *"self* que faz escolhas", que organiza essa existência multifacetada a serviço do crescimento, da participação social construtiva, do prazer "pleno e total" e de longo prazo.

J. L. Moreno, M.D., criador do psicodrama, descobriu que o fenômeno da espontaneidade é componente essencial da criatividade, e que as atividades que estimulam esta característica servem para nutrir a responsabilidade e a liberdade pessoais e interpessoais. O "drama" no psicodrama não é de caráter teatral e sim refere-se ao aspecto da flexibilidade de papel e à idéia de que podemos retrabalhar nossas vidas como se elas fossem situações dramáticas e nós fôssemos autores teatrais. É uma extensão da idéia de compreender a nós mesmos e a nossas estruturas sociais, e a esse respeito ele tem o mesmo espírito que as abordagens analíticas; porém, mais do que isso, ele alia um método de fortalecimento, de ação responsável na criação de novas possibilidades. O psicodrama não deve, pois, ser entendido como um comportamento extravagante e estimulante, histriônico ou artificial — esses elementos dizem respeito mais ao teatro tradicional, ao cinema ou a espetáculos de televisão. Os participantes do psicodrama não precisam possuir treinamento em teatro. As abordagens psicodramáticas destinam-se a produzir modos eficazes de gerar soluções viáveis para os problemas do dia-a-dia. Na verdade, já há inúmeras técnicas derivadas do psicodrama integradas à prática de psicoterapeutas ecléticos. Conhecer os princípios teóricos subjacentes ao seu uso permite uma abordagem mais sistemática e com bases mais racionais na terapia.

Talvez o objetivo e o poder dos princípios e implicações do psicodrama pareçam expansivos, quem sabe, mesmo grandiosos. Isso se explica por estarem carregados de entusiasmo quanto às possibilidades de transcender as fronteiras das disciplinas especializadas. Trata-se de uma oportunidade revigorante para se promover relações interpessoais ou intergrupais mais harmoniosas, participativas e criativas.

As implicações dessas idéias serão ainda mais apreciadas quando, além das faculdades intelectuais, se incluírem também as intuitivas e emocionais. A plena compreensão dos conceitos do psicodrama exige que se repossua o domínio das partes da psique que tendem a ser exuberantes, animadas, imaginativas, brincalhonas e aventureiras. Estes são os elementos naturais da "criança interior". O psicodrama busca recuperar os saudáveis potenciais que são encontrados nas tendências naturais ao exibicionismo, onipotência, regressão e *acting-out*. As psicologias psicodinâmicas tiveram sempre a tendência de focalizar as expressões patológicas dessas características e, como resultado, tais termos adquiriram conotação negativa. Moreno, entretanto, verificou que elas são dimensões psíquicas inerentes ao ser humano e fontes potenciais de energia criativa, em condições de serem cultivadas e transformadas em canais pessoais e socialmente construtivos. Além disso, ele percebeu também que em tarefas mais sérias, o acréscimo de uma brincadeira alegre será sempre um fator motivador.

A QUEM O LIVRO SE DESTINA

A abordagem clássica no treinamento de psicoterapeutas que desejam se especializar em psicodrama representa um enorme desafio. Requer trabalho árduo e um temperamento que anseie trabalhar em contexto de espontaneidade. Trata-se de tarefa que, decididamente, não é para qualquer um. Meu trabalho como professor de psicodrama tem como objetivo estimular um número maior de pessoas a aprender e utilizar alguns dos métodos, ao mesmo tempo em que redescobre o considerável nível de vitalidade de que todos dispomos. Se uma habilidade devesse ser aprendida por todos, eu gostaria que fosse a de inversão de papéis, ou seja, ser capaz de ver as coisas sob o ponto de vista do outro (o que não significa concordar sempre com tal ponto de vista). A capacidade de inverter os papéis possibilita uma forma de ser no mundo que proporciona o potencial de co-produzir compreensão, resolução de conflitos e decisão. Cada um de nós é capaz de aprender e praticar ativamente isso na vida diária e, portanto, ensinar os outros a usá-la também.

O psicodrama, em sentido mais amplo, compreende inúmeras abordagens derivadas: um método de terapia de grupo, familiar, ou individual, baseado na ação; técnicas que enriquecem outras correntes de terapia; uso de experiências estruturadas e desempenho de papéis; maior envolvimento das arte-terapias criativas na psicoterapia, não apenas para análise mas também para produzir as sínteses metafóricas, a espontaneidade e a sublimação; usar o sociodrama e a sociometria para lidar com os conflitos de papéis em grupos e organizações; e aplicar os métodos em ampla variedade de contextos. Assim, o público-alvo do livro inclui:

- Psicoterapeutas interessados em ampliar seu repertório de abordagens terapêuticas com auxílio de fundamentos lógicos e numerosas sugestões específicas.
- Profissionais interessados em desenvolver habilidades de empatia de maneira sistemática, descobrir idéias que possam ajudar a trabalhar com os outros ou aplicar essas habilidades no treinamento, supervisão ou consulta.
- Estudantes e praticantes de psicodrama e *drama therapy** que buscam uma base teórica para seu trabalho, bem como inspiração e *insight* acerca de sua aplicação.
- Terapeutas de artes criativas que desejam integrar abordagens psicodramáticas com a arte, poesia, música, dança etc.

---

* *Drama therapy* será mantido em inglês por não termos equivalência em português. Confundido eventualmente com Psicodrama, *Drama therapy* se desenvolveu nos anos 60 e 70 na Inglaterra e teve como objetivo inicial o uso de jogos, exercícios corporais e técnicas não-verbais junto a acessórios como fantoches, máscaras, mímica, dança e música com o intuito de promover um Teatro terapêutico (*Remedial drama*) em educação. Evoluiu, no entanto, ligado às chamadas arte-terapias para uso em psicoterapia. (N.R.T.)

- Gerentes e especialistas em desenvolvimento organizacional, diretores de treinamento interno ou facilitadores de ação comunitária que buscam modos de revitalizar sua forma de arte, aprimorar seus próprios recursos interiores e investigar novos caminhos.
- Conselheiros pastorais e educadores religiosos preocupados em descobrir meios de auxiliar as pessoas a atingirem uma relação mais significativa com os assuntos espirituais.
- "Profissionais de ajuda" tais como: enfermeiras, assistentes sociais, líderes de grupos de auto-ajuda, conselheiros de acampamento, voluntários de asilos e auxiliares de recreação que desejam fazer crescer suas habilidades em promover a coesão do grupo, a espontaneidade e a criatividade em suas atividades.

Em outros contextos do dia-a-dia, essas abordagens têm aplicações para quem deseja ajudar amigos, resolver conflitos com companheiros de trabalho ou membros de um comitê, e produzir melhores estratégias nos papéis mais pessoais de se relacionar com os membros da família.

Os métodos do psicodrama, neste sentido amplo, podem ser entendidos como ferramentas — uma tecnologia psicossocial para auxiliar as pessoas a terem relacionamentos mais efetivos e harmoniosos com o outro. A meta desta abordagem não se resume em ajudar indivíduos: seu objetivo principal é, em essência, o de poder trabalhar na regeneração das cisões entre grupos e nações.

ESTRUTURA DO LIVRO

De início, tem-se uma visão global constituída por uma breve descrição do método psicodramático; tal apanhado fornece uma orientação introdutória para aqueles não-familiarizados com o assunto. Segue-se a Primeira Parte, que apresenta as bases históricas do psicodrama. As origens do psicodrama têm raízes nos interesses multidisciplinares e multifacetados de seu criador, J. L. Moreno, e aqui a ênfase é dirigir a atenção do leitor para sua filosofia e visão social. Após discutir os recentes desenvolvimentos na área, apresentamos os fatores que influíram na aceitação e utilização dos métodos psicodramáticos.

A Segunda Parte examina algumas das bases filosóficas do psicodrama, mais uma vez com a intenção de comunicar o espírito que há por trás da utilização de tais métodos, bem como sugerir potenciais ainda mais amplos para sua aplicação. Esses aspectos, em especial, merecem ser destacados para os psicoterapeutas pois é raro encontrá-los em livros de psiquiatria.

A Terceira Parte assenta o método psicodramático em bases da teoria psicológica, usando um arcabouço racional que Allee Blatner e eu desenvolvemos e a que damos o nome de dinâmica do papel (*role-dynamics*). A teoria da dinâmica do papel tem o potencial de integrar o melhor de outras teorias da psicologia e da psicoterapia e, como tal, serve também de base para a apreciação das arte-terapias criativas. Indicamos, ainda, algumas aplicações práticas da dinâmica do papel.

A Quarta Parte examina a dimensão interpessoal das idéias de Moreno encarando a dinâmica do papel sob a ótica de seu método de sociometria. Aqui não se trata apenas de uma técnica: existe um modo de pensar acerca dos relacionamentos que possui grandes implicações para fazer da psicologia social uma questão de relevância não só clínica como também do dia-a-dia.

A Quinta Parte apresenta a teoria subjacente às várias técnicas, e insiste em dar ênfase ao princípio envolvido na estimulação da criatividade. Segue-se ampla relação e Glossário das diversas técnicas. O livro termina com uma bibliografia dos principais trabalhos relativos ao psicodrama produzidos nos últimos quinze anos, além do Apêndice com a seqüência cronológica dos acontecimentos históricos relativos ao psicodrama e à psicoterapia de grupo.

SOBRE ESTA EDIÇÃO

Este trabalho é uma versão revista e ampliada de uma monografia particular produzida em 1985, e pretende servir de complemento para meu livro anterior*. Embora tenham surgido diversos outros livros de psicodrama, a filosofia e as bases teóricas implícitas do assunto precisam ainda de maior desenvolvimento. O livro procura, nesse sentido, contribuir de forma mais sistemática.

As teorias aqui apresentadas não pretendem ser uma reafirmação dos escritos de Moreno. Com muita liberdade modifiquei, expandi e fiz acréscimos às suas idéias com plena consciência de que, provavelmente, não as estou apresentando como ele o faria. Espero que o livro melhore o acesso e a compreensão dos métodos do psicodrama baseados em meus próprios estudos e trabalho ao longo de mais de vinte anos. Reverenciando o ato criativo como algo mais valioso do que aquilo que Moreno chamava de "conserva cultural" — os produtos do ato criador —, convido o leitor a responder ao material com suas próprias idéias — a usar o livro como catalisador para sua própria investigação pessoal e profissional nestas abordagens. Além disso, ficaria encantado em receber seus comentários, críticas e sugestões.

Adam Blatner
com Allee Blatner
Louisville, Kentucky

---

* *Acting-in: practical applications of psychodramatic methods.* Nova York, Springer Publishing Company, 1973, 2ª ed., 1989.

*A Zerka Moreno,
com gratidão e profundo respeito
por captar a essência do
psicodrama, acrescentando seus
próprios* insights *e
comunicando-os aos outros.*

1
UMA VISÃO GLOBAL DO PSICODRAMA

O psicodrama é um método de psicoterapia no qual os pacientes dramatizam os acontecimentos marcantes de suas vidas em vez de apenas falar a respeito deles. Isso implica numa investigação participativa não apenas de acontecimentos históricos mas, também, o que é mais importante, das dimensões dos acontecimentos psicológicos pouco abordados no processo dramático convencional: pensamentos não-ditos, encontros com aqueles que não estão presentes, retratos de fantasias sobre o que as outras pessoas sentem ou pensam, antever futuras possibilidades, e diversos outros aspectos da fenomenologia da experiência humana. Embora o psicodrama seja quase sempre utilizado em um *setting* grupal e possa ser método bastante útil para catalisar o processo grupal (e, por sua vez, ser catalisado pela dinâmica do grupo), ele não deve ser encarado, em sua essência, como uma forma de psicoterapia de grupo. Ele pode ser usado, como na França, com diversos co-terapeutas treinados e um único paciente. O psicodrama pode também ser aplicado a famílias ou mesmo, com algumas modificações, em psicoterapia individual.

O psicodrama foi criado em 1921 por J. L. Moreno, M.D. (1899-1974), que o imaginava como uma abordagem na qual se integrava uma visão da dinâmica de grupo interativa a uma filosofia da criatividade, tendo sido aprimorado nas décadas seguintes. É importante destacar o trabalho de Moreno pois suas idéias acerca da essência da cura tanto de indivíduos como de comunidades permanecem relevantes até hoje. Vários de seus métodos foram incorporados a outras abordagens da psicoterapia e utilizados também na sociologia, na dinâmica de grupo, em pesquisa e em outras áreas; as bases teóricas, no entanto, são muitas vezes relegadas a plano secundário.

O psicodrama refere-se tanto a um método terapêutico específico como também a um uso de enorme variedade de técnicas com aplicações na terapia, nos negócios e na educação, bem como em inúmeras outras áreas. Além disso, existem princípios teóricos que podem ser empregados para se lidar com as necessidades de uma faixa bem ampla de questões. Nesse sentido, o psicodrama, tal qual a psicanálise, é tanto uma técnica específica de tratamento quanto uma orientação para a psicodinâmica. Além disso, tal como ocorre com a psicanálise, as várias fronteiras do psicodrama ramificam-se nos domínios da sociologia, das artes, da ética, da educação, da recreação e das humanidades. O termo "psicodrama" é usado neste livro referindo-se a uma diversidade de atividades, desde um simples desempenho de papéis em terapia individual ou familiar, o uso de experiências estruturadas em grupos, e outros exemplos. As dramatizações mais formais serão designadas por "psicodrama clássico".

ELEMENTOS BÁSICOS

Moreno afirmou que, além das diversas técnicas, havia cinco elementos básicos no psicodrama clássico:
- O protagonista, que em geral é o paciente.
- O diretor, que em geral é o terapeuta.
- O auxiliar, papel desempenhado tanto por um co-terapeuta como por outro paciente que ajuda o protagonista a explorar a dramatização.
- O palco, que em inúmeros casos é um simples espaço na sala, de tamanho suficiente para permitir algum movimento físico, com área talvez de 5 a 8 m^2.

As razões pelas quais Moreno optou por usar termos da dramaturgia em vez de chamar esses papéis apenas de "paciente" ou "terapeuta" serão discutidas no Capítulo 15 quando do exame detalhado de cada um dos termos.

ALGUMAS DRAMATIZAÇÕES TÍPICAS

É possível uma apreciação da natureza do psicodrama se considerarmos a variedade de cenas que podem ser dramatizadas na psicoterapia. As "vinhetas" a seguir fornecerão alguns exemplos, tornando claro o significado de uma interação familiar complexa. O paciente (ou "protagonista", segundo a terminologia do psicodrama) apresenta sua situação familiar em um enredo dramático improvisado. De início ele estabelece o cenário físico — digamos, por exemplo, o café da manhã na sala de jantar. Outros membros do grupo, escolhidos para esse fim, desempenharão os papéis dos diversos membros da família, servindo assim de "auxiliares" para o paciente. O protagonista demonstra traços do comportamento de cada membro da família, inclusive estilos de comunicação não-verbal e algumas poucas frases típicas ou ao menos alguns (fantasiados) pensamentos íntimos acerca da situação. Em seguida, cada auxiliar assume o papel a ele designado, e quando toda a cena encontra-se montada, o diretor pede que a família comece a atuar segundo a maneira sugerida. O paciente é então transportado de volta no tempo, por assim dizer, e começa a interagir com os vários membros da família como se a cena estivesse ocorrendo no instante atual, no aqui e agora.

Durante a dramatização, o diretor pede ao paciente que troque de papel ("inversão de papéis") com um após outro dos membros da família, demonstrando com maior intensidade os sentimentos dessas figuras. Nas posições com inversão de papéis, o paciente é encorajado a sentir e vivenciar com empatia o que aquele ponto de vista poderia indicar. (É de bastante valor terapêutico ir além da tendência natural do paciente de caricaturar os outros.) Outras potencialidades dramáticas tornam-se também possíveis, tais como fazer com que o paciente expresse o melhor que puder — em ação, se for o caso — os sentimentos que surgiram no encontro. (Em geral, apenas um ou dois membros tornam-se importantes e passam a ser o foco da dramatização à medida que o tempo passa.) Ou então, ele dramatiza uma cena secundária na qual a outra pessoa comporta-se da forma mais desejada ou prestativa, o que muitas vezes faz brotar as necessidades subconscientes no relacionamento. Ele representaria, por exemplo, o pai ideal e, em seguida, vivenciaria a situação de ser educado por um pai tal como ele em segredo tanto desejou; o papel do pai seria desempenhado por um auxiliar, modelado pelo próprio paciente.

Outra dramatização possível seria a interpretação de um sonho, também com o objetivo de maior autoconhecimento ou *insight*. O protagonista começa com uma breve descrição do sonho como se o mesmo estivesse ocorrendo agora. Em seguida, ele dramatiza o sonho com mais detalhes. Para aprofundar a experiência, figuras que aparecem no sonho são analisadas fazendo-se com que o paciente assuma o papel de cada uma delas. O diretor orienta o "aquecimento" para a tarefa de assumir papéis (*role-taking*), entrevistando o protagonista no papel da figura no sonho, seja essa figura uma pessoa — como a mãe do protagonista —, seja ela um objeto inanimado, tal como a ponte sobre a qual eles estão caminhando, ou até mesmo algo mais amorfo, tal como a crescente escuridão da cena. Todos os aspectos do sonho são tratados como se fossem parte da psique tentando expressar algum aspecto do *self* íntimo do protagonista e/ou dilema existencial.

Como no exemplo anterior, parte do psicodrama será "continuar a sonhar" (nas palavras do psicólogo analítico James Hillman). No estado de espontaneidade aí envolvido, ao protagonista é permitido projetar seu senso do que ocorre em seguida e do que ocorre depois disso. Outras pessoas, em seus papéis de auxiliares, representam os diversos caracteres ou objetos do sonho, e o protagonista, no leve transe do momento, co-direciona o acontecimento tal como ele se desenrola em sua imaginação. Se a ação tende a reforçar a patologia do paciente, o diretor deve repetir o final, trabalhando em conjunto com ele, de maneira a escolher uma solução mais positiva. Ou então, as raízes do resultado negativo são estudadas pelo terapeuta entrevistando o protagonista no papel de uma das outras figuras do sonho. A meta é trazer para a superfície tantas hipóteses quantas forem possíveis sem intelectualizar acerca delas e, em seguida, abrir a mente do paciente para que este possa co-produzir opções alternativas.

Um terceiro exemplo seria esclarecer os objetivos do paciente usando a técnica da projeção futura. Isso consolida a aliança terapêutica e desenvolve o senso de responsabilidade do paciente. Em vez de *falar* sobre a situação, o que faz com que seja fácil colocar uma distância entre o *self* e as questões verdadeiras, o paciente é instruído a se envolver como se a situação estivesse ocorrendo no momento atual. O desafio de estabelecer as cenas de acordo com o desejo do coração traz à tona camadas de inibição e evasão, e ainda assim a ação física exigida vence delicadamente as defesas porque, afinal, o protagonista está apenas explicitando suas próprias escolhas. Para alguns pacientes, fazer isso já é o bastante. Para outros, representá-las os torna mais realistas. Serve também para testar a veracidade das cenas, num tipo de confrontação que desloca o ponto de frustração de outras pessoas — que se tornariam investidas de qualidades negativas — para as exigências neutras da situação. Em outras palavras, para todos aqueles que tendem a se sentir oprimidos ou tratados de maneira injusta, a performance inadequada não é explicada pelo julgamento de qualquer autoridade, mas sim pelos requisitos do papel; realça-se assim a função do teste da realidade.

Outro tipo possível de cena dá aos pacientes a oportunidade de acesso a desejos subconscientes e a experiências emocionais corretivas produzidas por eles mesmos. São dramatizadas cenas de infelicidade ou mesmo traumáticas; a cena final será aquela em que o protagonista cria um resultado mais positivo, um final feliz. Para tanto, não bastará apenas uma destreza ativa mas também uma experiência receptiva de empatia, de ser amparado, confortado ou apreciado, tal como mencionado no primeiro exemplo quando o auxiliar desempenha o papel de pai ideal.

Um quinto exemplo de dramatização psicodramática seria a investigação de uma melhor estratégia alternativa, um ensaio, por assim dizer. Seja antecipando um encontro, uma entrevista de emprego, uma disputa com um companheiro de trabalho ou o desafio de disciplinar uma criança; a técnica de desempenho de papel tornou-se parte importante da terapia do comportamento, do treinamento de assertividade e outras abordagens ecléticas. O paciente repete a cena até atingir um *modicum* de êxito, além de ter outros membros do grupo mostrando como iriam lidar com a situação (isto é, modelagem), obtendo devolutivas *(feedback)* e, o que é mais importante, recebendo estímulo. Se forem inibidos, os pacientes devem treinar auto-expressividade, e, caso tenham tendência a ser histriônicos ou explosivos, exercitarão o autocontrole (com respostas comportamentais ativas, porém calmas).

Um sexto tipo de cena pressupõe o uso de métodos psicodramáticos para ajudar o paciente a lidar com uma alucinação. Sem dúvida, a aplicação das técnicas exige discernimento clínico. Ajuda-se o paciente a retratar a alucinação de maneira concreta, com seus correspondentes componentes não-verbais — tom de voz, ritmo, intensidade e estilo. Como alternativa, um auxiliar poderia desempenhar o papel da alucinação. Através de um *role-taking* similar ao descrito acima para o trabalho com figuras de sonhos, a origem alucinação torna-se amplificada, projetada explicitamente e externalizada. A figura seria então entrevistada, e um encontro de negociação levaria, quem sabe, a algumas modificações no vigor da alucinação. Sempre que a situação for escolhida com critério, a ação não fortalecerá o processo psicótico pois o engajamento ativo com esses mecanismos introduz uma medida de controle voluntário que tende a neutralizar parte do sentimento de "vitimização".

Como sétimo exemplo, o luto não elaborado por uma pessoa, animal de estimação, lugar, parte do corpo, papel social ou outra perda qualquer pode ser trabalhado num "encontro do adeus"; explorando-se imagens concretas faz-se a inversão de papéis com o objeto perdido. O diálogo a seguir é voltado para uma internalização saudável. No mesmo sentido, essa abordagem será útil a solução de conflitos não-resolvidos ou não-expressos, com uma pessoa no presente ou no passado recente; as outras pessoas serão representadas por auxiliares ou cadeiras vazias.

Um encontro dramatizado será também veículo para compreender o(s) outro(s), descobrir a intensidade dos sentimentos de determinada pessoa, validando (ao menos de modo parcial) a plausibilidade das próprias posições ou descobrindo uma estratégia mais eficaz de trabalhar o problema, bem como outros objetivos possíveis. Usar auxiliares com a finalidade de desempenhar partes do *self* (técnica do "duplo") ajudará a exprimir sentimentos com maior clareza. Entre os possíveis papéis que os pacientes experimentam acham-se as investigações de estados emocionais confusos ou insuficientemente claros ou a tarefa de aprender a compreender outras pessoas significativas (pela inversão de papéis, é claro). O repertório das cenas possíveis para investigação é ilimitado; talvez, limitado apenas pela imaginação do diretor. Outras cenas e técnicas serão examinadas com mais detalhes, assim como as referências que descrevem o desenrolar dos acontecimentos, registradas na parte final do livro.

TÉCNICAS PSICODRAMÁTICAS NA PSICOTERAPIA

Um dos aspectos mais importantes dos métodos psicodramáticos é o fato de serem empregados como técnicas específicas para facilitar o processo de terapia individual, de casal, de família, de grupo ou do ambiente. Por exemplo, é de grande utilidade ensinar os pacientes a fazer a inversão de papéis como modo de incrementar a empatia e de se realizar comunicação mais madura. Esta técnica é também útil na resolução de conflitos.

Outra técnica vigorosa e que colabora bastante na terapia é a do duplo, que o terapeuta usa para transmitir compreensão empática, elaboração ou um tipo de interpretação, enquanto trabalha ainda com o *autosistema* do paciente (termo usado por Carl Rogers). Isso reduz as tendências à resistência existentes no trabalho individual entre paciente e terapeuta, com seu inevitável declive de poder.

Incluindo uma terceira (e talvez até uma quarta) pessoa na sessão, e fazendo com que as pessoas desempenhem diferentes papéis — testemunhas, advogados, duplos, e em especial o de auxiliares —, os terapeutas têm oportunidade de usar a dinâmica de pequenos grupos de maneira criativa e flexível. Os auxiliares podem funcionar como assistentes, ajudando o paciente a efetuar mini-dramatizações ou encontros; as figuras da vida de um paciente (tais como a mãe do paciente, o pai, a esposa ou o patrão) podem então se envolver com maior vigor, provocando assim reações emocionais mais espontâneas.

Outras técnicas, tais como *apartes*, *role-playing*, *desempenho de papéis*, *o espelho*, ou fazer com que os pacientes desempenhem múltiplas partes deles próprios em diferentes cadeiras, tudo isso pode fazer com que surjam aspectos de uma situação que são difíceis de atingir nas formas verbais usuais de terapia.

ABORDAGENS CORRELATAS

O psicodrama é uma das diversas abordagens, e talvez seja útil diferenciá-lo visando observar a diversidade de suas aplicações. Cada uma das técnicas a seguir tem um lugar no repertório de tratamentos em geral e, com freqüência, o uso dos métodos pode incluir elementos de diversas abordagens.

O *desempenho de papéis* (*role-playing*) como um tipo de trabalho psicodramático refere-se mais à tarefa de encontrar a melhor resposta comportamental para determinada situação. As mais importantes são as técnicas de dramatização, de reencenar, a modelagem feita por outros membros do grupo e a de treinamento. Na prática, há muitas pessoas que preferem usar a expressão *role-playing* (desempenho de papéis) para se referir ao psicodrama, convencional ou modificado, ou sociodrama, em parte porque em alguns *settings* os termos "psico" ou "drama" carregam conotações desagradáveis ou enganadoras.

O *sociodrama* refere-se à investigação psicodramática dos problemas inerentes a um relacionamento de papéis, sem considerar outras dimensões específicas do papel das pessoas envolvidas. Assim, um sociodrama de mães e filhas pode estudar importantes aspectos de expectativas, mudanças históricas, crenças e motivos que se acham envolvidos nesse relacionamento. De modo semelhante, é possível produzir sociodramas que tratam de encontros entre policiais e jovens, pretos e brancos, católicos e protestantes, homens e mulheres, e assim por diante. Já o psicodrama se refere às situações provocadas pela convergência de múltiplos relacionamentos de papel, tais como uma determinada jovem, preta, casada, oficial da polícia feminina, num determinado relacionamento com sua filha, envolvendo questões de temperamento ou assuntos específicos de determinada idade, um marido com tais e tais características, e assim por diante.

Drama therapy refere-se à utilização do drama e dos métodos dramáticos em situações de grupo, em geral visando aos objetivos gerais de aumentar a percepção dos assuntos psicológicos, ao desenvolvimento de habilidades de improvisação e pensamento criativo, expandir o repertório de papéis de modo a incluir o movimento do corpo e outras dimensões estéticas e abordagens similares. Em seus estágios iniciais de desenvolvimento, *drama therapy* incluía ajudar os pacientes a representar peças ou musicais convencionais. Entretanto, desde o final dos anos 60, a influência das idéias de Moreno acerca da improvisação, a abordagem britânica do '*drama de cura*' (*remedial drama*), e o crescimento do teatro de improvisação e da comédia nos Estados Unidos, juntos, fizeram com que a abordagem da *drama therapy* se voltasse mais para a questão do uso da espontaneidade.

Os jogos de teatro são usados como aquecimento tanto para os grupos de psicodrama como para os grupos de *drama therapy*, embora possam ser amplificados no *setting* destes últimos. Os dramaterapeutas às vezes fazem psicodrama, buscando com ele acompanhar o material que surge em aquecimentos de extrema mobilização.

Os métodos psicodramáticos são de grande utilidade, à medida que podem ser integrados às abordagens mais convencionais nas terapias individuais, de família, de casal, de grupo ou ambiente. Na verdade, muitas das técnicas de Moreno acabaram sendo integradas por outras escolas. Fritz Perls adotou a "cadeira vazia" na gestalt-terapia (acrescentando muitas idéias que devem ser aprendidas pelos psicodramatistas e outros terapeutas). Virginia Satir incorporou a técnica psicodramática chamada sociograma de ação rebatizando-a de "escultura familiar". Hoje em dia, os terapeutas de família comportam-se até certo ponto como "diretores" e, sob alguns aspectos, o treinamento na terapia familiar ativa acha-se mais próximo do treinamento em psicodrama do que o dos terapeutas de grupo convencionais (de orientação psicanalítica, de relativa passividade).

Os trabalhos de visualização dirigida ou com imaginação ativa, com freqüência, usam princípios do psicodrama, em especial em situações implícitas, à medida que surgem no contexto imaginário interpessoal/intrapsíquico. Os terapeutas que usam a hipnose podem também adaptar as estratégias para analisar alternativas. Por exemplo, numa programação neurolingüística, que é uma abordagem hipnoterapêutica modificada, uma técnica há pouco tempo utilizada num *workshop* foi a de dividir o *self* em diferentes partes e fazer com que estas se encontrassem umas às outras ou interagissem de outros modos. O uso que Eric Berne faz dos diferentes estados de ego em seu método da Análise Transacional utiliza também um tipo de divisão do *self* em seus componentes, o melhor para obter deles a negociação de novos arranjos. Nesse sentido, a idéia de Virginia Satir de uma "festa das partes" é também um exemplo de técnica psicodramática, as "múltiplas partes do *self*".

As técnicas de ação incluem o uso de vivências dirigidas para aquecimento de um grupo, treinamento de uma habilidade, a exploração de um assunto ou enfrentamento de um conflito. Com freqüência, tudo isso complementa ou até mesmo suplanta as abordagens intelectuais por envolver diversas habilidades da pessoa. O movimento do potencial humano, do final da década de 60 e do princípio dos anos 70, poderia ser encarado como uma síntese das idéias da psicologia humanística, da psicologia existencial, da dinâmica de grupo (ela mesma em parte originária do trabalho de Moreno), e inúmeras técnicas de ação tomadas do psicodrama e de outras abordagens. A partir do trabalho de inovadores como Will Schultz, no Esalen Institute, diminuiu a primazia da abordagem verbal nos grupos de encontro que passaram a ser mais experimentais. Surgiram, então, novas abordagens ecléticas de psicoterapias e muitos terapeutas estão integrando cada vez mais técnicas que utilizam o psicodrama, a imaginação ativa, a manipulação ou exercícios com corpo, terapias cognitivas, abordagens behavioristas e diferentes formas de manifestações mais ativas de tratamento.

Vale notar que, embora a aplicação dos métodos do psicodrama seja relativamente fácil, o processo de coordená-los num psicodrama convencional mais intensivo exige grande treinamento. O psicodrama é uma ferramenta bastante poderosa, e é indispensável possuir profundo discernimento clínico e programas com acompanhamento. Na verdade, o psicodrama deve ser entendido como a cirurgia da psicoterapia, um processo em condições de ser catalítico, mas que requer um tipo de acesso "pósoperatório" ao profissional para a fiscalização do trabalho e a integração dos *insights* da ação.

Em resumo, o processo do psicodrama é muito complexo em função de sua possibilidade de examinar e manipular as múltiplas facetas da vida. Por outro lado, sua essência é bem simples: ajudar os pacientes a vivenciar sua situação da forma mais viva possível; ajudar a expressar pensamentos não-ditos; ajudar membros de um grupo a darem apoio uns aos outros; ajudar os pacientes a desenvolver e aplicar sua própria criatividade aos desafios de sua vida. O psicodrama é um enorme grupo de metodologias que facilita os princípios da psicoterapia dinâmica.

PARTE I
FUNDAMENTOS HISTÓRICOS

2

AS ORIGENS HISTÓRICAS DO PSICODRAMA

As raízes do psicodrama, na verdade, incluem um sistema integrado de teorias filosóficas, sociológicas e psicológicas desenvolvidas por J. L. Moreno, M.D. Para compreendê-las é importante estar informado a respeito dos temas que predominaram em grande parte de seu pensamento e de suas atividades. Uma cronologia de diversos acontecimentos marcantes na vida de Moreno (Apêndice A) facilitará a compreensão. Como visão geral introdutória, entretanto, considere que o trabalho de Moreno é uma tentativa de sintetizar os seguintes princípios:

- Uma filosofia existencial e fenomenológica, voltada para o processo, e que enfatiza a importância da criatividade.
- A natureza da espontaneidade, seu valor, e as maneiras de desenvolvê-la como chave para tornar-se mais criativo.
- Relacionamentos interpessoais mais autênticos, aprimorados por métodos de promover encontros, *feedback* e mudança social coletiva.
- Um teatro de improvisações como veículo para revitalizar as artes e como fonte de "terapia de massa".
- Métodos para pesquisa e novas aplicações de tais princípios.

Esses temas se refletiram nos variados papéis que Moreno desempenhou em sua carreira inicial na segunda e terceira décadas de sua vida em Viena (1908-1925):
- estudante de filosofia/espiritualidade;
- campo do desenvolvimento de crianças e dramatização criativa;
- estudante de medicina e médico praticante;
- profissional de psicologia social aplicada e sociólogo;

- editor de um jornal literário;
- diretor de teatro de improviso;

O que une esses objetivos variados é uma idéia central. Moreno (1947) escreve:

> Eu sofria de uma idéia fixa... [ela] tornou-se minha fonte de produtividade constante; ela proclamava que existia uma espécie de natureza primordial que é imortal e que retorna renovada com cada geração, um universo primeiro que contém todos os seres e no qual todos os acontecimentos são sagrados. Eu adorava esse reino encantado e não pretendia deixá-lo jamais (p.3)

A natureza primordial de que fala Moreno é uma tentativa de descrever uma classe de processos meta-arquetípicos, padrões básicos da ação criativa que dá ímpeto aos relacionamentos, e que chamamos de leis da natureza. Esta intuição metafísica revela um aspecto que liga seu trabalho ao de Jung, Adler, Assagioli, às implicações da moderna física quântica, e a algumas filosofias esotéricas do passado, em especial as idéias neoplatônicas dentro da Cabala, a tradição mística judaica (Blatner, no prelo).

Moreno sugeria que existem domínios que dão forma a nosso próprio plano de existência material — padrões criativos insubstanciais e no entanto influentes, que precedem ou estão implícitos em qualquer acontecimento real, porém não restritos a ele. De um ponto de vista psicológico isso significa a existência de uma fonte na psique que funciona como uma nascente inesgotável de imagens, vitalidade e liberdade. Chamamos de sagrado esse domínio porque ele vivenciou essa dimensão como sendo próxima da natureza essencial da divindade, de sua conceitualização de Deus como força criativa. Deus não foi apenas o criador do começo dos tempos, nem aquele que determina o curso da ação de qualquer acontecimento, mas sim a força da atividade iminente propriamente dita. E, contudo, essa força seria absolutamente descentralizada, operando através de tantos graus de liberdade quantos estivessem disponíveis para cada ser, cada átomo, célula, borboleta ou poeta. Nesse sentido, Deus excita, persuade, convida, mas não controla ou impele. Para ser mais exato, a ação arquetípica retorna renovada não em cada geração e sim em cada momento.

Moreno pretendia manter-se em contato com o "reino encantado" porque a atividade essencial ali disponível possui o poder de dar vida a nossa existência, aumentar nosso crescimento, e nos unir à nossa origem espiritual. O tema da criatividade, visto como um princípio metafísico e teológico, carrega um imperativo moral bem mais forte do que se ele fosse um mero fenômeno psicológico: tratava-se da base de sua abordagem do existencialismo aplicado e une seus escritos acerca de sociometria, psicoterapia de grupo, psicodrama, artes e cultura em geral. Ele sempre procurou transcender a simples técnica e ampliar as metas e as potencialidades de seu trabalho ultrapassando os limites das disciplinas profissionais.

Encarando sob essa perspectiva, outra inspiração filosófica motivou sua escolha do drama como veículo de investigação; trata-se daquilo que ele chamou de questões "axiodramáticas" de valor fundamental:

... ninguém pode desempenhar numa era materialista os papéis de deuses e santos sem que a alcunha de louco ou criminoso seja lançada sobre sua cabeça. O teatro era um refúgio seguro para a revolução insuspeita e oferecia possibilidades ilimitadas para a pesquisa da espontaneidade em nosso nível experimental. (Moreno, 1947, p. 6)

Esta afirmação ilustra a personalidade de Moreno, sua enorme vitalidade, vontade de correr riscos, capacidade de se alegrar, e espírito aventureiro para examinar os domínios da criatividade. No entanto, sabendo ser o mundo um processo de co-produção, seu objetivo não era sua própria elevação espiritual. Tal como o lendário bodhisattva da tradição budista e com sentimento similar às idéias de Teilhard de Chardin, Moreno queria ajudar o mundo todo a usar métodos de dinâmica de encontro e de grupo, auxiliando o desenvolvimento de sua própria criatividade e mover-se assim rumo a um futuro mais harmonioso. Como foi mencionado na Introdução, estas idéias são melhor apreciadas quando você se abre à parte mais expansiva e visionária de si mesmo e permite que seu próprio entusiasmo e otimismo tenham rédeas soltas.

ANTECEDENTES BIOGRÁFICOS

Jacob Moreno Levi nasceu em 18 de maio de 1889, em Bucareste, na Romênia; era o mais velho entre seis crianças, três meninas e três meninos. Ao chegar à América mudou seu nome para Jacob Levi Moreno. Ele era filho de uma família judia sefardita (os judeus sefarditas foram aqueles que emigraram para outras partes da região do Mediterrâneo após terem sido expulsos da Espanha no final do século XV). É importante observar que em vários de seus escritos Moreno afirmou erradamente ter nascido em 1892 em um navio que viajava no Mar Negro. A data correta baseia-se no registro de seu nascimento nos arquivos municipais (Bratescu, 1975).

O fio condutor comum a todas as diversas tentativas de Moreno é a contínua expressão de vitalidade e criatividade, não restrita apenas às formas que ele propôs, mas ao espírito que permeia todo seu trabalho e o leva adiante. Isto se fez presente desde o início de sua vida. Quando criança ele vivia na casa da família, em frente a uma igreja de Bucareste que ficava do outro lado da rua. Parece provável que suas experiências de representar incluíam crianças de outros credos, e talvez ele tenha começado a estudar imagens religiosas como modo de estabelecer pontes ecumênicas com todos aqueles companheiros.

29

A filosofia de Moreno foi influenciada por um episódio "axiodramático". (Axiodrama refere-se a dramatizações nas quais entre os temas centrais incluem-se os éticos, religiosos ou cosmológicos.) O acontecimento estimulou também sua percepção a respeito da importância das tentativas feitas pelas crianças de conseguir auto-expressão (Moreno, 1946). Certo dia, ainda com quatro anos e meio, o garotinho Jacob brincava com crianças da vizinhança no enorme porão de sua casa. Seus pais tinham saído. Jacob sugeriu que brincassem de Deus e Seus anjos e se ofereceu para "ser" Deus. A preocupação inicial das crianças foi a de construir um céu utilizando as cadeiras existentes na casa, empilhando-as na forma de pirâmide sobre uma ampla mesa, amarrando as pernas das cadeiras; em seguida ajudaram Jacob a subir à cadeira colocada no topo, perto do teto do porão. Isto feito, as outras crianças começaram a correr em torno da estrutura, balançando os braços como se fossem asas de anjo. Um deles gritou para Jacob entrar no faz-de-conta de voar, e, absorvido pela brincadeira, Jacob saltou de seu trono, caiu e quebrou o braço. A experiência registrou nele a necessidade que as crianças têm de atingir gratificação simbólica até de suas mais grandiosas fantasias.

Um dos axiomas da psicohistória é que os pressupostos teóricos dos inovadores na psicologia, filosofia e outros campos têm sido influenciados por suas experiências de infância. Por exemplo, já se sugeriu que o desenvolvimento inicial de Freud ocorreu em um ambiente familiar que iria por certo exagerar a dinâmica edípica; Adler precisava compensar sentimentos de inferioridade devido a uma estatura baixa, conseqüência de um raquitismo infantil; Jung desenvolveu uma psicologia que pudesse explicar em parte suas próprias experiências místicas; e a ênfase dada por Rank aos aspectos criativos do processo terapêutico refletia seus próprios antecedentes artísticos. Além disso, os psicohistoriadores alegam que o método terapêutico ou a técnica que acompanha uma nova teoria revelam também o estilo pessoal de seu criador. À luz das histórias que ele conta sobre si mesmo, os interesses dramáticos de Moreno podem ser rastreados até o que ele chamava de megalomania saudável de suas brincadeiras de infância.

Quando Moreno tinha seis anos de idade sua família mudou-se para Viena, Áustria. Até então ele falava o romeno e o *ladino* (derivado do espanhol escrito no hebreu original, assim como o iídiche é um derivado da escrita alemã no hebreu original), mas em Viena ele aprendeu alemão (Johnson, 1959). Pouco se sabe sobre sua vida no período entre a mudança e a época em que se tornou estudante de filosofia, teologia e matemática na Universidade de Viena. A natureza das brincadeiras infantis atraiu seu interesse e, por volta de 1908, ele observava as atividades das crianças nos parques da cidade. Além disso, ele lhes contava histórias, que elas dramatizavam; e ele observava que quando elas não tinham "roteiros", a representação dos papéis era mais espontânea e cheia de vida. Ele passou a observar a espontaneidade, cuja importância tornou-se conceito considerável em sua consciência. Isto o levou a seus experimentos com diversos tipos de dramatizações de improviso com as crianças (e por vezes com seus pais) no Aungarten e em outros parques de Viena. Por volta de 1911 ele havia organizado um teatro de espontaneidade para as crianças.

Entre outros estudos do período, Moreno interessou-se por religião comparativa e pelos feitos das diversas religiões e de seus líderes filosóficos. Seu "esforço para transcender e superar todos eles" revela o objetivo de qualquer filósofo criativo que tenta contribuir com algo novo, algo que acrescente e melhore o trabalho daqueles que o precederam. Moreno co-produziu um grupo de jovens entusiastas espirituais que era ativo, embora não compartilhasse de quaisquer observâncias religiosas formais: "Todos usávamos barba, nunca ficávamos parados, andávamos, andávamos, andávamos, parávamos quem quer que encontrássemos no caminho, apertávamos suas mãos e conversávamos. Todos éramos pobres, porém, dividíamos tudo que o possuíamos, inclusive a pobreza" (Moreno, 1972, p. 208). Sob a nítida influência do emergente pensamento existencialista, possivelmente do trabalho de Dostoievsky e de Nietzsche, bem como de alguns dos escritores da Europa central, ele e seus amigos tentavam pôr isto em prática e viver o espírito da criatividade no dia-a-dia.

A então popular filosofia de Henri Bergson, também exerceu grande influência sobre Moreno, para quem o processo de criatividade era fundamental para a essência da realidade. Moreno sentiu necessidade de acrescentar suas próprias modificações às idéias de Bergson enfatizando que o momento é "categoria revolucionária" que contém o potencial para a ação criativa (Moreno, 1971b). Passou a escrever sobre criatividade, tratando-a como uma característica essencial da Natureza Divina, em contraste com as idéias tradicionais que falavam sobre Deus como estando "lá em cima" fazendo julgamentos.

Por volta de 1910, Moreno começou a formular a idéia de que a força divina, ou "Mente Divina", não era um criador distante, mas um princípio ativo contínuo, expresso pela existência e pela espontaneidade de todas as criaturas. Ao longo dos sete anos seguintes, ele escreveu sobre seus próprios conceitos metafísicos em uma série de discursos filosóficos. Estes ampliavam as opiniões de Bergson a respeito da criatividade enfatizando o potencial do "ato revolucionário" no "aqui e agora" (termo cunhado por Moreno durante aquele tempo). Entre os ensaios de Moreno (publicados entre 1909 e 1918) achavam-se *Homem, A criança, O reino das crianças, A mente divina como comediante, Convite para um encontro, Silêncio, A mente divina como ator* e *A mente divina como criador* (Meirs, 1945).

Em 1914 Moreno vivia momento de grande inspiração e escreveu um trabalho poético, *The words of the father* (*As palavras do pai*), que abrange a maior parte de seus conceitos teológicos. Publicado de início como trabalho anônimo, apareceu tempos depois como de sua própria autoria. O livro apresenta uma visão centrada mais no presente e no futuro do que no passado. Ele sempre se refere à vida em termos das possibilidades de ação criativa na "categoria do momento". Uma análise de todos os escritos filosóficos de Moreno no período mostra que ele deveria se incluir entre os primeiros existencialistas.

Durante o mesmo período (1911-1917) Moreno foi estudante dedicado na Universidade de Viena. Uma de suas tarefas era a de auxiliar o psiquiatra chefe da equipe, mas ele discordava da abordagem. Do mesmo modo, conhecia o trabalho de Freud mas não via nele qualquer utilidade para auxiliar os pacientes a criar novas aspirações e metas. Moreno entendia isso como o desafio crucial no tratamento das doenças mentais. Há uma anedota que ele repetia com freqüência e que ilustra sua atitude:

> Encontrei o Dr. Freud certa ocasião. Isto ocorreu em 1912; eu trabalhava na Clínica Psiquiátrica da Universidade de Viena e compareci a uma de suas palestras. Dr. Freud tinha acabado de completar sua análise de um sonho telepático. Quando os estudantes se retiravam em fila, ele perguntou o que eu fazia. "Bem, dr. Freud, eu começo onde o senhor pára. O senhor encontra as pessoas no ambiente artificial de seu consultório, eu as encontro na rua e em suas casas, em suas vizinhanças habituais. O senhor analisa seus sonhos. Eu tento dar-lhes a coragem de voltar a sonhar. Eu ensino às pessoas como brincar de Deus." Dr. Freud olhou para mim como que intrigado. (Moreno, 1946, pp. 5-6)

Moreno cursava ainda a escola de medicina quando começou a mudar seu interesse, das crianças para os adultos, na dinâmica de grupo e na importância da integração social. Por exemplo, ao tomar conhecimento da exploração e das perseguições que o governo fazia contra as prostitutas em Viena, ele teve a idéia de ajudá-las a se organizarem em grupos de "auto-ajuda" — uma das primeiras manifestações de tais organizações sociais — em 1912. As mulheres usavam seus encontros tanto para suporte emocional quanto para trocar idéias construtivas acerca de como lidar com sua situação sociopolítica.

No início da Primeira Guerra Mundial foi instalado um campo de refugiados ítalo-austríaco em Mittendorf, nos subúrbios de Viena, e Moreno lá trabalhou como médico. Para ajudar a estimular um comportamento democrático e participativo ele criou os primeiros elementos do que viria a ser seu método de sociometria: em vez de colocar as pessoas em arranjos aleatórios, ele usava questionários para ajudá-las a escolher quem gostariam de ter como vizinhos.

É interessante notar que Moreno viveu em Viena durante a "época de ouro" (1895-1920), período em que ela foi uma das capitais culturais do mundo. Ele se aproximou dos intelectuais da cidade, em especial dos escritores e filósofos. Em 1917, editou uma revista literária, *Daimon*, principal periódico existencialista e expressionista daquela época. Nela apareceram alguns dos primeiros trabalhos de Franz Kafka, do teólogo

Martin Buber e do filósofo existencial Max Scheler, entre outros (Treadwell & Treadwell, 1972). Além de escrever poesia inspiradora e teológica, ele se envolveu também na ação social e escreveu um pequeno livro com o título: *Invitation to an encounter* (*Convite para um encontro*) — um dos primeiros usos do termo *encounter*. Com freqüência, ele citava esta passagem do livro:

> Um encontro de dois: olho no olho, face a face.
> E quando estiveres perto, eu arrancarei teus olhos
> e os colocarei no lugar dos meus,
> e arrancarás meus olhos
> e os colocará no lugar dos teus,
> e eu te olharei com teus olhos
> e tu me olharás com os meus.

As idéias filosóficas de Moreno exigiam que as mesmas fossem implementadas na ação. Isto o levou a experimentos sociais (alguns dos quais estão mencionados acima) que contribuíram diretamente para a evolução da sociometria, do psicodrama e da psicoterapia de grupo, bem como para inspirar o movimento em direção ao "teatro vivo" e às dramatizações de improviso (Moreno, 1971a). No dia 1º de abril de 1921, Moreno deu o verdadeiro início ao psicodrama. Ele havia organizado uma *troupe* de artistas (inclusive Peter Lorre, que mais tarde viria a se tornar famoso no cinema) e iniciou sua idéia de terapêutica de massa abrindo um teatro de improviso para apresentar *Die Stegreiftheatre* (*O teatro da espontaneidade*). Na realidade, ao longo do segundo e do terceiro ano de experimentação é que, aos poucos, transformou-se em método terapêutico. Moreno produziu uma multiplicidade de espetáculos de improviso experimentais, inclusive *O Jornal Vivo*, no qual seus atores iriam representar os acontecimentos do noticiário do dia. De certa forma, este foi o início do psicodrama (Toeman, 1949). Durante aqueles anos ele manteve também uma clínica médica em um subúrbio de Viena chamada Bad Voslau. (Anos depois, em fins da década de 60, quando ele voltou para ser homenageado na cidade, havia ainda pessoas que se lembravam dele como "nosso médico".)

Em 1925 a Áustria do pós-guerra vivia situação caótica e não podia manter os experimentos de Moreno na ciência social aplicada e no teatro terapêutico. Ele pensou em emigrar para a Rússia, com seu "novo grande experimento", ou para os Estados Unidos. Acabou por escolher este último por ter verificado que para pesquisar suas teorias precisava de liberdade. Moreno pôde ir para a América porque era, entre outras coisas, um inventor. Ele inventou um gravador de fio, precursor dos modernos gravadores de fita; era uma tentativa de transcrever e repetir as gravações de processos das atividades com fins terapêuticos e investigativos. Uma empresa americana prontificou-se a ajudá-lo a emigrar da Áustria em 1925, e ele se instalou na cidade de Nova York.

Quando chegou aos Estados Unidos, Moreno surpreendeu-se com a popularidade da psicanálise, pois em Viena buscava ainda a respeitabilidade (Moreno, 1985). O predomínio da psicanálise na América colocou-o diante de um desafio inesperado. Além disso, não se achava preparado para a intolerância da América para com a excentricidade — na Europa esperava-se que os intelectuais, em sua maioria, fossem algo excêntricos!

A despeito desta e de outras limitações, ao longo dos vinte anos seguintes, Moreno produziu seu trabalho mais inovador. (Os pontos altos acham-se destacados na cronologia dos acontecimentos no Apêndice A.) Trabalhando principalmente em Nova York, ele desenvolveu o psicodrama e a psicoterapia de grupo; escreveu numerosos livros e artigos; abriu seu próprio sanatório em Beacon, cerca de 90 quilômetros ao norte de Nova York; publicou dois periódicos profissionais, um inclusive com seus próprios escritos, e incontáveis artigos originais de outros inovadores nos campos da psicologia, sociologia e educação; organizou a primeira associação de psicoterapeutas de grupo e ofereceu sessões abertas de psicodrama em Nova York que eram estudos de caso onde inúmeros profissionais testemunhavam os métodos psicodinâmicos; além das tradicionais abordagens psicanalíticas. A. H. Maslow (1968), Eric Berne (1970) e Will Schutz (1971) admitiram, sem dúvida, o papel de Moreno como fonte de muitas das técnicas inovadoras na moderna psicoterapia eclética.

A seguir, viriam os anos para refinar e promover seus ideais. Desde o final da década de 40, até sua morte, em 1974, ele e a esposa, Zerka, foram incansáveis no esforço de compartilhar, ensinar e demonstrar os princípios da espontaneidade e da criatividade como aspectos fundamentais do potencial humano. Esses eventos, bem como o envolvimento posterior de Zerka, serão analisados com mais detalhes no Capítulo 3.

Em resumo, o aspecto comum na variedade de interesses e atividades de Moreno é sua devoção à visão de um mundo mais saudável. Vários anos de experiência com indivíduos e grupos o convenceram de que os princípios do encontro, da dinâmica de grupo, dos métodos ativos em terapia e a espontaneidade, combinados aos outros métodos que ele desenvolveu, eram valiosas e significativas contribuições para a psicologia, sociologia e filosofia. Ele e Zerka consumiram muito tempo e despenderam enorme energia pessoal para assegurarem-se de que seu trabalho seria incorporado à evolução da psicologia e das ciências sociais.

A visão unificadora de todo o seu trabalho foi a força participativa e vitalizadora da espontaneidade e da criatividade em nossas vidas. Era uma filosofia para ser vivida, plena de riscos existenciais inerentes a ela. Seus erros, em geral, foram fruto do fato de que ele estudava os limites de sua própria vitalidade e autenticidade. Consciente e vaidosamente, modelou os comportamentos de investigação da espontaneidade que advogava. Se por vezes ele falhava em se ajustar às expectativas sociais de alguns de seus colegas, este era o preço que sempre se dispunha pagar. Aqueles afortunados o bastante para ter convivido com ele atestam o fato de ter se tratado, indubitavelmente, de um dos mais dinâmicos e corajosos pioneiros na história da psiquiatria.

REFERÊNCIAS

BERNE, Eric. (1970). Letter to the editor. *American Journal of Psychiatry*, 126 (10), 1520.
BLATNER, Adam. (1988). Moreno's metaphysical source. *Journal of Group Psychotherapy, Psychodrama and Sociometry*, no prelo.
BRATESCU, Gheorgh (1975). The date and birthplace of J. L. Moreno. *Group Psychotherapy and Psychodrama*, 28, pp. 2-4. (Nota do autor: Essa data de nascimento é três anos anterior àquela registrada anteriormente.)
JOHNSON, Paul E. (1959). Interpersonal psychology of religion — Moreno and Buber. *Group Psychotherapy*, 12, pp. 211-7.
MASLOW, Abraham H. (1968), Letter to the editor. *Life*, p. 15
MEIERS, Joseph (1945). Origins and development of group psychotherapy — Historical survey. *Sociometry*, 8, pp. 499-530.
MORENO, J. L. (1946). *Psychodrama*. v. 1. Beacon, NY, Beacon House, pp. 5-6.
―――. (1947). *The theatre of spontaneity*. Beacon, NY, Beacon House, p. 3.
―――. (1971a). Influence of the Theater of Spontaneity upon the modern drama. *Handbook of International Sociometry*, 6, pp. 84-90.
―――. (1971b). *The words of the Father*. Beacon, NY, Beacon House.
―――. (1972). The religion of God-father. In Paul E. Johnson (Ed.), *Healer of the mind: A psychiatrist's search for faith* (pp. 197-215). Nashville, TN, Abingdon, pp. 197-215.
MORENO, Jonathan. (1985, janeiro). Presentation at the Western Division conference of the American Society for Group Psychotherapy and Psychodrama [Sociedade Americana de Psicoterapia de Grupo e Psicodrama], Los Angeles.
SCHUTZ, Will. (1971). Here Comes Everybody: Body-mind and encounter culture. Nova York, Harper & Row, 1971.
TOEMAN, Zerka. (1949). History of the sociometric movement in headlines. *Sociometry*, 12, pp. 255-259.
TREADWELL, Thomas & TREADWELL, Jean. (1972). The pioneer of the group encounter movement. *Group Psychotherapy and Psychodrama*, 25, pp. 16-26.

3
DESENVOLVIMENTOS POSTERIORES DO PSICODRAMA

Do final da década de 40 em diante, o campo do psicodrama amadureceu. O trabalho de Moreno, em conjunto com a sociometria e a psicoterapia de grupo, começou a ser aplicado em vários cenários, tais como escolas, recreação, programas de reabilitação para pessoas com problemas de desenvolvimento, os militares, gerentes e treinamento de profissionais desde professores até homens de vendas. Moreno estimulou o desenvolvimento de inovações na psicoterapia e, no final da década de 50, em colaboração com Frieda Fromm-Reichmann e Jules Masserman, editou uma série de livros que apresentavam algumas das novas abordagens. Seu interesse achava-se voltado em especial para o desenvolvimento das emergentes arte-terapias criativas, por exemplo, um dos primeiros artigos da pioneira da terapia de dança, Marian Chace, foi publicado na revista de Moreno (Chace, 1945).

Em termos históricos, é importante recordar que a psicoterapia de grupo não foi uma inovação aceita de imediato pela comunidade profissional. Moreno era tão devotado ao desenvolvimento da psicoterapia de grupo quanto o era ao psicodrama. Ele queria enfatizar a importância da abordagem mais interativa do psicodrama; não obstante, promoveu e auxiliou na preparação de um sem-número de conferências nacionais e internacionais sobre terapia de grupo das quais participavam expoentes da visão psicanalítica. As conferências eram fórum para o intercâmbio entre as novas abordagens, tais como os "clubes sociais" de Joshua Bierer, a terapia de família de Virginia Satir, a comunidade terapêutica de Maxwell Jones, e o uso feito por George Vassilou das técnicas da arte-terapia na psicoterapia de grupo.

Moreno funcionava como importante catalisador das inovações e do ecletismo na psicoterapia, em especial durante um período em que as abordagens alternativas tinham dificuldade em ganhar aceitação nas profissões clínicas, então sob domínio da psicanálise. Seus escritos e sessões de demonstração pública em Nova York influenciaram Fritz Perls, recém-chegado da África do Sul. Diversos pioneiros do movimento do grupo de encontro publicaram alguns de seus primeiros experimentos na revista *Sociatry* de Moreno.

Inúmeros membros da família participaram das tentativas bemsucedidas de Moreno. Entre outros, sua primeira esposa, Florence, era bastante ativa em educação e desenvolvimento de crianças e ajudava em seu trabalho sobre a teoria da espontaneidade e psicodrama. (Eles tiveram uma filha, Regina, nascida em 1939.) Seu irmão mais novo, William, homem de negócios que muito o admirava, dava-lhe ajuda financeira. A partir dos anos 40 a produtividade de Moreno foi bastante aumentada pela capacidade e devoção de sua segunda esposa, Zerka. Ao longo dos vinte anos seguintes, J. L. e Zerka Moreno publicaram inúmeras revistas e escreveram numerosos livros e artigos. Eles mergulharam numa rotina quase que contínua de palestras-demonstração, *workshops*, consultas e compromissos de discursos nos Estados Unidos e em outros países. Além disso, trabalharam em conjunto com pacientes em seu sanatório até princípio dos anos 60. Os estudantes eram também treinados ali ao longo dos primeiros anos da década de 70.

Com 85 anos, após uma série de pequenos derrames, Jacob L. Moreno morreu em sua casa em Beacon, Nova York, em 4 de maio de 1974. Ele decidira parar de comer nas semanas que precederam sua morte e passou por um declínio físico gradativo. Durante esse período ele recebeu velhos amigos e visitantes, sempre com afeto e receptividade (Sacks, 1977; Yablonsky, 1975). O epitáfio de Moreno fora escolhido previamente por ele: "Aqui jaz o homem que trouxe o riso de volta para a psiquiatria".

Moreno disse a Zerka que havia criado o sistema, e que agora dependia dela e de outros levar adiante o trabalho. O psicodrama havia expandido sua gama de atividades de maneira significativa na última década, e esses desenvolvimentos merecem comentários mais aprofundados. O principal expoente do trabalho de Moreno tinha sido Zerka, e a seguir apresentaremos de modo sucinto alguns aspectos importantes da vida dela.

ZERKA TOEMAN MORENO: SÍNTESE BIOGRÁFICA

Zerka Toeman, a mais nova entre quatro irmãos, nasceu em 1917, de família judia que vivia em Amsterdã, Holanda. Em 1931 foram para a Inglaterra, e Zerka freqüentou o colégio e a faculdade no Willesden Green, subúrbio de Londres. Uma irmã mais velha, já com seus vinte anos, tornou-se psicótica e foi diagnosticada como esquizofrênica. O acontecimento, bem como a doença continuada da irmã, iria mostrar-se mais tarde fundamental para o encontro entre Zerka e Moreno. Havia um importante elemento transpessoal na ligação que se estabeleceu entre os dois. Zerka era sensível e receptiva a vozes que falavam de seu sábio self interior. Por exemplo, em 1935, aos 18 anos, vivendo em Londres, um ano antes do surto psicótico de sua irmã, uma voz disse a Zerka que fosse para a América. Ela não agiu de acordo com isso então; na verdade, ela voltou para a Holanda sozinha, para trabalhar como governanta. Quatro anos mais tarde, numa noite silenciosa, Zerka andava pelas ruas de elegante subúrbio quando mais uma vez teve o forte sentimento de que devia ir para a América. O senso de uma presença falou-lhe: "Sim, você deve ir! Existe algo importante — há alguém à sua espera". Desta vez ela emigrou e estabeleceu-se em Nova York.

Em 1941 grande perigo ameaçava sua irmã mais velha e sua família na Bélgica, e Zerka conseguiu obter os vistos para que emigrassem para a América. Quando chegaram, sua irmã havia mergulhado na esquizofrenia e o dr. Emil Gutheil encaminhou-os ao sanatório de Moreno. Durante o tratamento da irmã de Zerka, Moreno vivenciou com esta última um profundo senso de "tele", como se ele a "reconhecesse". E algo semelhante ocorreu com ela: ele e a idéia do psicodrama a fascinaram.

Em função de seus antecedentes no teatro, nas belas artes, e na psicologia, Zerka envolveu-se com o psicodrama e trabalhou como auxiliar treinada no cuidado de sua irmã, bem como no de outros pacientes do sanatório de Moreno. Seu interesse por Moreno e pelo trabalho dele continuou a crescer à medida que ela passou a dividir responsabilidades na administração e organização da diversificada e complexa empresa. Logo ficou claro para ela que Moreno era "alguém à sua espera", e em 1949 casaram-se. Jonathan, seu único filho, nasceu em 1952.

"Sob vários aspectos somos todos sobreviventes." Zerka ensinou o conceito em inúmeros *workshops*. Foi um *insight* que ela teve durante uma penosa experiência pessoal. Em 1957, foi diagnosticado um câncer (condrossarcoma) no osso do ombro direito de Zerka, resultando na amputação de todo o seu braço direito, mas ainda a tempo de lhe salvar a vida. Sua deficiência não a impediu de continuar a servir como "braço direito" de Moreno (como ela mesma dizia jocosamente). Logo após a morte dele em 1974, ela continuou a dar aulas e a escrever sobre psicodrama, dinâmica de grupo e sociometria. Hoje ela permanece o maior expoente do método no mundo, viajando internacionalmente, mantendo *workshops*, e fazendo grandes conferências. Atualmente, ela vem trabalhando na biografia pormenorizada de Moreno, iniciada antes de sua morte, com o auxílio de seu filho. Jonathan Moreno é professor de filosofia e bioética, bem como participante no campo do psicodrama.

OUTROS PIONEIROS DO PSICODRAMA E DA SOCIOMETRIA

Durante as décadas de 40 e 50 grande número de profissionais trabalhou com Moreno na prática e no desenvolvimento do psicodrama, do sociodrama e da sociometria, na psiquiatria, sociologia, criminologia, educação, e em outros campos (Z. Moreno, 1966). Dentre as figuras mais proeminentes pode-se citar:

Max e Sylvia Ackerman
Didier Anzieu
Edgar Borgatta
Anna e Nah Brind
J. A. Bustamante
Gertrude Harrow-Clemens
Robert Drews
Eugene Eliasoph
Ernest Fantel
Abel K. Fink
Margaret Hagan
Doris Twitchell Allen
Robert Boguslaw
Eya Fechiin Branham
Anthony Brunse
E. A. Carp
Raymond J. Corsini
Dean Elefthery
James Enneis
Leon J. Fine
Robert Bartlett Haas
Martin Haskell
Frances Herriott
Richard Korn
Serge Lebovici

Gretel Leutz
Joseph Mann
Donnell Miller
Walter E. O'Connell
Frisso Potts
Anne Ancelin Schutzenberger
Nahum Shoobs
Adaline Starr
Helga Straub
E. Paul Torrance
Daniel Widlocher
Abraham Knepler
Helen Hall Jennings
Gerald W. Lawlor
Rosemary Lippitt
Joseph I. Meiers
Neville Murray
Abel Ossorio
James M. Sacks
Barbara Seabourne
Bruno Solby
Berthold Stovkis
Israel E. Sturm
Hannah B. Weiner
Lewis Yablonsky

DESENVOLVIMENTOS POSTERIORES DO PSICODRAMA

Logo após a morte de Moreno, a esfera de ação mudou da dominação de seu fundador e passou para uma distribuição mais descentralizada e democrática de autoridade. A Sociedade Americana de Psicoterapia de Grupo e Psicodrama (ASGPP),[1] organização fundada por

---

1. American Society for Group Psychotherapy and Psychodrama, 6728 Old Mclean Village Drive, Mclean, VA 22101. Telefone: (703) 556-9222.

Moreno em 1942, tornou-se a força organizadora geral e procurou caminhar rumo a uma maior profissionalização. Nesse espírito, a American Board of Examiners in Psychodrama, Sociometry, and Group Psychotherapy[2] foi fundada em 1975 como órgão com autoridade e responsabilidade de examinar e diplomar instrutores e praticantes. O nível mais alto de graduação é indicado pelas iniciais TEP que indicam *Trainer, Educator and Practitioner* (*Instrutor, Educador e Praticante*). Esta designação refere-se a um diretor que todos admitem ser capaz de treinar outros diretores. Você pode obter uma lista de diretores e praticantes diplomados escrevendo para a American Board.

Em 1976 foi fundada a *Federation of Trainers and Training Program in Psychodrama* (FTTPP) (Federação dos Instrutores e Programa de Treinamento em Psicodrama) visando padronizar o currículo nos diversos institutos. Uma de suas muitas contribuições foi a idéia de uma *tabella*, arquivo onde se registra o treinamento que o estudante tem nas sessões educativas conduzidas por TEPs e onde se registram as horas de treinamento. Pode-se obter informações a respeito do treinamento pelos escritórios do American Board.

A ASGPP continua a funcionar como a maior organização para as pessoas interessadas em psicodrama e em novas abordagens inovadoras para a psicoterapia de grupo, individual e de família. Ela edita o *Journal of Group Psychotherapy, Psychodrama, and Sociometry* e promove encontros anuais que oferecem bons *workshops* experimentais. Organizou também numerosas divisões regionais e encontros. (Filiar-se e utilizar a ASGPP como veículo para se relacionar e compartilhar das experiências profissionais é excelente meio de encontrar profissionais companheiros, os quais compõem um grupo interessante e bastante espontâneo.)

O psicodrama acha-se bem-estabelecido e integrado com a corrente dominante da psiquiatria em outros países, em especial Brasil, Argentina, Suécia e Alemanha. Existem também importantes conexões entre o psicodrama e a psicoterapia de grupo na França, Austrália, Itália, Espanha, México, Japão e Grécia. Nos Estados Unidos o psicodrama é utilizado, com freqüência, em inúmeros contextos psiquiátricos, por profissionais que não estão formalmente diplomados ou filiados à ASGPP. Espera-se que essas pessoas sejam estimuladas a juntar-se a seus colegas no desenvolvimento contínuo do campo.

A ASGPP mantém uma convenção anual e diversas reuniões regionais, bem como edita uma revista profissional. Você pode escrever a eles solicitando informações a respeito de como se associar, sobre próximas reuniões e outras questões.
2. The American Board of Examiners in Psychodrama, Sociometry, and Group Psychotherapy, P.O. Box 15572, Washington, DC 20003-0572. Telefone: (202) 965-4115.
Você pode escrever para a American Board of Examiners e pedir uma lista de instrutores ou praticantes do psicodrama em sua região. Eles fornecerão também informações a respeito das exigências para obtenção de certificados.

O treinamento em Beacon, Nova York, continuou até por volta de 1980 sob a supervisão de Zerka Moreno e de vários diretores visitantes. Depois disso, ele foi mantido pela Horsham Clinic até que o centro foi fechado em 1984. A propriedade foi vendida, e o palco original do psicodrama mudou-se para o Jonathan Steiner Hall, em Boughton Place, em Highland, Nova York.

É ponto pacífico que muitas das idéias de Moreno por volta do final da década de 70 tinham sido assimiladas pela corrente principal da psicoterapia e em extensão razoável pelas áreas da educação, do gerenciamento e de diversos tipos de treinamento. O desempenho de papéis, por exemplo, é usado em diversos cenários e, no entanto, com freqüência ignora-se que ele seja derivado do psicodrama. À medida que a psicanálise se torna menos predominante na psiquiatria americana, grande número de abordagens ecléticas está substituindo sua hegemonia. Vários desses métodos podem ser rastreados, pelo menos em parte, até as contribuições de Moreno.

O campo do *drama therapy*[3] é exemplo interessante. Antes de 1965 ela era basicamente uma atividade que buscava ajudar os pacientes psiquiátricos a ensaiar e apresentar quadros e peças que eram de relevância emocional. Entretanto, a idéia de integrar a espontaneidade com atividades, tais como os jogos de teatro, aproximou esse campo dos ideais de Moreno. Inúmeros programas de *drama therapy* incluem o psicodrama em seu currículo. Desenvolveram numerosas técnicas que seriam úteis no psicodrama como aquecimento, para promover dinâmica de grupo, como métodos de catalisar os processos criativos (Johnson, 1984).

Tem aumentado consideravelmente também a presença do teatro criativo nas escolas da Inglaterra e Estados Unidos. A ênfase nas improvisações espontâneas, certamente, está no espírito do ideal de Moreno, embora tivesse surgido independentemente pelo trabalho de Winifred Ward (por volta de 1925, em Illinois) e de diversos dramatistas e professores ingleses, tais como Peter Slade e Dorothy Heathcote (nos anos 40).

Tem havido também crescente convergência entre as terapias criativas e expressivas, inclusive psicodrama, arte, música, dança, movimento, poesia, fantoches e teatro. Todas essas têm objetivos semelhantes, ou seja, a libertação e o uso da espontaneidade como parte do processo de cura.

Mais importante ainda, o campo do psicodrama expande-se para além das fronteiras da terapia até incluir grande variedade de aplicações artísticas, recreativas e educativas, tais como o Playback Theater de Jonathan Fox em Poughkeepsie, Nova York (Fox, 1981) e o teatro educativo psicodramático de Rosalie Minkin para adolescentes e idosos na

---

3 The National Association for Drama Therapy, 19 Edwards Street, CT 06511. Telefone: (203) 624-2146. A NADT é outra organização que vem integrando conceitos de *espontaneidade* e trabalho dramático. Você pode escrever a eles a respeito de programas de graduação em *drama therapy*.

Filadélfia. Programas de treinamento em criatividade para profissionais e diversas outras aplicações inovadoras estão sendo desenvolvidas na área. Tudo isso revela o potencial dinâmico do psicodrama e do sociodrama.

As palavras de Carl G. Jung são relevantes para se pensar sobre a evolução do psicodrama antes e depois da morte de Moreno:

> O pioneiro de um novo campo tem a sorte de ser capaz de tirar conclusões válidas de sua experiência global. As tentativas e esforços, as dúvidas e incertezas dessa viagem de descobrimento penetraram até sua medula para permitir a perspectiva e a clareza que são indispensáveis para uma visão abrangente. Já aqueles da segunda geração, que baseiam seu trabalho naquelas experiências tateantes, nos golpes de sorte, nas abordagens tortuosas, nas meias-verdades e nos enganos do pioneiro, estão menos sobrecarregados e têm oportunidade de escolher caminhos mais diretos e visualizar novas metas. Eles são capazes de descartar inúmeras dúvidas e hesitações e de se concentrar nos aspectos essenciais e, dessa maneira, produzir um mapa mais claro e simples do território recém-descoberto. A simplificação e a clarificação resultam em benefício da terceira geração que está mais equipada, desde o início, com um mapa rico em detalhes. De posse do mapa eles se tornam agora capazes de formular novos problemas e de estabelecer as fronteiras com mais precisão. (p. xi)

Entramos na segunda e na terceira geração das investigações no campo do psicodrama, bem como nos métodos correlatos que buscam utilizar o potencial criativo da psique humana.

No caso de Moreno, era fácil canalizar sua vitalidade e entusiasmo para o papel de liderança ativa, tão necessários quando se utilizam os métodos psicodramáticos. Seu próprio estilo tendia ao narcisismo e ao grandioso, embora ele fosse, por vezes, também extremamente intuitivo, caloroso e acolhedor. Zerka e outros diretores, ao longo dos anos, membros da segunda e terceira gerações, demonstraram ser possível usar as abordagens de maneira mais refinada e delicada do que a de seu próprio criador. Embora a exuberância de Moreno fosse um atributo essencial, dando-lhe coragem de promover suas idéias em ambiente profissional hostil, seu estilo pessoal contribuía para a dificuldade na aceitação de seu trabalho. Especulações sobre as razões da resistência na aceitação do psicodrama serão abordadas no Capítulo seguinte.

REFERÊNCIAS

CHACE, Marian. (1945). Rhythm in movement as used in St. Elizabeth's Hospital. In: J. L. Moreno (Ed.) *Group Psychotherapy:* A Symposium. Beacon, NY, Beacon House, pp. 243-245

Fox, Jonathan. (1981). Playback Theater: The community sees itself. In: Gertrud Schattner & Richard Courtney (Eds.) *Drama in Therapy*, v. 2. Nova York, Drama Book Specialists, pp. 295-308.

JOHNSON, David Read. (1984). The field of drama therapy. *Journal of Mental Imagery*, 7(1), pp. 105-9.

JUNG, Carl G. (1948). Foreword. In: Esther G. Harding. *Psychic Energy: Its source and its transformation*. Nova York, Pantheon Books.
MORENO, Zerka, T. (1966). Evolution and dynamics of the Group Psychotherapy Movement. In: J. L. Moreno et all. (Eds). *The International handbook of group psychoterapy*. Nova York, Philosophical Library, pp. 27-128
SACKS, James M. (1977). Reminiscence of J. L. Moreno. *Group*, 1(3), pp. 194-200.
YABLONSKY, Lewis. (1975). Psychodrama lives. *Human Behavior*, 4(2), pp. 25-9.

4

AS RESISTÊNCIAS AO PSICODRAMA

O trabalho de J. L. Moreno, embora de grande potencial, não foi aceito de imediato nos Estados Unidos. De fato, a maioria dos profissionais de psicologia e psiquiatria considerava Moreno uma pessoa independente e dissidente. Apesar disso, vários de seus métodos foram incorporados às novas formas de psicoterapia desenvolvidas nas últimas décadas. Levando-se em conta a contribuição significativa de Moreno para a evolução da psicoterapia, é importante assinalar e recuperar seus melhores *insights* como fonte de contínua inspiração. A negligência para com as idéias de Moreno tem basicamente dois motivos: do ponto de vista histórico, seus conceitos estavam adiante de seu tempo, e, em termos pessoais, as atitudes de Moreno afastavam numerosos colegas profissionais.

O CONTEXTO HISTÓRICO

A resistência ao conceito do psicodrama baseava-se nos seguintes fatores:
1. O psicodrama como forma de terapia era radicalmente diferente das abordagens tanto das escolas analíticas quanto das não-analíticas de psicoterapia, práticas consideradas aceitáveis entre 1935 e 1955.
2. Quando, afinal, o campo da psicoterapia começou a se abrir às diversas inovações, havia outras abordagens que integravam conceitos psicanalíticos com algumas das idéias de Moreno, como a psicoterapia de grupo, a terapia familiar, a psicologia humanística, a Análise Transacional e a gestalt-terapia, que receberam a maior parte da atenção. O psicodrama ficou um tanto isolado pois tendia a ser praticado na forma clássica.

3. Na psicologia acadêmica, nos anos 50 e 60, o behaviorismo vinha desenvolvendo métodos terapêuticos que serviam para dar aos psicólogos identidade característica e tradição próprias. E é interessante notar que atividades como imaginação dirigida, modelagem e prática behaviorista tinham bastante em comum com os princípios do psicodrama, mas na literatura ou no ensino era raro fazer-se tal ligação.

4. Moreno, com seu costume de repetidas vezes opor-se à escola dominante da psicanálise, sem dúvida, desafiava as tendências intelectuais da época. Ao longo dos anos 40 a psicanálise possuía inúmeros defensores bem-preparados e respeitados, oferecia um sistema de relativa abrangência e riqueza intelectual, e era teoricamente dinâmica. Seu método era interessante, novo e popular entre a camada bem-sucedida da sociedade, da qual faziam parte, inclusive, pessoas bastante influentes por sua proximidade ao mundo da mídia (isto é, romances, revistas, filmes). Vivia-se um período excitante naqueles dias e as escolas de pensamento "neo-analíticas" de Karen Horney, Harry Stack Sullivan e Erich Fromm vinham modificando a abordagem freudiana ortodoxa. Já Moreno trabalhava fora do sistema, quase sozinho, apenas com um pequeno e instável número de estudantes.

A própria psicanálise da década de 40 era um movimento de vanguarda para quase todos os jovens psiquiatras. Sua aura de autoridade era engrandecida por inúmeros psicanalistas europeus que haviam emigrado para escapar aos massacres anti-semitas de Hitler. Assim, essa escola de pensamento também atraía a simpatia das maiorias. Nesse ambiente, embora admitindo alguma validade nas críticas de Moreno ao método analítico, havia, sem dúvida, pouco interesse por parte das pessoas que acabavam de descobrir a psicanálise. (Apenas no final da década de 50 a psicanálise começou a emergir como ortodoxia caricata, em parte porque inúmeros de seus maiores defensores se recusavam a assimilar as novas abordagens disponíveis.).

Embora Moreno reconhecesse em Freud um pensador original e importante, fez poucas tentativas de integrar sua própria abordagem à teoria psicanalítica. (Um dos objetivos deste livro é o de ajudar a fazer a ponte entre as duas teorias.) Entretanto, em alguns países como França e Argentina, as idéias psicodramáticas e psicanalíticas têm sido sintetizadas com êxito desde meados da década de 50.

5. A clínica particular era o contexto econômico preferido pelos profissionais de maior *status*. As abordagens analíticas eram mais adequadas aos tipos de problemas examinados em tais cenários. Ao contrário, o trabalho inicial de Moreno com detentos, deficientes mentais e psicóticos tornava sua "fonte de dados" aparentemente menos relevante ou aplicável àquilo com que se ocupava a maioria dos profissionais. A partir década de 60, contudo, passaram a surgir trabalhos que demonstram com precisão a alta eficácia do psicodrama em lidar com problemas "neuróticos" convencionais.

6. O tempo exigido para se efetuar o psicodrama era outro fator que o tornava menos prático no uso clínico. Uma sessão clássica de psicodrama, em geral, requer de duas a três horas para possibilitar um aquecimento adequado, bem como a ação e o processamento. Embora em uma única sessão possa fazer brotar material equivalente a inúmeras sessões verbais, ela não era compatível com a tradição da "hora de 50 minutos". Vários terapeutas de renome consideravam o psicodrama pouco prático e economicamente inviável. Para complicar ainda mais as considerações quanto a seu uso, havia o fato de que a teoria clássica do psicodrama provocava emoção mais intensa, o que exigia maiores cuidados posteriores e pessoal preparado para dar apoio.

7. Por volta de meados da década de 30 as abordagens diretivas, incluindo aconselhamento, exortações e palestras inspiradoras, saíram de moda; era comum associá-las aos comportamentos autoritários das pessoas educadas antes da virada do século. Os gostos culturais começavam a se desviar das tradições que giravam em torno da família, da educação patriarcal e da religião. Novas alternativas podiam ser encontradas nas abordagens não-diretivas e não-julgadoras, tais como a psicanálise ou a terapia não-diretiva de Carl Rogers. Embora o psicodrama siga as necessidades do paciente e seja essencialmente centrado no cliente, ela é também ativa e diretiva. Infelizmente, esses aspectos a associavam a um estilo de dar conselhos, já fora de moda.

8. Qualquer atividade, propriamente dita, no contexto terapêutico, era também considerada fora de moda. Em geral, os pacientes descritos na literatura especializada dos primeiros tempos exibiam comportamentos histéricos ou compulsivos, e um dos objetivos da terapia era o de controlar seu *acting-out*. Na verdade, o psicodrama pode ser empregado com sucesso para ajudar as pessoas a se expressarem de forma menos patológica; entretanto, naquele tempo, era acusado erroneamente de fomentar um tipo de catarse excessiva, que reforçaria os padrões patológicos (Murray).

A atuação exigida pelo terapeuta tendia também a desqualificar o psicodrama. Um dos princípios fundamentais da prática psicanalítica acentuava a importância de provocar a transferência por meio de uma atitude neutra do terapeuta, e qualquer comportamento que revelasse sua personalidade era considerado contaminação inaceitável do processo. Parte do treinamento psicanalítico envolvia a disciplina pela qual o terapeuta aprendia a controlar sua ação visível, considerada então uma forma de contratransferência que brotava de uma "necessidade neurótica de ser útil". Assim, qualquer terapeuta que defendesse abordagens participativas corria o risco de ser degradado profissionalmente porque o comportamento era interpretado como racionalização de necessidades pessoais. É curioso observar que os anos 20 até os anos 40 foram também as décadas que promoveram a noção (hoje considerada absurda) de que o hábito de pegar os bebês no colo ou alimentá-los assim que eles choravam "estragava" a criança. Achava-se em voga um rígido modelo de abstinência, tanto na educação dos bebês como na comunidade psicoterapêutica. Abordagens com ação não se distinguiam do *acting-out* e eram caluniosamente tachadas de promotoras de neurose. Em alguns ambientes o preconceito contra atividades dentro da terapia continua presente até os dias de hoje.

9. Alguns elementos do teatro sempre despertam desconfiança. Ao longo da primeira metade do século, o teatro continha aspectos inautênticos, histriônicos, sexualizados e, sob outros aspectos, não merecedores de respeito. Moreno empenhou-se em reabilitar essa antiga forma de arte e em restaurar a possibilidade de que todos tivessem acesso a ela. Ele desenvolveu a prática da espontaneidade em oposição às performances altamente estruturadas e ensaiadas. Na teoria e na prática ele criou uma alternativa ao teatro "sem alma" de seu tempo. Entretanto, sua terminologia no psicodrama tirada do teatro o associava exatamente com o que ele queria mudar (Blatner, 1968). Por exemplo, o termo *role-playing* que Moreno usava para designar um processo que servia para aumentar a autenticidade foi, com freqüência, utilizado referindo-se a comportamento fraudulento (J. Moreno, 1975).

10. Ao longo dos anos, muitas pessoas entusiasmadas pelo psicodrama, mas sem o devido treinamento, davam esse nome às suas atividades. Infelizmente, era freqüente interpretarem de maneira errada os princípios fundamentais e muitas vezes tais trabalhos eram o oposto dos ideais de Moreno. Por exemplo, tais diretores falhavam em promover um aquecimento adequado ao grupo, e o protagonista era submetido a sofrimento, em situações irrelevantes e planejadas de maneira óbvia. Outro abuso do método ocorria quando ele se tornava veículo para confrontação rude e desagradável. Após acompanhar uma breve exposição da técnica ou participar de um *workshop* de fim de semana, pessoas mal-orientadas tentavam conduzir sessões, e os resultados chegavam a ser desastrosos. Em vez de criticar os diretores por seu treinamento inadequado, muitas vezes culpava-se o método.

11. As abordagens grupais não estavam na moda nos primeiros anos da psicoterapia. As técnicas para se desbloquear repressões apenas haviam começado a ser usadas; era um enorme desafio para qualquer pessoa admitir para si mesma que ela havia armazenado sentimentos socialmente inaceitáveis, pensamentos sexuais ou fantasias agressivas. Era ainda mais difícil dizer isso numa sessão individual com terapeuta não-julgador. Falar a respeito ou expor tais sentimentos num grupo com outras pessoas era quase inconcebível. Nesse contexto, fica fácil entender por que a privacidade e a confidencialidade eram o maior atrativo e a marca registrada da psicoterapia. Nos primeiros anos, a defesa que Moreno fazia da psicoterapia de grupo ia na contramão da corrente dominante (Bromberg, 1957). À medida que as pessoas em nossa cultura ficaram mais familiarizadas com a universalidade das emoções e pensa-

mentos, o medo de trabalhar em grupo diminuiu. Na verdade, tomar ciência de que seus sentimentos pessoais eram também compartilhados por outros tornou-se importante fator de cura na terapia de grupo. Ainda hoje as pessoas ficam instintivamente de pé atrás com os métodos participativos, pois neles os sistemas convencionais de defesa por intercâmbio verbal são suprimidos.

12. Uma das razões para isso era o fato de que os terapeutas, em sua maioria, eram introvertidos, tendo sido treinados no modelo acadêmico do papel passivo de estudante. Havia pequena preparação social ou profissional para lidar com grupos. A timidez prevalecia de tal modo que não era considerada um empecilho para um desempenho ideal. As abordagens grupais, portanto, eram tidas como ameaçadoras para o terapeuta, e o temor era projetado inconscientemente nos pacientes com a racionalização de que "eles" iriam achar isso inaceitável. À medida que o trabalho com grupos foi se tornando uma abordagem terapêutica aceita, essa desculpa ficou inaceitável.

13. O psicodrama, tal como se apresentava originalmente, no que chamo de forma clássica, era bastante difícil de aprender e aplicar. O treinamento só podia ser feito com Moreno, e, muitas vezes, isso exigia viajar até o norte do Estado de Nova York e se hospedar em seu instituto-sanatório. Considerando-se que a maioria das abordagens podia ser aprendida em núcleos acadêmicos locais, apenas as pessoas que realmente tinham iniciativa e motivação para aprender um método alternativo de tratamento submetiam-se a esse esforço. O impacto e a promoção do psicodrama nos campos da psicoterapia eram, portanto, limitados pelo pequeno número de estudantes treinados.

14. Na primeira parte do século, os domínios da religião e da filosofia já se haviam separado da ciência e eram campos bem distintos, mantidos à distância com grande convicção emocional. Moreno mais uma vez contrariava a norma ao incluir temas religiosos e filosóficos em seus escritos e apresentações pessoais. Sua filosofia idiossincrática desafiava as tradições religiosas estabelecidas. Além disso, o campo emergente da psiquiatria vinha tentando com bastante afinco ser aceito pela comunidade científica mais ampla. Ela buscava conseguir isso unindo-se à evolução da medicina, que àquela época aderia aos modelos científicos. A inclusão de Moreno na corrente da psiquiatria era severamente frustrada por seus escritos e comportamentos, que tendiam a ser inspirados e poéticos, porém pouco capazes de construir um corpo de dados sobre ciência da mente.

FATORES PESSOAIS

O contexto histórico relatado ficaria incompleto se não incluísse a dimensão pessoal, com a qual é possível formar uma matriz indissolúvel. Já foi dito que Moreno era um gênio, o que, provavelmente, é bastante preciso. Um gênio tende a ser inconsistente com nossos padrões habituais de como as pessoas deveriam ser ou do que se deve esperar delas. As formas usadas por Moreno para se apresentar e promover seu método, por vezes, podiam ser consideradas inadequadas.

Suas falhas não diminuem o valor de seus conceitos. As pessoas que, como ele, optaram por viver suas vidas no campo do público, acham-se fadadas a revelar suas limitações. É inevitável. Os visionários, naturalmente, têm suas vidas sob os holofotes. Porém, seria banal nos atermos à fraqueza que se tornou tão óbvia naquele contexto; isso revelaria nossa própria inveja e a pobreza de nossa própria visão. O desafio é simples e claro: o que podemos construir com base no material que tais visionários tiveram a coragem de destacar?

Dentre os fatores pessoais que contribuíram para a resistência à filosofia de Moreno, acham-se os seguintes:

1. O uso feito por ele da sessão de grupo aberta chocava a corrente dominante da profissão. Desde seus primeiros trabalhos ele incluía a "terapia de massa" e o uso do teatro de improviso, e achava-se convencido do potencial do psicodrama aplicado em grandes agrupamentos. Sentia-se à vontade em tais contextos, que lhe eram bastante familiares. Na década de 40 ele abriu um estúdio na Upper East Side de Nova York, onde trabalhou com grupos de 30 a 100 ou até mais pessoas em sessões semanais de uma tarde por fim de semana, pelo preço equivalente ao de uma entrada de cinema. A platéia tornou-se a fonte de protagonistas dos psicodramas e, por vezes, servia como auxiliar.

Os profissionais preocupavam-se com o fato de que os participantes dos psicodramas vivenciassem emoções poderosas, mas não dispunham de tempo suficiente para elaborar inteiramente seus sentimentos. Além disso, parecia não haver preocupação alguma com o fato de os protagonistas terem ou não redes sociais de apoio para ajudá-los após as sessões. Não consta ter havido qualquer "acidente" em função dessa prática; não obstante, o desrespeito à confidencialidade e a falta de um *follow-up* pareciam pouco profissionais. Ainda hoje o uso das sessões abertas continua sendo motivo de controvérsias entre os psicodramatistas.

Por outro lado, conscientemente, Moreno escolheu essa prática como veículo para promover suas idéias e métodos — ele via nela um modo de transcender aos requisitos convencionais da terapia. As sessões abertas atraíam inúmeros profissionais, movidos em geral pela curiosidade. Com freqüência, tal como ocorreu com Fritz Perls, eles observavam uma das técnicas e, em seguida, iam embora. Outros, ficavam fascinados o bastante pelo que vivenciavam e tornavam-se estudantes, e alguns vieram a se tornar professores dos conceitos e técnicas de Moreno.

2. Movido em parte por sua filosofia de fazer terapia tanto com a sociedade quanto com indivíduos, Moreno decidiu aceitar estudantes de

outras profissões e leigos também. Sob esse aspecto, sua orientação era similar à de Freud quanto à importância da análise leiga (Bettelheim, 1983). Moreno sabia que o psicodrama, a sociometria, a dinâmica de grupo e outros aspectos de seu sistema tinham também aplicação — quem sabe até maior — em campos que ultrapassavam o modelo terapêutico: educação, sociologia, religião, teatro, ação comunitária e assim por diante. Seus estudantes eram originários dessas e de muitas outras áreas. Porém, novamente, para algumas figuras influentes das principais correntes acadêmicas e psiquiátricas, tal prática colaborava para diluir o profissionalismo do trabalho de Moreno.

3. A disseminação das idéias e dos métodos psicodramáticos foi por demais dificultada pela falta de material escrito disponível. Os únicos livros a respeito de psicodrama (até meados da década de 60) eram de autoria do próprio Moreno e não eram bem escritos. Além disso, embora houvesse a real necessidade de termos novos que designassem os fenômenos sem equivalentes, a criação de termos não-familiares aumentava a dificuldade em aprender seu sistema. Outro obstáculo para os profissionais era a falha de Moreno em construir pontes com as diversas teorias psicológicas. (Na verdade, algumas das idéias de Moreno têm bastante em comum com certos conceitos de Otto Rank e Alfred Adler, entre outros.) Os estudantes encontravam pouca orientação sobre a prática propriamente dita em seus textos introdutórios. Infelizmente, o estilo de escrever de Moreno era muitas vezes redundante, confuso, complexo; ele divagava e se perdia em especulações filosóficas e reminiscências pessoais e históricas.

Quanto a isso pode-se dizer que a leitura de seus principais trabalhos tornou-se ainda mais complicada pela inclusão de assuntos "políticos". Moreno intercalava afirmações acerca da prioridade de suas contribuições e questionava a originalidade de líderes nesse campo como S. R. Slavson ou Kurt Lewin. Editoriais deste tipo requerem lugares adequados para serem veiculados, não em artigos ou livros supostamente destinados a cobrir assuntos objetivos. Essa faceta competitiva com outros profissionais e com a psicanálise em geral desviava a atenção do leitor, solicitando uma mudança de lealdade, o que era esperar demais. Ainda que fossem válidos diversos de seus argumentos, o lugar inadequado — em meio a material técnico — e seu tom beligerante desestimulavam o desenvolvimento de uma platéia séria e profissional.

4. Embora as teorias de Moreno contenham algumas idéias de grande poder inovador, seu sistema não tem suficiente coerência ou clareza. Examinado com cuidado, ele mostra possuir uma rede de conceitos internamente consistente e genuinamente holística, mas tal estudo requer extraordinária devoção. Além disso, acredito que suas idéias necessitam de refinamento e de alguma revisão. Moreno não fez qualquer tentativa de comparar suas idéias com as de outros na psiquiatria ou na psicologia, embora isso pudesse tornar mais fácil ao leitor a tarefa de compreendê-las.

5. As publicações profissionais são o principal veículo para a divulgação de novas idéias, e a decisão de Moreno de editar e publicar suas próprias revistas teve resultados ambivalentes. Sua publicidade e capacidade de distribuição eram obviamente limitadas. Talvez esse sistema fosse o modo mais fácil de garantir a publicação de suas idéias. A escolha dos artigos muitas vezes pecava pela ausência de rigor, o que diminuía a credibilidade geral das próprias revistas. Desde o final da década de 30 até o início dos anos 50 suas publicações (isto é, *Sociometry, Group Psychotherapy* e outras) eram veículos de artigos ocasionais de inovadores na psicoterapia, tais como Rudolf Dreikurs, Marian Chace, Nathan Ackerman (que mais tarde se tornou um pioneiro na terapia de família), Ronald Lippitt (que foi um dos criadores dos Grupos de Sensibilização — *T-group*), e outros; não obstante, não tiveram êxito em projetar uma imagem profissional (Treadwell & Treadwell, 1972).

No final dos anos 50, em parte devido à emergência das revistas alternativas, as publicações de Moreno perderam vários de seus colaboradores eminentes e tornaram-se instrumentos de seus interesses mais especializados. Assim, com freqüência, ele publicava relatos anedóticos, resumos de apresentações das reuniões anuais da ASGPP e trabalhos de estudantes, e fazia propaganda de seus programas de treinamento de forma exagerada.

6. O estilo pessoal de Moreno nas apresentações era outra fonte de resistência profissional. Ele era carismático: dinâmico, envolvente, vistoso e dramático. Essas qualidades, por vezes, podiam também tender à grandiosidade e à megalomania. Como diretor, tinha aguda percepção da dinâmica do psicodrama e ainda assim, por vezes, ficava insensível às necessidades de sua platéia. Sua vitalidade essencial era revigorante para aqueles então insatisfeitos com a restrição emocional da apresentação psiquiátrica típica; entretanto, o conteúdo de suas palestras, bem como o de seus escritos, volta e meia descambava para assuntos de história pessoal. Sua fala atraía muitas pessoas pois seu entusiasmo era contagiante e suas idéias, excitantes. Entretanto, outras tantas pessoas ficavam ofendidas pois sua maneira de se apresentar chegava a parecer não-profissional e, por vezes, era aborrecedora, irrelevante ou "estranha".

Sob alguns aspectos acredito que Moreno criava conscientemente sua imagem pública numa tentativa de corporificar e modelar sua crença na espontaneidade. Entretanto, criticando seu comportamento com o uso de sua própria definição — espontaneidade é uma resposta adequada a uma nova situação — minha hipótese é a de que, por vezes, ele se envolvia no que ele e outros chamariam de espontaneidade patológica. Por exemplo, quando falava da força criativa do *Godhead* ou do "Pai" cósmico, tentava passar seu conceito de que todos eram um canal para essa força, mas em geral parecia que ele se superidentificava com o papel (Power, 1975).

7. Em seus relacionamentos com colegas e estudantes, Moreno por vezes era extremamente intuitivo, criativo e inclusivo. Ao dirigir sessões

de psicodrama, essas qualidades irradiavam uma aura de verdadeiro curador. Em outras ocasiões ele se mostrava mesquinho, insensível, arrogante, caprichoso, supercontrolador e bastante narcisista. Em função disso, exercia grande influência mas tinha poucos amigos íntimos.

De modo geral, as pessoas vinham para o treinamento, aprendiam o que precisavam, e partiam. Até aqueles que lhe eram leais mantinham alguma distância enquanto desenvolviam seu próprio trabalho. Moreno colaborou com algumas figuras importantes no campo da psiquiatria mas, de hábito, suas experiências continham tantas dificuldades que não eram repetidas. Lidando com os estudantes Moreno mostrava-se amistoso num momento e, logo em seguida, ofendia-se com facilidade. Era fácil sentir afeição genuína por ele; entretanto, logo a pessoa aprendia a ficar de pé atrás.

8. Moreno tentava manter controle sobre suas idéias, o que, em termos de organização, era contraproducente. Em suas revistas não publicava os dados dos demais diretores e dos profissionais que trabalhavam com ele e, aos poucos, ficou alienado, sem poder "entrar em rede" com outros que compartilhavam do interesse por seus métodos.

Uma das motivações de Moreno para dominar o treinamento e a propagação de seus métodos era o fato de ele temer que seus métodos viessem a ser usados como elementos separados, fora da filosofia unificadora da espontaneidade e do objetivo de curar a sociedade. Seus temores, infelizmente, vieram a se concretizar. A sociometria foi aplicada na sociologia sem qualquer preocupação em ajudar os grupos testados a utilizar a informação (Mendelson). Era comum nos livros-texto mencionar-se o psicodrama sem referência alguma às suas bases filosóficas. O *role-playing* tornou-se um método bastante empregado na educação e na área de administração, e, no entanto, a maioria de seus praticantes nem imagina que o mesmo foi criado por Moreno.

Em sua tentativa de controlar pessoalmente a evolução do psicodrama, Moreno acabava querendo fazer tudo e não fazendo nada direito. Era comum ele levar os outros a terem expectativas de apoio ou ajuda que não podia dar. Faltava-lhe a essencial habilidade organizacional do *follow-up*. Por outro lado, como conseqüência desses desencontros interpessoais, colaboradores em potencial sentiam-se desvalorizados ou traídos, frustrando o êxito de seus esforços e projetos.

Em resumo, tendo em vista as muitas dificuldades envolvidas, o fato de sua abordagem ter sobrevivido tal como ocorreu é um tributo à força de vontade, à coragem, à persistência e à visão de Moreno. Boa parte do mérito cabe a sua esposa, Zerka, que compensou inúmeras de suas falhas e liderou o trabalho, tanto antes quanto depois da morte do marido. Sem ela Moreno talvez não tivesse sido tão produtivo ou, pelo menos, a ponto de fazer essas idéias sobreviverem ao desaparecimento de seu criador. Os interessados em efetuar pesquisas mais profundas sobre a história de

Moreno ou de suas idéias devem dirigir-se à biblioteca médica da Harvard University, que é a depositária de todo o arquivo de Moreno.

A principal razão das idéias de Moreno ainda continuarem a estimular profissionais de diversas áreas deve-se ao fato de elas serem basicamente relevantes, poderosas e válidas em sua essência, hoje mais do que nunca. Numa época de crescente desumanização, suas contribuições em prol do crescimento e da valorização da individualidade pelos princípios da espontaneidade e da sociometria são cada vez mais atuais. Muitos métodos de Moreno já foram aplicados em grupos de encontro, em treinamento da sensibilidade, educação, terapia de família (a técnica de Virginia Satir de escultura familiar é originária da técnica do sociograma de ação), negócios, teatro, as arte-terapias e muitas outras inovações na psicoterapia.

Para que um sistema seja aceito, entretanto, não basta conter ótimas idéias e técnicas poderosas. Ele precisa, também, ser estabelecido como um sistema teoricamente claro e coerente, profissionalmente acatado e cientificamente demonstrado. De outra maneira, ele parecerá apenas um "truque". Em função dos fatores de despreparo histórico e das idiossincrasias pessoais de Moreno, sua abordagem não obteve ainda o reconhecimento popular e profissional que acredito merecer. Este livro é uma tentativa de apresentar os conceitos de Moreno, organizados de modo mais acessível.

REFERÊNCIAS

BETTELHEIM, Bruno. (1983). *Freud and man's soul*. Nova York, Alfred A. Knopf.
BLATNER, H. A. (1968). Comments on some commonly-held reservations about psychodrama. *Group Psychotherapy*, 21(1), pp. 20-5.
BROMBERG, Walter. (1957). Evolution of group psychotherapy. *Group Psychotherapy*, 10(2), pp. 111-3.
MENDELSON, Peter D. (1977). Sociometry as a life philosophy. *Group Psychotherapy, Psychodrama, and Sociometry*, 30, pp. 70-85.
MORENO, Jonathan. (1975). Notes on the concept of role playing. *Group Psychotherapy*, 28, pp. 105-7.
MURRAY, Neville. (1976). Psychodrama — post Moreno. In: Arlene R. Wolberg, Lewis R. Wolberg & Marvin L. Aronson (Eds.). *Group Psychotherapy*. Nova York, Stratton Intercontinental Book Corp., pp. 16-20
POWER, Joseph P. (1975). Moreno and the God controversy. *Group Psychotherapy*, 28, pp. 164-7.
TREADWELL, Thomas & TREADWELL, Jean. (1972). The pioneer of the group encounter movement. *Group Psychotherapy and Psychodrama*, 25, pp. 16-26.

PARTE II
FUNDAMENTOS FILOSÓFICOS

5

FUNDAMENTOS FILOSÓFICOS DO PSICODRAMA: CO-CRIATIVIDADE E RESPONSABILIDADE

Nesta segunda parte, as teorias de Moreno serão ampliadas e examinaremos em profundidade alguns de seus mais importantes temas. É de enorme relevância o lugar da criatividade e a importância de cultivar essa fonte de vitalidade no processo de cura e crescimento. Para Moreno, a falta de criatividade, segundo ele um dos problemas centrais de nossa cultura, contribuía tanto para as psicopatologias pessoais quanto sociais.

Se na primeira metade do século a repressão dos impulsos sexuais e agressivos manifestando-se como neuroses era o foco primordial do sistema psicanalítico, a segunda metade tem assistido ao predomínio de um problema diferente — a ausência da responsabilidade. A patologia a ela associada inclui comportamento vicioso difuso, anomia, difusão de valores e distúrbios de estresse generalizado aliados a um senso de desamparo pessoal.

A questão da responsabilidade foi relevante nos trabalhos de Alfred Adler, Otto Rank e Roberto Assagioli (Assagioli, 1974; Rank, 1945). Nas últimas décadas surgiram diversas terapias cuidando especificamente do problema, inclusive, entre outras, a psicossíntese de Assagioli, a terapia da realidade de William Glasser e a *est* de Werner Erhard. A abordagem de Moreno focaliza o desenvolvimento da espontaneidade, a qual fortalece a flexibilidade mental da pessoa para assumir responsabilidade. Além disso, habilidades específicas podem ser praticadas para estimular o desejo de investigar possibilidades e de tomar iniciativas, aliados ao fator confiança. A partir desse ponto as pessoas podem exprimentar expandir seu repertório de papéis e, por meio desse processo, eles se vivenciam como o *locus* da ação efetiva. Um repertório de papéis mais amplo pode permitir escolhas quanto às possíveis estratégias de respostas disponíveis. A capacidade de responder de modo flexível requer que se disponha de alternativas. Esses elementos são cultivados em atividades que liberam a espontaneidade. O sistema de Moreno proporciona excelentes métodos para aumentar a espontaneidade e a criatividade fornecendo, ao mesmo tempo, uma abordagem filosoficamente unificadora (Moreno, 1946).

Os métodos psicodramáticos também podem ser utilizados apenas para fortalecer as pessoas — fazendo-as recordar seu potencial criativo. A psicoterapia moderna tende a enfatizar a ajuda aos pacientes na conscientização dos bloqueios psicológicos que interferem em seu adequado ajustamento. Entretanto, também é importante elaborar métodos para ajudar os pacientes (e, preventivamente, ensinar a todas as pessoas) a ter acesso às fontes naturais de vitalidade que as ajudam a manter a moral e a coragem enquanto prosseguem as tarefas de desaprendizado e reaprendizado (Patterson, 1967).

Os métodos psicodramáticos fornecem ferramentas da melhor qualidade para cuidar dessas duas questões terapêuticas.

O MANDAMENTO FILOSÓFICO DO PSICODRAMA

A teoria básica do psicodrama baseia-se no fenômeno de que cada um de nós pode criar o que se passa em nossa mente, e de que a experiência é maleável. Comprometido com a tarefa de ajudar as pessoas a colocar em ação seu progresso no mundo real, o psicodrama trabalha a partir de uma base intrinsecamente prática em sua filosofia e psicologia. Ele focaliza sem cessar a experiência da pessoa. Cada indivíduo apresenta um conjunto de variáveis ligeiramente diferente; e como o ambiente muda e evolui, essas mudanças se tornam os tijolos com os quais se irá construir a história da pessoa. O psicodrama é mais uma forma do que um sistema, e a forma é algo como a dança. Suas características se manifestam pela transformação, reinterpretação, e uma integração com outras formas de arte e diversos tipos de atividades.

O tema central no trabalho de Moreno é a reintegração da espontaneidade e da criatividade, como dimensões valorizadas de experiência e comportamento. Esse aspecto do processo humano — e até mesmo universal — é tão essencial para o funcionamento efetivo e vital quanto o desafio descrito por Freud de trazer a luz da consciência para as dimensões da vida diária. Freud mostrou que a repressão e outros mecanismos mentais podem bloquear a psique impedindo-a de expressar-se plenamente, e Moreno adicionou a isso as idéias e métodos que podem libertar os aspectos criativos tanto do indivíduo quanto da sociedade.

Considerando a situação algo alienada de muitas pessoas na vida, uma das bases importantes do psicodrama é sua capacidade de mobilizar o poder que o grupo tem de curar um de seus membros e, portanto, de curar a si mesmo. Somos seres sociais e compreender isso tem inúmeras implicações psicológicas e morais. A primeira delas é o que o filósofo Nicholas Berdyaev afirmou ser o mandamento divino essencial: "Cultivar a criatividade em nós mesmos e nos outros". A criatividade tornou-se tema importante na filosofia moderna à medida que nossa civilização começa a captar as verdadeiras implicações do conceito de evolução — o processo inevitável de crescimento e transformação.

Os métodos psicodramáticos utilizam diversas capacidades humanas básicas de maneira a aumentar a criatividade. Isso inclui a imaginação, a ação física, a dinâmica de grupo, a improvisação e a oportunidade de fazer experiências no contexto privilegiado do drama. O método que integra e faz uso do poder inato dessas fontes psicossociais facilita o crescimento na psicoterapia, na educação e em outras áreas.

A LIBERAÇÃO DA ESPONTANEIDADE

Desenvolve-se a capacidade de responsabilidade por meio da prática de um sem-número de habilidades componentes, tais como iniciativa, improviso e coragem de questionar as limitações convencionais ou os modelos tradicionais de pensamento. Entre outros elementos de uma mente flexível acham-se a curiosidade, o testar os limites, a exuberância, a expressividade, o questionamento, a busca de atenção, a engenhosidade, a intuição e o tipo de liberdade e experimentação social que ocorre no jogo sociodramático. Não é por acaso que tudo isso soa como as qualidades essenciais de crianças saudáveis e inocentes. Elementos de espontaneidade fazem parte de nossa herança natural e devem ser buscados e reintegrados se pretendemos utilizar as imensas energias psicológicas que podem servir como recursos para nos ajudar a lidar com os desafios de um mundo em crescente transformação.

Ashley Montagu, notável antropólogo e comentarista de questões contemporâneas, é autor do importante livro *Growing young* (1981) no qual aponta que existe uma tendência sociobiológica na espécie humana de reter qualidades jovens; essa tendência, chamada *neotenia*, tem uma vantagem adaptativa do ponto de vista da evolução. Ele afirma: "Resulta disso que todas essas implicações deveriam ser inteiramente compreendidas e identificadas: a importância das experiências sociodramáticas na vida da criança prossegue na vida do adulto" (p. 163).

O jogo sociodramático refere-se ao tipo de dramatização informal, imaginativo, cheio de improvisações e de faz-de-conta, que constitui boa parte do comportamento exploratório da criança pequena. Em nossa cultura isto tem sido negligenciado ou suprimido à medida que as crianças crescem; vem sendo substituído pela ênfase nos jogos competitivos; pelo drama ensaiado e orientado para a representação ou por outras formas de arte altamente disciplinadas.

O fenômeno do jogo livre, no entanto, é importante e merece ser destacado e pesquisado como forma natural de aprender, socializar, examinar e expandir o repertório de papéis da pessoa em ambiente orientado para a diversão saudável (Blatner & Blatner, 1987). A filosofia do psicodrama é baseada no fenômeno da universalidade do jogo em suas expressões culturais multifacetadas (Huizinga, 1955). Como já mencionamos, as teorias e métodos de Moreno têm raízes em seus experimentos com as brincadeiras de crianças nos parques de Viena, em 1908. Elaborar uma tecnologia para cultivar a responsabilidade e a criatividade exige não apenas que se estabeleça uma abordagem sistemática mas, também, o recolhimento de que tal processo educacional irá enfrentar um nível de resistência pessoal e cultural muito amplo. Apenas recentemente começamos a emergir de uma estrutura social na qual alguns comportamentos que fazem parte da espontaneidade e da criatividade eram tidos como características negativas, muitas vezes tratadas com críticas e punição. À medida que as pessoas voltam a exercer esses comportamentos, há uma tendência aos sentimentos de ansiedade e culpa. As idéias que produzem ansiedade ou conseqüências socialmente negativas tendem a ser banidas da percepção consciente das pessoas. O processo é acompanhado por uma multiplicidade de racionalizações e pelo estabelecimento de normas que valorizam formas de comportamento mais controladas e socialmente aceitas.

Uma das principais razões do desvio do aspecto espontâneo de nossas mentes é que ele ameaça a estabilidade e autoridade dos sistemas culturais hierárquicos. Entretanto, num mundo em transformação, tal estabilidade já foi abalada. A existência de mentes criativas na sociedade é exatamente a qualidade indispensável para a elaboração de novas abordagens construtivas. Nosso enorme avanço tecnológico fez com que nos afastássemos definitivamente de um tipo de cultura em que o conhecimento só é transmitido pela sabedoria dos mais velhos; atravessamos um tipo de cultura que produz novos conhecimentos na geração dos pais; e chegamos a uma cultura que utiliza ativamente as descobertas dos jovens, tal como vem ocorrendo com as fontes geradas pelo fenômeno da informática. Margaret Mead (1970) afirmou tratar-se de uma transição em que se saiu de uma cultura "pré-figurativa", passando por uma "configurativa" e chegando a uma "pós-figurativa".

IMAGINAÇÃO — NOSSA CAPACIDADE INIGUALÁVEL

Vamos considerar que o que distingue mesmo os seres humanos dos outros animais não é nosso polegar virado, nossa postura ereta ou até nossa capacidade de raciocinar mas, sim, nossa imaginação. É a fonte da riqueza de nossa linguagem, processo onde se constrói metáfora sobre metáfora. A imaginação é um fenômeno ilusório e nós mal estamos começando a usá-lo como recurso em nossa cultura. O psicodrama cresceu como um conjunto de métodos destinados a capitalizar essa dimensão da mente e a focalizar e aplicar suas potencialidades.

A criatividade confia na imaginação para produzir soluções únicas, combinações originais entre os elementos existentes, e novas direções e resultados possíveis. *O ato criativo tem início na capacidade de a pessoa produzir múltiplas mensagens internas e externas e, em seguida, formular uma resposta que capte a espontaneidade da decisão.* A imaginação é componente básico da espontaneidade em inúmeros casos. Por exemplo, em vez de desejar de forma direta determinado comportamento, podemos aprender a projetar nossa intenção fora de nós mesmos, imaginando ou sentindo nosso objetivo. Nós nos imaginamos como que sendo "conduzidos" ao objetivo, abandonando certo grau de controle autoconsciente de como tal objetivo foi alcançado. (Chamo a isso "a parte receptiva da intencionalidade".) Vamos encontrar esse processo nas artes marciais do Oriente, em algumas de suas adaptações nos esportes do Ocidente, nas aplicações da hipnose ericksoniana e em múltiplas práticas recentes na dança, na escrita criativa, na música e na arte.

No psicodrama, a imaginação do grupo é aquecida, e uma pessoa por vez fica sendo o foco do grupo. O método inclui um movimento intencional rumo à imaginação, uma abertura para o local onde flui a experiência da espontaneidade. Disso resulta a criatividade, tema acerca do qual muito se escreveu nas últimas décadas. Os diversos autores parecem concordar com o fato de que a criatividade se baseia numa integração de processos que são tanto conscientes quanto inconscientes, emocionais e racionais, intelectuais e físicos; entretanto, eles não se voltam para a tarefa de pesquisar a maneira de cultivar o processo integrado. O psicodrama e suas abordagens derivadas proporcionam tal método.

O GRUPO COMO LABORATÓRIO

Um dos princípios básicos da ciência é o de que o raciocínio dedutivo não é suficiente para realmente aprender acerca da vida; é preciso efetuar experimentos. Há um consenso segundo o qual em situações complexas pode haver grande número de variáveis não-previsíveis e que só podem ser descobertas no teste efetivo da hipótese. Em questões psicológicas, equivale a afirmar que não bastam apenas discussões verbais para um aprendizado genuíno; seria indispensável uma abordagem multidimensional que permitisse o esclarecimento de problemas e o testar de novas abordagens. A mais óbvia e natural a se usar é o espaço em que as crianças testam suas experiências e habilidades — o domínio da brincadeira, do faz-de-conta. Na fase adulta, esta vem a ser a atividade do drama.

O *setting* dramático não precisa ser voltado para uma performance; ele pode visar o uso familiar de simulações, tais como o treinamento de astronautas ou pilotos. A necessidade de estabelecer uma interface entre fatores humanos e os complexos sistemas tecnológicos é evidenciada por empresas que promovem testes de mercado em seus produtos; arquitetos e inventores que constroem modelos e protótipos etc.

Também na psicologia e nas relações interpessoais os temas são de grande complexidade. Eles exigem também investigação e prática ativas: não basta o discurso. Existem fatores tais como obter a sensação de um novo comportamento, dessensibilizar o indivíduo contra a resistência de outra pessoa, refinar o estilo não-verbal de comunicação e obter estímulo, e tudo isso se adquire apenas por meio de métodos de aprendizagem experimentais e mais voltados para a ação.

Os participantes do psicodrama mergulham num tipo informal de ciência que lhes proporciona um laboratório de relativa segurança e *feedback* imediato para testar uma profusão de possíveis estratégias de lidar com as situações, de maneira a avançar no crescimento pessoal. Nesse sentido, vale lembrar a afirmação do eminente físico, John A. Wheeler: "A ciência só avança cometendo todos os enganos possíveis... o importante é cometer todos esses enganos o mais rápido possível — e reorganizá-los" (Wheeler, 1981, p. 26).

Assim, é bom recordar a base comum existente entre o drama, o psicodrama e as brincadeiras infantis. A importância e o valor real das brincadeiras das crianças vêm sendo cada vez mais apreciados nos estudos sobre desenvolvimento infantil, e as implicações desse fenômeno envolvente incluem a função do jogo como catalisador da criatividade (Brown & Gottfried, 1985). A psicodinâmica e os benefícios da capacidade de jogar [brincar] são examinadas no livro *The art of play* (Blatner & Blatner, 1987)

O psicodrama requer boa dose de envolvimento pessoal e de assumir responsabilidades por parte dos participantes; isso é quase único na psicoterapia. A óbvia dimensão filosófica do princípio merece ser destacada. Algumas das modernas tendências na filosofia revelam uma visão de humanidade que pede aumento considerável de responsabilidade; entre elas se acham o existencialismo, o humanismo e novos rumos da teologia, o transcendentalismo, a criatividade, o processo e a análise lingüística. Acrescentando-se às tecnologias em desenvolvimento nos domínios físicos, estamos descobrindo também tecnologias na esfera psicossocial. Dinâmica de grupo, trabalho com sonhos, imaginação dirigida, *biofeedback*, jogos cooperativos, espontaneidade nos esportes, trabalho corporal e outros métodos com origem no movimento de potencial humano que continuam a catalisar uma forma mais pessoal e coletiva de aprendizagem para toda a vida (Ferguson, 1980).

Em resumo, o tema comum a um sem-número de disciplinas inclui o desafio de assumir responsabilidades em nossas vidas, ensinar uns aos outros, fazer descobertas em conjunto e examinar novas possibilidades. Esse é também o desafio de nossa era, em que continuamente nos deparamos com mudanças e feitos novos. Os métodos psicodramáticos lidam eficazmente com muitas das complexidades da vida moderna. Trata-se de um método que, em virtude de seu compromisso com a criatividade, também espera mudar e evoluir. Os métodos são ferramentas flexíveis que podem ser modificados de maneira a permanecer relevantes às novas tecnologias e idéias. Assumir responsabilidades e trazer a criatividade para o momento atual são os elementos básicos do psicodrama.

REFERÊNCIAS

ASSAGIOLI, Roberto. (1974). *The act of will.* Nova York, Penguin.
BERDYAEV, Nicolai A. (1954). *The meaning of the creative act* (trad. D. A. Lowrie). Nova York, Harper & Bros [Publicação original em 1911].
BLATNER, Adam & BLATNER, Allee. (1987). *The art of play: An adult's guide to reclaiming imagination and spontaneity.* Nova York, Human Sciences Press.
BROWN, Catherine Caldwell & GOTTFRIED, Allen W. (Eds.). (1985). *Play interactions: The role of toys and parental involvement in children's development.* Skillman, NJ: Johnson & Johnson Baby Products Company, Pediatric Round Table Series.
FERGUSON, Marilyn. (1980). *The aquarian conspiracy.* Los Angeles, J. P. Tarcher.
HUIZINGA, Johann. (1955). *Homo ludens: A study of the play element in culture.* Boston, Beacon Press.
MEAD, Margaret. (1970). *Culture and commitment.* Garden City, NY, Natural History Press/Doubleday.
MONTAGU, Ashley. (1981). *Growing young.* Nova York, McGraw-Hill.
MORENO, J. L. (1946). *Psychodrama* (v.1). Beacon, NY, Beacon House.
PATTERSON, C. H. (1967). Divergence and convergence in psychoterapy. *American Journal of Psychiatry*, 21(1), pp. 4-7.
RANK, Otto. (1945). *Will therapy.* Nova York, Alfred A. Knopf.
WHEELER, John A. (1981, agosto). Citado in: John P. Wiley Jr. Phenomena, comment, and notes. *Smithsonian*, p. 26.

6

FUNDAMENTOS FILOSÓFICOS DO PSICODRAMA: METAFÍSICA E SOCIATRIA

Os fenômenos da espontaneidade e da criatividade incluem categorias metafísicas, ou seja, questões que tratam das propriedades mais profundas da realidade propriamente dita, para além das preocupações específicas da existência e da história da humanidade. Compreender a universalidade dos processos evolutivos na astronomia, geologia, biologia e história leva-nos a identificar o papel penetrante dos processos criativos e espontâneos que permeiam toda a natureza. Em outras palavras, admitir isso pode funcionar como ponte para se pensar sobre temas filosóficos ou espirituais. A psicologia de Moreno, da qual o psicodrama é apenas uma parte, tem realmente raízes em sua filosofia de vida. Essas idéias eram, de algum modo, radicais; no entanto, faziam parte de uma emergente visão de mundo cuja importância é cada vez mais admitida na era moderna (Moreno, 1972).

Existe uma tradição filosófica que descobri ser de grande utilidade quando se pensa acerca das idéias de Moreno: é o "processo de pensamento" de Alfred North Whitehead, cujos conceitos foram desenvolvidos no final da década de 20 (Jentz, 1985). Embora admita ser remota a hipótese de Moreno ou Whitehead terem conhecido o trabalho um do outro, suas visões me parecem compartilhar de algumas similaridades importantes (Blatner, 1985). A noção de criatividade é central em ambos os sistemas. Para Whitehead a criatividade é um processo básico no universo; os fenômenos fundamentais eram constituídos mais de eventos do que de coisas. Há um elemento de experiência em cada acontecimento, e existe um ato de criatividade em cada experiência; o processo perpassa todo o universo. Tais conceitos são similares a algumas das idéias de Moreno (Moreno, 1971).

Whitehead via nessa ação universal de processo criativo algo compatível com a natureza essencial da "mente", no sentido mais amplo da palavra. Numerosos filósofos contemporâneos chegaram à mesma conclusão (Hartshorne, 1984). Além disso, o processo tem consciência de si mesmo de maneira holística e é algo como um organismo vivo. Mais do que uma estrutura hierárquica como a relação de uma criança com seus pais ou de um súdito com seu rei, o relacionamento dos acontecimentos com o todo é como o da célula para com o organismo inteiro ou o de um sonho para com a mente consciente. Charles Hartshorne, expoente principal do pensamento de Whitehead, chamou a essa visão de "a Alma do Mundo", metáfora derivada do *Timaeus* de Platão (Hartshorne, 1983). Outros filósofos com noções semelhantes foram Leibniz, Spinoza, Bergson, Berdyaev, Charles S. Peirce, Teilhard de Chardin e, mais recentemente, Ken Wilber. Moreno, obviamente, faz parte dessa tradição filosófica, tendo em conta sua ênfase na criatividade inata de cada pessoa e no potencial de espontaneidade em cada momento.

Existe uma dimensão transpessoal que revela fenômenos arquetípicos entre todos os seres e é expressa pela criatividade e individuação dos próprios seres. Esse conceito é a síntese que faço entre as idéias de processo de pensamento e as de Moreno. Além disso, apresento as seguintes considerações a respeito da individualidade nessa teoria filosófica: a individualidade é um fenômeno universal; até a menor das partículas move-se em padrões tão complexos que dois eventos jamais são exatamente iguais. A fonte da individualidade é portanto uma relação entre ordem e espontaneidade. Esta característica penetrante da existência é significativa. A individualidade de cada ser permite a ampliação da criatividade dentro da estrutura do todo.

Em termos humanos, isso significa que a individualidade de cada pessoa proporciona uma oportunidade única para a expressão de idéias originais no mundo. Para compreender a individualidade, considere apenas quatro dos vários aspectos possíveis de uma pessoa: temperamento, interesses, imaginação e antecedentes históricos. A quantidade de variáveis em cada uma dessas categorias é tão grande que, facilmente, criam combinações únicas quando misturadas entre si, e, mais ainda, quando combinadas com outros aspectos. Para colocar de modo objetivo, "você" é o único que jamais existiu e que jamais existirá, e isso é importante. Significa que quando você celebra sua exclusividade e a apresenta ao todo, você contribui com um elemento vital para o desenrolar dinâmico da realidade. Além do mais, você está respondendo adequadamente aos princípios fundamentais do universo. E aponta também para um desafio ético que é o de ajudar a permitir a individualidade dos outros.

EVOLUÇÃO DOS CONCEITOS DE DEUS

Moreno ousou introduzir conceitos filosóficos nas discussões de psicologia e sociologia, numa época em que tal especulação metafísica caminhava contra a praxe científica empírica. Mas os tempos mudaram e um número crescente de cientistas vem considerando as implicações das descobertas do último século (Wilber, 1984).

O conceito de Deus nos escritos de Moreno e Whitehead transcende qualquer religião em particular. A versão de Moreno era uma metáfora poética do princípio do Pai primal, que apelava a todo tipo de existência para ajudar no processo criativo. Deus, nesse sentido, não é onipotente mas representa uma força unificadora que requer nossa participação ativa de maneira a criar maior harmonia. Nikos Kazantsakis (1960) refere-se a esse relacionamento em seu livro apaixonado e contemplativo, *The saviors of God*.

A posição de Moreno era a de que precisamos modificar nosso conceito de Deus, saindo de um Deus "Ele", passando por um Deus "Tu" e chegando a um Deus "Eu" (Kraus, 1984). A partir dessa noção ele nos estimula a perceber e a nos tornarmos mais ativos em nossos papéis de co-produtores do mundo. Entretanto, a afirmação e a ênfase dada por Moreno ao "Eu sou o Pai" parecia ser uma declaração excessiva e pessoal, ainda que sua pretensão fosse a de que a mesma se aplicasse a todos. Ele queria que todos falassem na primeira pessoa e exigissem o direito e a obrigação de ser um criador, um "gênio" (termo dele), uma manifestação desse princípio de Pai cósmico. Neste século, a questão de nossa responsabilidade existencial tem sido também expressa por inúmeros outros teólogos e filósofos.

Eu acrescentaria ainda mais: em termos de desenvolvimento, é importante passar pelo estágio do Deus "Eu" para assumir nossa responsabilidade, mas acredito ser necessário prosseguir em direção a um lugar de vivência e compartilhamento da relação como "Nós". Além disso, seria conveniente abdicar da identidade em benefício da participação plena. Mais do que nos acreditarmos sendo Deus, poderíamos nos compreender como partes co-produtoras de uma totalidade dinâmica maior — e toda ela, incluindo nós mesmos, sendo Deus.

Nesse ponto preciso esclarecer que Moreno deveria ser considerado um visionário, mais do que um filósofo sistemático, um poeta mais do que um teórico. Ele escrevia com devoção inspirada sobre seu modo de ver as pessoas tomarem consciência da natureza divina existente em cada uma. Desenvolveu métodos para ajudá-las a vivenciar um encontro com outras pessoas e com aspectos delas mesmas que auxiliariam o mundo a mover-se rumo a uma forma de existência mais criativa e integrada com a consciência.

ENCONTRO E RESPONSABILIDADE SOCIAL

Moreno acreditava que era possível melhorar significativamente nosso nível de competência social. Ele sabia que técnicas tais como a inversão de papéis e a familiaridade em resolver as coisas usando princípios psicodramáticos em um contexto de dinâmica de grupo poderia integrar a "terapia" social na vida do dia-a-dia, onde ela seria mais útil e necessária. Seu compromisso com esses objetivos ultrapassava suas aplicações no contexto médico. Ele escreveu e falou sobre a importância de seu método e seus conceitos serem ensinados em escolas e igrejas e aplicados em casa. As abordagens psicodramáticas, em seu sentido mais amplo, são simples ferramentas para implementar uma filosofia de vida pessoalmente responsável e amorosamente criativa.

Moreno acreditava que a responsabilidade coletiva também podia ser cultivada. Ao elaborar o método da sociometria, em meados de 1930, tentou estimular a espontaneidade nas relações humanas ao permitir que os grupos dessem *feedback*, uns aos outros, sistematicamente. Outros líderes se inspiraram nos experimentos de Moreno e que vieram a ser os precursores dos encontros de grupos, não apenas em espírito, mas também em termos de real influência histórica. Infelizmente, o grupo de encontro, embora na moda no final da década de 60 e início da de 70, não desenvolveu um aprendizado de técnicas para melhorar os relacionamentos interpessoais. A popularidade dos grupos de encontro declinou no final dos anos 70, acredito, por não terem um arcabouço teórico, educacional e técnico com bases sólidas. Por exemplo, o método solicitava uma psicologização na qual seria fácil misturar jogos sutis com mutualidade genuína, e tendia a substituir a aquisição de habilidades interpessoais que poderiam ser usadas em grande variedade de circunstâncias por experiências de curto prazo de pseudo-intimidade. Entretanto, acredito que uma abordagem renovada e aplicada com mais rigor no uso das técnicas grupais poderia solucionar a maioria dos empecilhos e limitações do grupo de encontro.

A necessidade de um método de terapia social (Moreno a chamava de sociatria) é fundamental, pois a maioria das pessoas ainda interage de maneira inautêntica. É comum usarmos os outros como forma de aprovação, admiração, socorro ou medo, como objetos para deslocamento, projeção, exibicionismo etc. Em vez de lidar com as questões de maneira criativa e cooperativa, muitas pessoas procuram eximir-se simbolicamente da responsabilidade, estabelecer uma posição única e exclusiva, buscar vingança, simular ajuda, manipular por meio de presentes ou justificar suas posições. As expectativas permanecem ocultas, disfarçadas, e o uso de generalizações, abstrações excessivas, métodos indiretos, desculpas e outras mistificações de comunicação operam de maneira a desviar quaisquer tentativas de lidar por inteiro (e, portanto, com maior vulnerabilidade) com os outros. Até mesmo novas resistências são colocadas de sobreaviso quando tentamos examinar a natureza do processo interativo propriamente dito.

Um dos aspectos do problema é que as pessoas têm medo de expressar direta e autenticamente seus conflitos interpessoais, em parte por desconhecerem métodos para resolvê-los. Temem descobrir quanto e como são amadas ou desrespeitadas. Elas não acreditam que serão capazes de mudar esse estado de coisas se vierem a saber dele; não sabem como descobrir a forma de remediar suas faltas; nem sabem como corrigir as percepções errôneas dos outros e obter resultado mais positivo. Por ironia, isso conduz aos tipos de evitação e manobras que, com freqüência, criam as próprias condições temidas. As defesas para não ser humilhado quando rejeitado manifestam-se como comportamentos que levam à rejeição. Sem dúvida, o indicado é que se trabalhe mais para elucidar a dinâmica do campo interpessoal e para o desenvolvimento de maneiras de remediar os enraizados padrões de imaturidade em nossa cultura.

Concluindo, o tema da habilidade das pessoas em se ajudarem umas às outras permeia os escritos de Moreno e une as dimensões interpessoal e existencial. "Tirar do trono o terapeuta e diluir os tons de seu papel permitem uma percepção mais clara do fator básico de relacionamento primário" (Bromberg, 1959, p. 59). Por meio do método da inversão de papéis, das técnicas sociométricas e de métodos similares para promover encontros mais autênticos, as pessoas são ajudadas a ter acesso a fontes criativas que talvez desconheçam. Tais abordagens têm relevância não apenas na psicoterapia, mas também em ajudar a maturação da cultura moderna.

A FILOSOFIA DO ENCONTRO

A base filosófica do psicodrama fica enriquecida quando se percebe que sua preocupação subjacente é a de fomentar a própria co-criatividade. Na esfera em que vivemos os pensamentos não são suficientes para fazer com que as coisas se realizem (propriedade mais condizente com o mundo dos sonhos). Uma das vantagens desse plano material de existência é que a aventura da criatividade — seu valor estético — é valorizada, pois criar exige trabalho, cooperação, sacrifício, pensamento claro e um encontro genuíno entre seres sensíveis aparentemente distintos. Nesse desafio coletivo somos todos artistas. Embora Otto Rank tenha modificado a teoria psicanalítica para promover a criatividade em pacientes e Moreno usasse o drama como veículo com objetivos semelhantes, é preciso que esse conceito expanda para incorporar a realidade de que estamos todos co-produzindo o mundo. Trabalhar coletivamente é meta artística digna do criador individual — idealizado em nossa cultura hiperindividualizada. Aprendemos a nos perceber como co-criadores implementando nossos ideais, esperanças e sonhos da vida real, com a família, amigos, colaboradores e todos que conhecemos apenas tangencialmente. Nossa vitalidade tem oportunidade de crescer a partir da espontaneidade (mais do que a partir de hábitos ou repetições) que acionamos para reorganizar relacionamentos e gerar novos eventos (Blatner, 1985).

O psicodrama aborda tanto o mundo pessoal dos fenômenos subjetivos e dos sonhos quanto o mundo objetivo da realidade consensual. Ele trabalha no que Winnicott (1971) chamou de "espaço transicional" ou que Pruyser (1983) chamou de "o mundo ilusório". O termo que emprego para designar a dimensão na qual a mente se acha inextricavelmente interagindo com a matéria é "o campo liminar" (*the liminal field*). Utilizo esse termo para enfatizar o potencial que as pessoas têm de manifestar de maneira mais completa o poder efetivo da co-criatividade mental. A liminaridade é, em geral, considerada uma porta de passagem metafórica do processo transformativo e, como tal, é aplicada como descrição da natureza de certos ritos de passagem ou outros eventos nos quais as identidades dos participantes mudam significativamente (Evie Lotze, 1986, comunicação pessoal). Minha hipótese é a de que isso se aplica à natureza do psicodrama — os "superávit de realidade" dos veículos dramáticos tornam-se agentes de transformações pessoais e de cura.

Além disso, proponho a validade ontológica do campo liminar porque ele representa o *continuum* da "realidade" ao abarcar toda a gama da experiência humana. Nossos envolvimentos mais vitais incluem elementos tanto da percepção subjetiva quanto da objetiva (Blatner & Blatner, 1987). Além disso, a noção da realidade objetiva que tanto prevalece na base do que muitos consideram ser a "verdade", talvez seja, ela mesma, uma ilusão, uma abstração que exprime nosso desejo pela segurança dos absolutos.

Seja na forma de palco psicodramático ou por meio de qualquer outro veículo terapêutico (inclusive o divã do analista), o campo liminar será usado para ajudar um paciente a "revivenciar o conflito não-resolvido, mas com um novo final, [o qual] é o segredo de qualquer resultado terapêutico penetrante" (Alexander, 1946, p. 338). Além disso, o futuro será antevisto e clarificado, acrescentando desta maneira a força teleológica da vontade ao processo terapêutico. E, é claro, tanto o passado quanto o futuro são trazidos e expandidos no momento presente, dando a esta abordagem existencial um potencial mais holístico.

SOCIATRIA: UM MODELO METAMÉDICO

Se identificássemos com total clareza a importância de nossas responsabilidades e inter-relacionamentos com tudo e com todos, o resultado seria um sufocante senso de vulnerabilidade tal a complexidade do desafio. Ainda assim, podemos nos dar o tempo necessário para crescer (como mostra a história, avanços culturais exigem milhares de anos para evoluir e amadurecer) e trabalhar ao longo de nossas vidas no sentido de otimizar o senso de comunidade do planeta. Criar ambientes que celebram nossa individualidade ao mesmo tempo em que maximizamos a harmonia social, é uma causa digna de se assumir. Ela pode abranger a interação com forças espirituais que vivificam o sonho no qual os seres aprendem a se amar verdadeiramente uns aos outros.

Moreno percebeu que, tanto quanto os indivíduos, a estrutura social necessitava de cura. Os métodos psicodramáticos e as técnicas de grupo foram criadas para virem a ser abordagens eficazes no tratamento das duas entidades. Moreno chegou mesmo a propor um campo metamédico denominado sociatria para cuidar da natureza dual do problema. Na verdade, evoluiu para a psicologia social aplicada; a corrente principal da psiquiatria ainda precisa incorporar a sabedoria dessa visão.

A sociatria propõe uma idéia intrigante: o que sucederia se começássemos a tratar os elementos "doentes" de nossa sociedade com uma abordagem holística? Ou seja, considerando em primeiro lugar que "eles" estão relacionados a "nós". Por exemplo, uma atitude holística diante de cólicas estomacais ou dores de cabeça pede que, em vez de atropelarmos os sinais de nosso corpo tratando os sintomas com remédios, nos empenhemos em estudar os problemas básicos: dieta e estilo de vida são as causas mais comuns das perturbações acima mencionadas. Tratar-se com uma ação construtiva, com estímulo, de maneira cuidadosa, delicada e completa, produzirá resultados de cura. Da mesma forma, os problemas sociais poderiam ser tratados por métodos que promovem catarse coletiva (liberando sentimentos destrutivos e abrindo-se para as alternativas de cura). Este era um dos sonhos de Moreno para o uso do sociodrama, o qual propõe menos catarse e mais descobertas integrativas.

O conceito não se destina a fornecer "cura" e sim enfatizar a importância de se desenvolver uma teoria e método que se destinem tanto às fontes sociais de moléstias emocionais e espirituais quanto às individuais. O avanço da sociatria levará tempo e demandará grande quantidade de experiências. Filosoficamente, na qualidade de profissionais empenhados na questão da saúde mental, precisamos incluir a saúde social, pois fazer menos do que isso é ser responsável por uma embaraçosa e limitada visão da realidade. O trabalho de Moreno fornece amplos recursos para examinar e tratar as necessidades de ambas as áreas.

Nesse ponto, torna-se bastante útil recordar que o psicodrama é apenas parte do pensamento de Moreno. A abordagem partiu de uma base metafísica cujo sistema filosófico é semelhante àquele de Whitehead, como mencionamos anteriormente, e ao de outros pensadores (Haught, 1984). Por causa disso, o psicodrama deve ser empregado, também, além das fronteiras do modelo médico, na educação, no desenvolvimento espiritual, na política, nas artes e em outras áreas. Foi essa visão bastante ampla que permitiu a Moreno dar início a seu trabalho mais revelador, *Who Shall Survive?* (1934), com a afirmação ambiciosa porém adequada: "Um procedimento verdadeiramente terapêutico não pode ter outro objetivo que não seja a totalidade da humanidade" (p. 1).

O psicodrama e as abordagens correlatas — o jogo sociodramático, a sociometria, a dinâmica de grupo e outros — são métodos que estimulam a autenticidade da pessoa permitindo sua auto-expressão, não apenas em papéis usuais mas também nos domínios da imaginação. Esses canais se tornaram válidos para o desenvolvimento das partes espirituais e estéticas de nossa natureza humana. Além disso, o complexo psicodramático de métodos estimula a evolução de procedimentos grupais e de organizações sociais, as quais podem criar beleza ainda maior em bases coletivas.

Em resumo, a filosofia do psicodrama baseia-se na convicção de que a espontaneidade é a força primordial, uma fonte de energia não-conservável, e um componente essencial da criatividade no universo. Em um nível humano e social, essa ênfase indica uma crença na maximização do potencial individual e coletivo quando se dá oportunidade às pessoas e elas têm a capacidade de se encontrarem uns aos outros — de se comunicar aberta e honestamente, no aqui-e-agora. Essa abordagem é também semelhante à teoria da *práxis* comunicativa de Habermas (Honneth *et al.*). Os métodos de Moreno da sociometria, psicodrama, psicoterapia de grupo e suas teorias da espontaneidade e criatividade emergem assim de uma orientação filosófica holística no que diz respeito à natureza, do que significa ser plenamente humano (J. Moreno, 1976).

REFERÊNCIAS

ALEXANDER, Franz & FRENCH, Thomas. (1946). *Psychoanalytic therapy*. Nova York, Ronald Press.
BLATNER, Adam. (1985). Moreno's "process philosophy". *Journal of Group Psychotherapy, Psychodrama and Sociometry*, 38(3), pp. 133-6.
BLATNER, Adam & BLATNER, Allee, (1987). *The art of play: An adult's guide to reclaiming imagination and spontaneity*. Nova York, Human Sciences Press.
BROMBERG, Walter. (1959). Commentary. In: J. L. Moreno (Ed.). *Psychodrama*. Beacon, NY, Beacon House, v. 2, p. 59.
HARTSHORNE, Charles. (1983). *Omnipotence and other theological mistakes*. Albany, NY, SUNY Press.
HARTSHORNE, Charles. (1984). *Insights and oversights of the great philosophers*. Albany, NY, SUNY Press.
HAUGHT, John F. (1984). *The cosmic adventure*. Nova York, Paulist Press.
HONNETH, A., KNÖDLER-BUNTE, E. & WIDMANN, A. (1981). The dialectics of rationalization; An interview with Jürgen Habermas. *Telos*, 49, pp. 5-31.
JENTZ, Arthur H. Jr. (1985). *Whitehead's philosophy: Primary texts in dialogue*. Lanham, MD, University Press of America.
KAZANTSAKIS, Nikos. (1960). *The saviors of God*. Nova York, Simon & Schuster.
KRAUS, Christopher. (1984). Psychodrama for fallen gods; A review of Morenian theology. *Journal of Group Psychotherapy, Psychodrama and Sociometry*, 37(2), pp. 47-64.
MORENO, J. L. (1934). *Who shall survive?* Washington, DC, Nervous & Mental Disease Publishing Co, p. 1.
———. (1971). *The words of the Father*. Beacon, Beacon House.
———. (1972). The religion of God-Father. In: Paul E. Johnson (Ed.). *Healer of the*

mind: A psychiatrist's search for faith. Nashville, TN, Abingdon, pp. 197-215
MORENO, Jonathan. (1976). Psychodrama, phenomenology and existentialism. In: Lewis R. Wolberg, Marvin L. Aronson & Arlene R. Wolberg (Eds.). *Group Psychotherapy,* (1976) Nova York, Stratton Intercontinental Medical Book Corp., pp. 26-33.
PRUYSER, Paul W. (1983). *The play of the imagination: Toward a psychoanalysis of culture.* Nova York, International Universities Press.
WILBER, Ken (Ed.) (1984). *Quantum questions: Mystical writings of the world's great physicists.* Boulder, CO: Shambhala.
WINNICOTT, D. W. (1971). *Playing and reality.* Nova York, Basic Books.

7

ESPONTANEIDADE

Com este capítulo iniciaremos uma ponte entre a filosofia e a psicologia. O conceito de espontaneidade aparece em ambas as áreas. Em termos filosóficos, como já discutimos, a espontaneidade merece ser valorizada tendo em vista sua função de componente essencial da criatividade. Sob o aspecto psicológico, refere-se mais a uma qualidade sutil da mente do que a uma mera categoria identificável de comportamento. Moreno definiu esse conceito de diversas formas (Moreno, 1941, 1944), mas restavam algumas inconsistências (Aulicino, 1954). É mais fácil compreender a espontaneidade por meio de exemplos do que por definições, e aqui estão algumas instâncias óbvias de sua presença em inúmeras situações:

- Improvisos feitos pelos músicos de *jazz* ou nos *ragas* da Índia.
- Brincadeiras não-estruturadas ou de faz-de-conta das crianças; e também vários de seus desenhos, pinturas e comportamento explorador.
- Pais brincando com seus bebês ou crianças pequenas.
- Uma pessoa, de repente, experimentando novas idéias ao cozinhar.
- O canto de um *mockingbird**, a brincadeira dos gatinhos.
- Uma conversa animada, a descoberta que torna duas pessoas apaixonadas.
- A inspiração de um poeta, o sermão de um pregador.

---

* *Mockingbird* é um pássaro que imita o trinado de outras aves. Da família dos *Mimidae*, é um pássaro branco e cinza do leste e sudeste dos Estados Unidos. Seria o tordo-dos-remédios ou o pássaro-das-cem-línguas. (N. T.)

A espontaneidade não precisa ser espetacular ou dramática; ela é despretensiosa, e pode se mostrar presente em sua maneira de pensar, andar, encarar a natureza, dançar ou cantar no chuveiro. Mais do que fenômeno tudo-ou-nada (isto é, um ato que é ou não espontâneo), ela ocorre em grau maior ou menor, na maioria das atividades que realizamos. Mesmo em comportamentos relativamente habituais e automáticos pode haver uma semente de espontaneidade em potencial.

Quando examinadas de perto, as qualidades essenciais de um ato espontâneo são mente aberta, a originalidade de uma abordagem, a vontade de tomar iniciativa e uma integração das realidades exteriores e das intuições interiores, das emoções e das funções racionais. A espontaneidade não é mera impulsividade ou comportamento ao acaso; é preciso haver certa intencionalidade rumo a um resultado construtivo, seja ele estético, social ou prático.

Para Moreno, espontaneidade/criatividade era o ingrediente central no processo do psicodrama e do viver saudável. Ele a definia como uma nova resposta a uma antiga ou nova situação e, além disso, chamava-a de "forma não-conservável de energia", embora não se deva tomar isso como definição e sim como indicação de alguns pontos importantes do fenômeno. Por exemplo, uma resposta não precisa ser bem-sucedida para ser espontânea, nem sua originalidade precisa ser evidente. É possível a um pianista executar uma peça pela centésima vez e, no entanto, vivenciá-la e expressá-la sob novas maneiras, com novas sutilezas de tempo e ênfase. O mesmo pianista pode tocar a peça com pouca ou nenhuma espontaneidade, mas o ouvido destreinado pode não perceber qualquer diferença. É uma das maneiras pelas quais a espontaneidade consiste numa sutil qualidade da mente. Os observadores não precisam confirmar que aquilo está acontecendo com alguém — e geralmente são incapazes de fazê-lo. Não é, pois, o ato e sim a maneira pela qual o ato é realizado que revela o inerente grau de espontaneidade. Ele é manifesto em proporção à vivacidade da mente e da utilização do que Moreno chamou de "a categoria do momento" como uma oportunidade de ação criativa.

É interessante notar a tendência de haver um elemento de entrega na espontaneidade, bem como de inocência, resultando, assim, uma expansão da consciência. Permitir esse momento requer abandonar a excessiva censura no funcionamento da mente, e a abertura correspondente aos impulsos interiores, às intuições e inspirações. Por exemplo: lembre-se de uma ocasião em que você dançou determinada música com uma sensação de liberdade. Por certo você se recorda desse episódio como aquele em que dançou melhor. Cantar com prazer e entusiasmo produzirá o mesmo resultado. Na verdade, grande parte do moderno treinamento artístico nos mais variados campos consiste em libertar seus espíritos nos limites do domínio de sua especialidade.

Aumentar a espontaneidade e a criatividade decorre de um relacionamento básico com o inconsciente que é de respeito, abertura e curiosidade prazerosa. O inconsciente deixa de ser visto apenas como fonte de impulsos anti-sociais, mas sim como um manancial de *insights*, pistas, imagens e intuições — em suma, o reservatório da criatividade. A grande contribuição do psicodrama é permitir o acesso e utilização desse potencial criativo inato. E ele o faz favorecendo as condições que provocam a espontaneidade, criando um contexto protegido contra as falhas; introduzindo um certo desafio e novidade para criar uma certa ansiedade, um deflagrador de energia para fazer com que as coisas andem e mantendo uma profunda preocupação e respeito pelo problema em pauta. Com o termo "aquecimento" Moreno designava os procedimentos usados para aumentar a espontaneidade dos participantes; mais adiante o processo será descrito por completo.

No pensamento de Moreno, espontaneidade é a expressão ativa de sua filosofia existencialista. É ser receptivo às realidades tal como elas se apresentam no momento presente, não obscurecidas por pressuposições na medida do possível. Embora a cada momento tenhamos expectativas e crenças, podemos mudar nossa atitude passando do dogma para a experimentação, para uma prontidão com a finalidade de modificar e corrigir nossas teorias nos adaptando às percepções atuais. Essa modificação irá catalisar nossa espontaneidade.

A maneira de nos relacionarmos com nossos enganos é elemento-chave na espontaneidade. A idéia é continuar a improvisar como uma experiência que prossegue e, em vez de congelar, fazer de um engano uma "retomada" que mantém o foco na tarefa. O estado mental desenvolvido por um guerreiro samurai no Japão dá uma pista: "Não espere nada, esteja preparado para tudo". A pessoa espontânea lida com a interferência recentralizando e reassumindo uma presença com mente clara no aqui-e-agora.

As dimensões da espontaneidade estão intimamente ligadas à sabedoria do Oriente. Suas sutilezas e inatingibilidades são apontadas nas narrativas dos estudiosos do Zen (Herrigel, 1953). Ao ler o livro de Robert Pirsig, *Zen and the art of motorcycle maintenance* (1974), fiquei impressionado com o fato de que a essência da espontaneidade ajusta-se à descrição da indefinida "Qualidade" procurada pelo protagonista e discutida extensamente, e era similar a algo que ele também chamava de "bom senso".

É interessante confrontar a espontaneidade com o sistema da ioga, no qual existem, em geral, sete *chakras*, cada qual correspondendo a um centro de consciência localizado em várias áreas ligadas à medula espinhal. Essas áreas foram também relacionadas a diferentes tipos de fenômenos psicológicos (Ram Dass, 1974). Assim, o primeiro *chakra*, na base da espinha, reflete nossas preocupações básicas com respeito à segurança, tipo de assunto abordado pela terapia do comportamento. O segundo, diz respeito à sexualidade e emoção, questões das quais se ocupa a psicanálise de Freud. O terceiro está associado a questões de poder, descritas por Adler em sua psicologia individual. O quarto envolve funções de integração, assuntos com que lida o sistema da psicologia analítica de Carl Jung. Minha hipótese é a de que o quinto *chakra* esteja relacionado à espontaneidade, ao tipo de inspiração dos profetas e poetas, área do psicodrama de Moreno. O sexto e o sétimo *chakras* refletem formas transpessoais de psicofilosofia e prática. Essas dimensões acham-se presentes em todos, embora algumas áreas sejam mais conscientes e desenvolvidas do que outras. Cada *chakra* é considerado parte integral do todo, e todos funcionam, ao mesmo tempo, em um sistema saudável. Em outras palavras, não se trata de uma escala hierárquica na qual os "mais elevados" são melhores do que os elementos "mais baixos", uma visão que distorceria o conceito numa formulação mais condizente com o pensamento ocidental. Imagine os *chakras* como um modelo de processo dinâmico.

A espontaneidade desenvolve-se pela habilidade de abrir-se, em vez de bloquear ou distorcer, aos quatro *chakras* inferiores. Faz parte do processo do psicodrama trabalhar em todos os níveis das questões psicológicas libertando a saúde dinâmica de todo o sistema e permitindo livre expressão às interações criativas.

ESPONTANEIDADE *VERSUS* "ROBOPATIA"

O comportamento automático, habitual, fixado, compulsivo, rígido, estereotipado, chegando até à esterilidade, é o oposto da espontaneidade. Os comportamentos não-espontâneos compõem grande parte do que chamamos de psicopatologia. Em nível social eles tomam a forma de preconceito, de políticas rígidas, burocracia no pior sentido, e os mais obsoletos elementos da tradição.

Lewis Yablonsky, em seu livro *Robopaths* (1972), descreveu uma síndrome que corresponde ao pólo oposto da espontaneidade. Ele mostrou com riqueza de detalhes a força de penetração da falta de perspectivas, das gratificações compulsivas e de inúmeras outras patologias sociais. "Robopata" é alguém cuja dinâmica básica é a enorme falta de vontade de assumir a responsabilidade de se envolver com novas possibilidades. Segundo Yablonsky tais características são encontradas tanto no nível coletivo quanto no individual. Uma das metas de Moreno era fazer crescer no sistema social a capacidade de estimular e não de desestimular a criatividade do indivíduo.

Moreno costumava usar a designação de robô ou máquina para representar o oposto da perfeita espontaneidade. Acredito tratar-se de metáfora bastante enganadora. É mais útil considerar quaisquer comportamentos ou percepções padronizadas, fixadas ou habituais em nossa vida, como exemplos de *relativa* falta de espontaneidade. Por outro lado, qualquer improvisação, não importa sua aparente insignificância, é um exemplo de relativa expressão de espontaneidade.

Sem dúvida, existem situações na vida em que o comportamento habitual é adaptativo — como dirigir automóvel, por exemplo. Entretanto, mesmo em tais situações, é conveniente uma pequena dose de espontaneidade, com a qual se lidará melhor com o inesperado. O mesmo se dá nas artes e nos esportes: nelas, aperfeiçoar as habilidades a ponto de automatizá-las é a base de onde pode brotar a espontaneidade. Eis um dos paradoxos da espontaneidade: familiaridade com determinado assunto aumenta nossa capacidade de jogar (brincar) e improvisar com ele.

AQUECIMENTO PARA A ESPONTANEIDADE

Segundo a observação de inúmeros teóricos no campo das comunicações e psicologia interpessoal, pedir que alguém se comporte com espontaneidade é um paradoxo. Sim, pois o fenômeno precisa emergir como parte do envolvimento, tal como tornar-se mais flexível ao começar uma atividade física. Em outras palavras, o aquecimento é importante para estimular a espontaneidade. Tentar decidir acerca da espontaneidade é um paradoxo porque a essência desta qualidade ilusória surge da interação entre atos que decidimos e funções da psique sobre as quais não podemos decidir. É indispensável uma mudança de perspectiva, e tal mudança deve priorizar o *permitir* em relação ao *forçar* as coisas a acontecer. Isto é básico no trabalho com imaginação, biofeedback e com outros processos (Blatner & Blatner, 1987).

Moreno descreveu a maneira pela qual um boxeador faz seu aquecimento físico, começando a atividade da luta bem antes de a mesma ter início. Ele observou, ainda, a importância de permitir que o processo evolua pouco a pouco. Esse é um princípio reconhecido nos esportes e na dança. Moreno observou o processo de aquecimento de Beethoven quando este se preparava para compor suas músicas: ele caminhava para cá e para lá, agitando as mãos, fazendo música em sua mente e garganta antes de sentar-se ao piano. As ações mentais e físicas eram partes inseparáveis de todo o processo.

Por exemplo, tenho um amigo que é músico amador de *jazz* e percebeu um bloqueio criador nessa atividade. Revisamos a questão e ficou evidente que ele não sabia como se aquecer para o processo criativo, principiando com atividades menos criativas e, em seguida, avançando com naturalidade. Ele tinha a sensação de que devia ser capaz de partir logo para brilhantes improvisações. Ao contrário, necessitava aquecer-se executando fragmentos melódicos, fazendo com que suas mãos e corpo se movessem ao acaso — confiando no processo.

Confiar no processo é questão importante. Indica que a "mágica" da espontaneidade pode ser despertada com segurança proporcionando-se tempo e a devida receptividade ao inconsciente. Por certo, isto exige uma crença no poder de atuação de nossos mecanismos internos. No caso do bloqueio criativo de meu amigo, logo ficou visível que ele acreditava que "Ele" — aquele *locus* de controle no *self* que faz escolhas — era o criador, a fonte da espontaneidade. Em algumas situações, a idéia de cultivar esta dimensão criativa da responsabilidade é adequada, mas ela deve ser contrabalançada com uma compreensão de quando permitir que o inconsciente exerça sua influência.

O fato de pensar que a espontaneidade era algo que ele podia direcionar e escolher só faziam aumentar sua autoconsciência e seu bloqueio. Discutimos a idéia de permitir que o inconsciente opere, permitindo que as "musas" inspirem o trabalho. Pode-se permitir que o *locus* de controle mude passando a incluir fontes que se encontram além de seu sentido usual de *self*.

O conceito tem implicações clínicas práticas. Em vez de esperar que os pacientes procurem as sessões de terapias de grupo ou individuais e imediatamente passem a tratar de seus problemas de maneira significativa, deveríamos compreender a necessidade do tempo de aquecimento. A não ser aqueles poucos pacientes altamente motivados que já estão aquecidos, algumas digressões gerais são não apenas permitidas como também desejáveis. Uma experiência estruturada não precisa desviar os pacientes de suas quetões internas mas, sim, aumentar a percepção que possuem acerca de temas conflitivos. O silêncio, técnica analítica tradicional, é aquecimento de pura ambigüidade, e a ansiedade produzida tende a conduzir a associações semelhantes. Há vários tipos e maneiras de se aquecer, e a criatividade do terapeuta é valiosíssima a este respeito.

DIMENSÕES SOCIAIS DA ESPONTANEIDADE

O fenômeno da espontaneidade revela-se naquilo que o filósofo Martin Buber chamou de relacionamento Eu-Tu. O que Buber pretendia comunicar era a diferença entre o que ele chamava de relacionamento Eu-Isto, no qual as pessoas se aproximam como se tudo o que há para saber sobre elas fosse conhecido e determinado, e o relacionamento Eu-Tu, no qual as pessoas se relacionam com abertura para os potenciais de criatividade e mistério em suas existências.

O conceito de encontro de Moreno, desenvolvido em 1914, refletia desejo semelhante de relações sociais mais autênticas e humanas. O tipo de encontro que ele buscava era tal que nele as pessoas fariam certa inversão de papéis de maneira que o ato de identificação recíproca expandiria suas consciências. Isto deve ser visto como que em oposição às práticas de grupos de encontro supersimplificadas de 50 anos depois, nos quais a autenticidade era atribuída ao mero desvelar emocional. Nesses grupos, as pessoas em geral fracassavam na tentativa de ultrapassar o *self* atingindo uma genuína consideração das experiências dos outros. É uma das razões pelas quais os grupos foram acusados de incrementar mais o narcisismo do que a percepção social.

O contexto grupal pode funcionar como excelente laboratório para as habilidades sociais mais maduras e abrangentes; além disso, o envolvimento em processos interpessoais e grupais funciona como um ímpeto preponderante para a emergência da espontaneidade e do comportamento criativo. As diversas técnicas sociodramáticas e sociométricas de Moreno podem ser vistas como experiências estruturadas que tendem a gerar o tipo de normas e envolvimentos que podem facilitar as interações autênticas. Em outras palavras, a espontaneidade no aspecto social é o veículo para um trabalho conjunto mais criativo.

O DESAFIO DOS ANOS VINDOUROS

Existem incontáveis implicações práticas ligadas à identificação da importância da espontaneidade. Uma delas é estimular um jogo imaginativo mais informal, tanto na infância quanto na vida adulta (Blatner & Blatner, 1987). Atividades tais como o drama criativo, jogos de teatro de improviso, arte criativa e música precisam ser integradas a mais aspectos de nossas escolas, acampamentos, clubes e hospitais. Jogos competitivos e estruturados não deveriam ser predominantes em nossa abordagem da recreação. Nas artes, dever-se-ia despender mais tempo com o "fazer", e dar menos ênfase às apresentações a platéias. Na terapia, métodos como o psicodrama e as artes expressivas oferecem veículos úteis para o fortalecimento dos pacientes reforçando neles o senso de potencial criativo.

Anteriormente, sugeri que o trabalho de Freud e Moreno eram dois aspectos de um processo de investigação — Freud fez as descobertas iniciais e mapeou o território; Moreno desenvolveu os recursos. A comparação também poderia ser feita com respeito ao objetivo do tratamento clínico. No princípio do século, predominavam na cultura ocidental a repressão sexual e a agressividade. O grande feito de Freud e seus colaboradores é que agora as pessoas identificam a natureza desse fenômeno repressor. Freud focalizou o nível repressor em nossa cultura, ao passo que Moreno chamou atenção para outro nível: o medo e o fato de se evitar a espontaneidade. (Também objeto de estudo de escritores e filósofos existencialistas.)

Abstenção e falta de espontaneidade andam agora de tal modo difusas que mal são observáveis: era o caso da repressão sexual do início do século. Confia-se demais nos hábitos, nas fixações, na tradição e nos modos rígidos de pensar. A falta de espontaneidade nas situações pessoais e sociais que contribuem para o tédio crônico, tais como alienação social, álcool, fumo, vícios alimentares e outras características da vida moderna, deveriam ser entendidas como reflexos de uma maneira de pensar que é restrita, pelo fato de não se acessarem as funções naturais da espontaneidade. Parentagem, terapia, gerenciamento, educação, a prática da arte da medicina e muitas outras realizações semelhantes podem ser enormemente realçadas apreciando-se o valor e cultivando os benefícios da espontaneidade. Tal mudança de atitude pode aumentar a capacidade pessoal em nossa cultura em se responder criativamente aos desafios de nossos tempos em transformação (Meyer, 1941).

Em resumo, é necessário fazer com que nossa capacidade de ser receptivo à espontaneidade enfrente o desafio de compreender a natureza e as implicações deste aspecto da experiência humana óbvio e vital (Kipper, 1967). Os animais também exibem espontaneidade, e parece que todo tipo de vida pode participar no comportamento que na verdade é mais espontâneo do que casual. À medida que a ciência e a filosofia moderna abrem-se para a integração das dimensões intuitivas e emocionais, tais especulações fazem a conexão entre nossas tentativas e o grande fluxo de existência. A extensão dessa consciência será discutida no Capítulo 8.

Encerrando, gostaria de parafrasear o objetivo da psicanálise de Freud — "onde há id, deixe estar o ego" — acrescentando: onde há espaços privados do inconsciente, deixe estar o consciente. E, ainda, o objetivo de Moreno seria: onde há constrição da espontaneidade, deixe haver a espontaneidade!

REFERÊNCIAS

AULICINO, John. (1954). A critique of Moreno's spontaneity theory. *Group Psychotherapy*, 7(2), pp. 148-58.
BLATNER, Adam & BLATNER, Allee. (1987). *The art of play; An adult's guide to reclaiming imagination and spontaneity*. Nova York, Human Sciences Press.
HERRIGEL, Eugen. *Zen in the art of archery*. Nova York, Pantheon.
KIPPER, David A. (1967). Spontaneity and the warming-up process in a new light. *Group Psychotherapy*, 20, pp. 62-73.
MEYER, Adolf. (1941). Spontaneity, *Sociometry,* 4(2), pp. 150-67.
MORENO, J. L. (1941). The philosophy of the moment and the spontaneity theater. *Sociometry*, 4(2), pp. 205-26.
MORENO, J. L., & MORENO, Florence B. (1944). The spontaneity theory of child development. *Sociometry*, 7(2), pp. 89-128.
PIRSIG, Robert M. (1974). *Zen and the art of motorcycle maintenance; An inquiry into values*. Nova York, Bantam.
RAM DASS. (1974). *The only dance there is*. Garden City, Anchor Press/Doubleday.
YABLONSKY, Lewis. (1972). *Robopaths*. Indianapolis, *In:* Bobbs-Merrill.

PARTE III
FUNDAMENTOS PSICOLÓGICOS

8

FUNDAMENTOS PSICOLÓGICOS DO PSICODRAMA

A partir daqui examinaremos a lógica que fundamenta o uso dos métodos psicodramáticos na psicoterapia. Neste e nos próximos capítulos discutiremos os seguintes conceitos:

- O psicodrama é visto como um método notavelmente rico, capaz de ser aplicado à psicoterapia numa orientação holística e eclética.
- O drama é um desenvolvimento mais amadurecido do fenômeno natural do jogo, e essa capacidade de manipulação simbólica da experiência é variável importante na cura psicossocial.
- É importante ajudar os pacientes a se sentirem fortalecidos pelo uso de métodos que desenvolvem mais a atividade do que a passividade.
- Quanto maior a vivacidade do método, mais ele aumentará a esperança e tornará os pacientes receptivos a seus próprios recursos criativos.
- O psicodrama inclui ambas as extremidades do *continuum* sustentação-*insight*, numa abordagem educacional orientada às metacapacidades.
- Estes métodos lidam com o desafio de ajudar os pacientes a reconstruir sonhos viáveis para seus futuros e o de ressignificar suas recordações.
- A variedade de dimensões não-verbais inerentes ao psicodrama permite melhor acesso ao inconsciente e maior auto-expressão por meio de sublimações.
- Conflitos e dualidades aparentes da experiência diária — como subjetividade e objetividade, imaginação e racionalidade — podem ser harmonizados.

Nos próximos capítulos examinaremos:

- Os diversos benefícios das terapias de grupo são ganhos adicionais também no psicodrama, na verdade, uma das primeiras formas de terapia de grupo.
- Os métodos psicodramáticos são utilizados no desenvolvimento de inúmeras potencialidades do ego.
- Esta abordagem faz parte tanto da psicologia individual quanto da social porque trabalha com as funções dos papéis no campo interpessoal.

O CONTEXTO ECLÉTICO DO PSICODRAMA

O psicodrama por si só não é nenhuma panacéia. Em minha opinião ele deve andar sempre acoplado a uma série de componentes da terapia, tais como: o tempo para uma discussão objetiva, interação grupal e atividades feitas a sós ou com membros da família (ou seja, "lição de casa"). Além disso, a lógica do psicodrama aplica-se também a outras terapias, a uma abordagem eclética e integrada da psicoterapia. O imenso número de formas diferentes de terapia — mais de duzentas — já é estímulo suficiente para se buscar uma síntese, uma decantação de elementos comuns a essas tentativas multifacetadas (Norcross, 1986).

Kurt Lewin afirmou: "Nada é mais valioso do que uma boa teoria". Acredito existir uma teoria capaz de integrar as outras teorias; é uma forma modificada da teoria do papel a que dou o nome de dinâmica do papel (ela será examinada no Capítulo 10). O psicodrama é método terapêutico em condições de operacionalizar a teoria; ao ajudar os pacientes a aprender a mudar de papéis, torna possível o exame de aspectos diferentes de um problema e o desenvolvimento de soluções mais criativas.

Por exemplo, a dinâmica do papel altera as tentativas reducionistas de descobrir as "motivações básicas" fundamentais. Ela valoriza as variedades de prazer e trabalha no sentido de ajudar as pessoas a refinar e diversificar seus objetivos. Desse modo, os escores das teorias de motivação (Madsen, 1968, 1974) e os das teorias da psicodinâmica não precisam mais competir em busca de um único vitorioso. Ao contrário, podem ser consideradas como maneiras de ver a rica tessitura da experiência humana. Pode-se traçar um paralelo com o desafio da verdadeira compreensão da história: não basta a mera cronologia de eventos, é indispensável o estudo das implicações da geografia, agricultura, economia, lingüística, sociologia, arte, tecnologia, ciência política, religião, filosofia e a história psicológica de pessoas-chave, bem como de outras variáveis. Na psicologia, as dimensões da neurofisiologia, das comunicações, das influências culturais, do temperamento, e muitas outras variáveis, exigem também uma abordagem igualmente multidimensional. O mesmo ocorre na terapêutica, onde uma abordagem eclética é adequada. Cabe aqui uma analogia com a medicina pois, além de prescrever diversos remédios, o médico moderno também executa cirurgias, manipula ou recomenda exercícios especiais, dietas, auxílios mecânicos, tratamentos por radiação, e assim por diante.

Também na psicoterapia uma abordagem moderna abrangente do diagnóstico e tratamento deveria fazer uso da abundância de métodos disponíveis para o profissional (Beutler, 1983). Trata-se, sem dúvida, de aplicar tudo isso com base em fundamentação teórica, e não daquela situação em que, quando nada mais parece funcionar, lança-se mão de tudo; tal prática deu péssima reputação ao ecletismo. O problema era agravado pela inexistência de qualquer sistema teórico fundamentando a enorme variedade de tratamentos, mas isso vem mudando nas últimas décadas. Por exemplo, a terapia multimodal de Lazarus (1981) focaliza certo número de facetas da vida do paciente: comportamento, afetos, sensações, imaginário, cognições, relacionamentos interpessoais e a necessidade de remédios (se for o caso) como forma de modificar o funcionamento neurofisiológico. Lazarus utiliza uma série de técnicas e os métodos psicodramáticos podem ser aplicados na correção de desequilíbrios ou distorções em qualquer das categorias acima mencionadas.

O LUGAR DO JOGO NA PSICOTERAPIA

A capacidade de jogar, de justapor dimensões diferentes e até mesmo paradoxais da percepção, com o conseqüente senso de prazer, humor, e/ou *insight*, é parte fundamental da natureza humana (Blatner & Blatner, 1987). Ao se percorrer os diversos níveis de percepção, há uma espécie de transcendência, e, a rigor, uma identificação maior com o *self* observador do que com os papéis envolvidos na situação. E, não bastasse isso, o senso de si mesmo como observador conecta-se sutilmente a algo maior do que a própria pessoa — e nisso reside o drama da humanidade, a poesia da vida ou a jornada espiritual.

Em termos psicodinâmicos, o processo lúdico engloba um domínio que não é nem o da subjetividade autista nem o da objetividade absoluta (como se isso fosse possível). Winnicott (1971) dá a isso o nome de "espaço transicional"; trata-se da dimensão de relativa fluidez na qual as pessoas têm oportunidade de utilizar as potencialidades de suas imaginações. Tal dimensão fica melhor explicitada no drama, que lhe permite ser manipulada de maneira mais consciente e, ainda assim, com pouca influência insidiosa. Saber que uma atividade é uma espécie de jogo a faz parecer mais segura e, portanto, acessível ao se "assumir riscos" criativos.

O jogo (brincadeira) é processo utilizado pelas crianças, não apenas para recreação, educação e auto-expressão, mas também como forma natural de cura. Muitas crianças, tendo permissão para entrar no mundo do faz-de-conta, ainda que sem qualquer tipo de interpretação, irão resolver simbolicamente uma série de conflitos, de leves a moderados. O poder da solução simbólica não deve ser subestimado. Em muitas situações, uma síntese dramática, poética ou artística, funciona de maneira a levar o processo de envolvimento para diferentes níveis de significação. Reexperienciar um episódio, que foi de fato uma derrota, com um resultado diferente e bem-sucedido reduz o dano provocado na auto-estima e reafirma o sentido de otimismo.

Outra função do jogo é reduzir a dissonância cognitiva por meio da descoberta de soluções imaginativas. Grande parte das expressões de humor pode ser encarada dessa forma (Mindess, 1971). Frente a um aparente impasse, descobrir uma gestalt significativa pode levar a uma catarse de alívio, acompanhada de riso, lágrimas ou outros comportamentos espontâneos. No psicodrama, até mesmo ações nos domínios da impossibilidade (que Moreno chama de "realidade suplementar"), como, por exemplo, o encontro com um parente falecido pode vir a se mostrar uma forma nova e poderosa de internalização de um complexo de sentimento-imagem positivo, bem como de sentir-se livre do peso de afetos inacabados do passado.

Todas as psicoterapias utilizam a possibilidade do "como se". A psicanálise convida o paciente a se envolver em certo grau de simulação estimulando as fantasias que, em geral, seriam suprimidas. O psicodrama simplesmente amplifica essa dimensão utilizando técnicas que estendem a imaginação e, ao mesmo tempo, dão forças ao indivíduo para que faça escolhas, tome novas decisões e crie. O método permite a distância do papel, o que facilita a criatividade e estimula a dialética dinâmica com envolvimento autêntico (Moreno, 1966). Isto é de particular importância quando o paciente vem sendo auxiliado a se envolver com outra pessoa num ato de encontro. No psicodrama surgem oportunidades para se mudar entre os dois extremos do superenvolvimento e do não-envolvimento.

ATIVIDADE NA PSICOTERAPIA

O processo de psicoterapia não deveria ser encarado como tratamento passivo, no modelo médico caracterizado por receber injeções de penicilina para pneumonia. Ao contrário, trata-se de uma forma experimental de aprendizagem que requer, da parte do paciente, participação ativa e considerável grau de coragem. Entretanto, um dos aspectos típicos dos distúrbios psicológicos é a tendência em se cair numa relativa passividade. Com freqüência os pacientes utilizam o *status* social que lhes confere o papel de doente para evitar comportamentos inquisidores e de risco.

Um dos aspectos do poder de cura das diversas formas de psicoterapias é o fato de todas envolverem o paciente num tipo de atividade participativa, combinando elementos de imaginação, emoção, movimento físico e cognição. Isto também é verdade para o tratamento médico-psicológico em outras culturas. Hipnose, ludoterapia, biofeedback, psicanálise, terapia racional-emotiva, psicodrama — todas elas apresentam ao paciente um papel que deve ser desempenhado por ele, e suas construções mentais, feitas ao assimilar os sistemas de crenças do terapeuta, são parte da cura. A incerteza do paciente quanto ao significado e ao resultado previsto do processo é parte da natureza da doença. Assim, "descobrir" em conjunto um diagnóstico, um processo de criar uma teoria compreensível que se aplique à situação é, em si mesmo, parte do tratamento.

O campo da psicoterapia foi de tal modo influenciado pela psicanálise, com sua abordagem de relativa passividade e aparente inatividade, que é indispensável que a atividade do terapeuta seja racionalizada. Vale notar, entretanto, que a psicanálise é, na verdade, bastante ativa, mas sua ação acha-se centrada num diálogo sutil e primordialmente verbal. Trata-se de uma técnica de reduzir as "distrações" e de facilitar a concentração. Existem outras técnicas que podem alcançar tais objetivos, com os benefícios adicionais de incluir a necessidade inata de auto-expressão física, que faz parte do funcionamento da pessoa na vida real.

Moreno detectou a existência de um tipo de *"insight* de ação" que acompanha os procedimentos psicodramáticos eficazes, que, com freqüência, é mais eficiente e duradouro do que os *insights* verbais. A inclusão de processos físicos, interacionais e espontâneos funciona como uma rica matriz para as sínteses psicológicas. Torna mais difícil defender-se de uma experiência por meio do isolamento do afeto, da racionalização, da anulação (*undoing*) ou de outros mecanismos que reduzam o impacto emocional de um *insight* emergente. Além disso, produz-se também uma memória cinestésica multimodal que funciona espontaneamente fazendo o paciente recordar-se de novos *insights*. O paciente mergulha numa ação visível para os outros, e isto é validado com maior vigor quando há mais de uma pessoa presente.

É preciso diferenciarmos o conceito de dramatização, ou *acting-out* terapêutico, das formas não-terapêuticas ou antiterapêuticas de *acting-out*. Quando o comportamento é estimulado e encontra-se sujeito à influência do grupo e do terapeuta, a auto-expressão, por sua vez, pode incluir tanto as tendências regressivas quanto suas alternativas corretivas. A capacidade que tem o contexto de prosseguir com o comportamento provoca sutil grau de distância do papel pondo em ação o ego observador do paciente. Assim, o psicodrama utiliza a "fome de agir" do paciente para acelerar o processo de investigação no mesmo sentido que um praticante das artes marciais japonesas do *aikido* usa as energias do outro para desviar ataque agressivo. Contato físico, estímulo, ajuda, modelagem, expressões de apreciação, brincadeiras, humor, e muitos outros elementos podem ser utilizados, no entanto, é preciso que cada um deles seja usado com discernimento (Hammer, 1973). Em terapia infantil diversos pacientes exigem atividade por parte do terapeuta (Jernberg, 1979), inclusive comportamentos que são invasivos, desafiadores, limitadores, educativos e estimulantes, além das funções habituais de nutrir e cuidar.

VIVACIDADE E VITALIDADE

O espírito do psicodrama vai além do fato de ser um agrupamento de técnicas úteis. Ele reintroduz a questão da vitalidade e intensidade e fornece, como Rousseau propôs, um método que ajuda as pessoas a estabelecerem relacionamentos em tal nível que deles resultem maior grau de expressividade e intimidade. Nessa atmosfera, as conexões e as impressões podem ser vias vitais, e as comunicações adquirem textura emocional suficiente para que sentimento e conhecimento tornem-se uma coisa só (Hammer, 1980).

A poesia oferece essa possibilidade, assim como outras artes expressivas. No psicodrama, essas formas são adicionadas a elementos não-verbais e ativos — gestos, expressão, tom, ritmo, inflexão etc. O psicodrama contribui também para o enriquecimento da experiência artística fornecendo ao protagonista uma platéia, atores coadjuvantes, e um co-diretor, enquanto o auxilia também a participar como co-autor. Ao falar sobre o "teatro da verdade" Moreno observa que é retratado não apenas o que aconteceu, mas o que é mais importante para a psique, o que jamais poderia ocorrer — e que no entanto é desejado, temido ou sobre o que se pensa bastante. A experiência de auto-expressão, além disso, pode ser estimulada por artistas profissionais. É possível escolher peças musicais ou compor canções, combinando poesia e melodia. O evento pode ser orquestrado com auxílio da sensibilidade de um coreógrafo. A integração das arte-terapias tem enorme potencial (Bruscia, 1986).

Outro elemento excitante dos teatros de improviso é o desafio de tornar-se tão espontâneo quanto possível, pois engloba a manutenção de delicado equilíbrio, permitindo o aflorar à superfície de material inconsciente, reduzindo a consciência de si mesmo a um mínimo, e ainda assim mantendo suficiente autocontrole para ser criativo e socialmente adequado e poder recordar os próprios processos. (Por certo, isto exige que as expectativas sociais sejam minimizadas, criando-se contexto protegido no qual são retratados extremos de emoção maiores do que os habitualmente demonstrados.) Um benefício adicional dessa abordagem multimodal é o fato de ela apresentar um manancial de mistério e surpresa, misturados com a catarse de coragem e de se "assumir riscos", próprio de quando tenta-se algo novo. O prazer e o encantamento com o comportamento espontâneo geram não apenas o entusiasmo pela atividade, mas também aumentam a sensação de expectativa positiva.

No passado, o terapeuta agia como xamã e o mistério da autoridade, educação e conhecimento esotérico dava certo grau de carisma ao papel

(McNiff, 1979). A sociedade contemporânea tornou-se mais igualitária e a crítica à autoridade é hoje tão difundida que muitas vezes é mais terapêutico para o terapeuta procurar desmistificar o processo. Há, entretanto, o risco de que se produza assim uma interação tão mundana que acabem se perdendo elementos vitais ao tratamento. Trabalhar com o potencial criativo interno do paciente caracteriza uma nova forma de carisma e esperança. O desafio é aumentar as expectativas pessoais de melhora, que é intensificado pela estimulação emocional, pelo prestígio do terapeuta e pela expansão do nível de comunicação simbólica (Frank, 1986). O drama, como integração de outras artes criativas, carrega consigo o prestígio das artes por toda a nossa cultura e proporciona canal de comunicação de múltiplos níveis, mais rico do que o simples diálogo verbal. As artes tornam-se veículos para a confirmação, sínteses metafóricas que, entrelaçadas, formam o "ideal de ego" emergente e conscientemente redelineado. Nossa auto-imagem se expressa na maneira que nos vestimos, que nos movemos e que decoramos nossas casas e escritórios; podemos acrescentar a esses símbolos a criação de histórias, quadros e poesias a respeito de nossas experiências.

A poesia e as artes regulam as inevitáveis tensões psíquicas que surgem entre as tendências opostas, entre a inclusão indiferenciada e a preferência diferenciada. Já houve quem procurasse ver nos dois modos de experiência algo como o pensar com o hemisfério direito e com o esquerdo (Ornstein, 1972), como *yin* e *yang*, e diversas outras formas. Burrow (1964) observou diferenciação semelhante entre o amor e a sexualidade. Quando as pessoas se deixam levar pela beleza, abre-se um fluxo primário de emoção, que é vivenciado como um tipo de transcendência. A identidade move-se para além dos limites convencionais do *self*.

AS BASES PSICOEDUCACIONAIS

Os métodos psicodramáticos visam tanto os *insights* quanto os componentes educacionais da cura. Na verdade, a noção de educação resolve uma aparente dicotomia entre as terapias de apoio e as de *insight*/expressivas. Isto se deve ao fato de que o tipo de educação que ocorre no psicodrama inclui habilidades básicas, as quais, por sua vez, exigem uma maturação dos mais profundos aspectos posturais e emocionais da psique. Chamo a isso de *metahabilidades* [*metaskills*] e nelas incluo categorias como solução de problemas, comunicações e autopercepção. Uma das vantagens dessa orientação é que ela ajuda a desmistificar o processo terapêutico e fortalece a aliança no tratamento.

Essa abordagem educacional cria também um modelo de tratamento que requer maior iniciativa e prática do paciente. Quando a tarefa global fica definida com clareza é possível abordar de modo mais eficaz certas questões profundas de resistência e transferência. Num contexto de aprendizagem a mera transmissão de informação não é suficiente; é preciso abordar também as atitudes do paciente/estudante; e numa abordagem centrada nas habilidades, o aprendizado deve surgir pela via prática. Esse tipo de método experimental é poderoso veículo para trazer à superfície uma rica variedade de questões psicodinâmicas.

Para a maioria dos pacientes o *insight* apenas não é suficiente. O tema mais freqüente de *insight* é o vivenciar de sentimento básico de insegurança e vulnerabilidade, juntamente com uma diversidade de crenças enganosas, metas ilusórias e modelos de decepção e manipulação, usadas para proteger o indivíduo da dor provocada pela profunda sensação de vulnerabilidade. Ainda assim, na verdade, é possível aprender grande número de habilidades e atitudes que podem fazer frente a esses sentimentos assustadores e vergonhosos. Sem dúvida, é preciso que os pacientes abandonem a esperança da perfeita satisfação ou da absoluta garantia de segurança; em vez disso, obterão claros benefícios que potencializam o processo de comprometimento. Uma das razões para a abordagem educacional não ter se integrado plenamente à psicoterapia é o fato de ainda não ter sido sistematicamente desenvolvida e/ou ensinada em larga escala aos terapeutas praticantes.

Uma boa maneira de compreender como o *insight* e a educação se complementam é imaginar uma analogia entre a psicoterapia e a jardinagem: às vezes, para se obter um ótimo crescimento de uma planta basta podá-la um pouco, arrancar as ervas daninhas e as infestações prejudiciais. Removem-se os agentes que interferem no desenvolvimento natural e isso pode ser comparado à abordagem mais analítica. No entanto, diversas plantas produzem suas melhores flores ou frutos quando algo lhes é adicionado — enxertos, fertilizantes ou até mesmo o fato de serem transplantadas para lugar mais apropriado no jardim. Isto é análogo à educação na terapia. Ambas as abordagens deveriam ser utilizadas como recursos em planos individualizados de tratamento.

SUBLIMAÇÕES: CANAIS DE AUTO-EXPRESSÃO

Outro princípio primordial de tratamento lida com um conceito que acredito pouco valorizado na psicologia psicodinâmica: a sublimação. Embora considerada pela teoria psicoanalítica como um saudável mecanismo de defesa, ela pode parecer estar acima do repertório de papéis das pessoas comuns. Os exemplos de sublimação, em geral, apontam as produções de cientistas ou artistas famosos. O trabalho com espontaneidade, entretanto, tem me mostrado que, com freqüência, todos nós estamos sublimando em pequenas coisas. Cada ato de estilo, originalidade, criatividade, ou a inclusão de elementos de cunho estético funcionam como uma sublimação. Acrescentar certo nível de percepção ou espiritualidade a um ato cotidiano transforma-o e ajuda-o a alcançar uma dimensão de transcendência. Essas qualidades se diluem na mais simples das atividades e não devem ser tidas como exclusividade dos artistas e das belas artes.

A função sublimação desempenha papel importante ao nos ajudar a compreender como trabalha o psicodrama. Segundo minha teoria da dinâmica do papel, qualquer atividade será evitada se a ela estiverem associados sentimentos de vulnerabilidade; deste modo, caso não seja dado nenhum para uma gradativa e agradável aquisição de novos papéis, certos comportamentos mais imaturos poderão ser mantidos. Aplicando esta teoria ao processo da psicoterapia, acredito que uma das maiores fontes de resistência (atitudes ou comportamentos que interferem com o crescimento pessoal no sentido mais amplo) consiste no fato de os pacientes não saberem como canalizar suas energias ou adquirir satisfação, chegando quase que a um impasse.

O medo intuitivo que o paciente tem de que não haja como exprimir ou lidar com os sentimentos descobertos, de maneira socialmente adequada ou eficaz é uma fonte significativa de resistência na psicoterapia, por isso é necessário criar um instrumento que possa aliviar a ansiedade. O psicodrama fornece tal instrumento na forma de um "laboratório" com relativa proteção que permite a expressão de toda a gama de atitudes e afetos. Nesse contexto dramático e terapêutico, tais expressões ganham um novo significado: são reenquadradas em seu contexto histórico como tentativas de resolução de problemas e não como evidências da "maldade" intrínseca. Desta maneira, as ações criativas são estimuladas e vivenciadas ao se retrabalhar as recordações envolvidas ou as expectativas negativas temidas. Além disso, os pacientes são ajudados a se identificar com um processo maior do que seus próprios egos, e nisso reside a essência da transcendência (Frankl, 1978).

A dinâmica do papel tal como a descrevi proporciona uma abordagem psicoterapêutica e educacional que desenvolve a capacidade do paciente ou do estudante para a espontaneidade e para que tenha iniciativas em múltiplas formas de auto-expressão. De certa forma, isto é semelhante à educação mais holística na cultura da Grécia clássica, que consistia de áreas muitas vezes consideradas supérfluas na filosofia educacional de nossos tempos. A meta da educação na Grécia clássica não era tanto a aquisição de informação. A educação era orientada aos processos e conduzia os estudantes a formas que promoviam a criatividade individual, tais como dança, música, teatro e retórica. O teatro, especialmente o processo de assumir papéis, é um importante aspecto de tratamento por meio de participação ativa, visualização e envolvimento.

As arte-terapias criativas, o psicodrama, e outros aspectos da psicoterapia podem e, com freqüência, utilizam o desenvolvimento de canais de sublimação como veículos de tratamento. Colocando de forma simplificada, quando o paciente encontra alguma atividade socialmente valorizada para canalizar suas energias e maneiras de se expressar, reconhecidas e prazerosas, ele fica mais propenso a abandonar padrões de crenças e comportamentos desajustados. A dinâmica do papel tal como a imaginei ajuda a pessoa a alcançar maior gama de possibilidades prazerosas, celebra a diversidade da personalidade e redireciona o paciente a focalizar mais suas potencialidades do que suas fraquezas.

INTEGRAÇÃO DO PASSADO, PRESENTE E FUTURO

As abordagens psicanalíticas tendem a enfatizar o passado; a gestalt-terapia enfatiza o presente; a psicologia individual de Adler procura enfocar o futuro, na medida em que sua abordagem teleológica examina as intenções e as expectativas inconscientes do paciente. O psicodrama pode dramatizar cenas ou amplificar experiências em todos os três períodos. Reencenando o passado no presente, todos os recursos do tempo transcorrido e dos suportes sociais que o cercam se tornam disponíveis, ajudando o indivíduo a libertar-se das atitudes enraizadas e das emoções associadas a recordações traumáticas. Aspectos positivos do passado podem ser lembrados, recuperados e reprojetados como metas futuras renovadas.

O momento presente é uma categoria poderosa na psicologia e na filosofia de Moreno. É uma idéia existencial, uma profunda apreciação do senso de potencial criativo. Ao ficar mais ciente do aqui-e-agora (termo inventado por Moreno em torno de 1914) o indivíduo é auxiliado a se envolver de maneira mais autêntica em atividades que aumentam sua sensação de estar vivo.

O futuro é uma dimensão igualmente importante no psicodrama. A técnica de projeção do futuro, a idéia de desempenhar papéis como uma forma de "ensaio de vida" (Starr, 1977), age não apenas no sentido de aperfeiçoar habilidades e estratégias mais eficazes para lidar com as situações, mas, o que é mais importante, ajuda o paciente a revitalizar suas esperanças e sonhos. Para muitos pacientes o futuro é tão reprimido quanto o passado. Os desejos de gratificação são negados e ocorre uma forma sutil de negligência que solapa a energia da personalidade. Existe até mesmo um termo para designar a parte do *self* que "amputa" essas necessidades naturais — o "ego antilibidinal" (Guntrip, 1968). Assim, as tentativas terapêuticas de recuperar a percepção do futuro e de clarificar e tornar realística grande variedade de metas representam uma das ferramentas mais importantes no tratamento. (Aliado a isto, a análise da gama dos objetivos do paciente e da vitalidade de suas esperanças e sonhos também é parte valiosa de um diagnóstico eficaz.) Acredito que na psicoterapia a quantidade de trabalho dedicada à construção de um sentido viável do futuro deveria ser idêntica à que se destina a adquirir compreensões sobre o passado. Isso precisa ser entrelaçado com um programa contínuo de aumento da capacidade dos pacientes de aprender a ter prazer e a tomar mais consciência do presente.

SUBJETIVIDADE E OBJETIVIDADE

A contribuição da fenomenologia à filosofia foi a de se opor às tendências excessivamente positivistas e materialistas que vinham sendo defendidas no final do século XIX e início do século XX. Outro aspecto importante da psicoterapia psicodinâmica e existencialista foi a validação da experiência subjetiva. Ainda assim permanece o desafio de cultivar a capacidade dos pacientes em testar a realidade. Não me refiro aqui à totalidade das habilidades que se tornaram prejudicadas nas principais psicoses, a perda da capacidade de diferenciar a ilusão e alucinação da realidade consensual. Mais importante é o problema sutil e penetrante da negação caracterológica, a limitação da consciência imposta por uma falta de disponibilidade cheia de orgulho em testar a realidade, de verificar suas próprias "ficções pessoais" (como Adler as chamou) com outras pessoas.

O psicodrama usa o contexto grupal para estimular o *feedback* e, o que é mais importante, a norma e o valor de solicitá-lo. Além disso, apresenta múltiplas técnicas para aumentar a abertura dos outros, tais como as técnicas "atrás das costas" ou do "espelho". (Esta última é uma maneira não-técnica daquilo que se faz em *playback* de videoteipe.) Outras técnicas permitem o *feedback* na forma de conseqüências lógicas, descobertas pelo ato de representar nossas fantasias e objetivos. Os pacientes têm oportunidade de levar os sonhos e as idéias suicidas a pontos culminantes — sem dúvida, isto deve ser feito de maneira discreta — e descobrir, desta maneira, as fantasias inconscientes implícitas nessas expressões simbólicas, bem como seus verdadeiros resultados.

Quanto a isto, entretanto, tanto a subjetividade quanto a objetividade atingem o equilíbrio em outro processo dialético. Antes que as pessoas fiquem prontas para assumir papéis socialmente mais "corretos" elas precisam descobrir e expressar as idéias inconscientes e os impulsos que buscam expressão. Há uma espécie de "fome de atos" nessa necessidade de triunfar contra perseguir os outros, sejam estes figuras ilusórias ou de sonhos, ou pessoas reais do passado do paciente. O princípio é bem conhecido na ludoterapia com crianças. É necessário que se experiencie a catarse de uma sensação de domínio e controle antes que a pessoa possa admitir e sentir a intensidade de sua vulnerabilidade.

Zerka Moreno mostrou, por exemplo, que ao lidar com crianças alguns pais têm uma fantasia subconsciente de uma criança ideal sem nenhum dos problemas de seu filho real. Se isto puder ser retratado ou até mesmo vivenciado pela inversão de papéis, pode-se permitir que ocorra alguma diferenciação entre as crianças internalizadas psicologicamente, que a pessoa mantém para sempre, e as verdadeiras, que inevitavelmente precisam ter seu próprio desenvolvimento e destino. O mesmo ocorre também na fixação existente na psique por um filho desejado mas não nascido (em casos de pesar não-resolvido por aborto ou infecundidade) ou de despedida inacabada com alguém que morreu ou partiu; tais psicodramas internos exigem um processo de exteriorização de maneira que o poder libertador do "*self* elevado" possa ajudar na integração do desejo e da realidade.

O poder do psicodrama reside no fato de ele unir os reinos da imaginação e a objetividade objetiva, o desejo e a capacidade realista, a fantasia onipotente e as limitações frustrantes da existência física. Ao permitir expressão ao mundo subjetivo num contexto válido socialmente, tendo o grupo como platéia e o diretor como agente facilitador, a pessoa obtém ao menos uma satisfação simbólica; e isto é bastante eficaz em termos funcionais ao libertar a sutil repetição das compulsões de idéias fixas.

INTEGRANDO OUTRAS VARIÁVEIS

A dinâmica do papel enfoca uma multiplicidade de dimensões da experiência humana, as quais são examinadas e equilibradas pelo uso dos métodos psicodramáticos. Em algumas situações certa medida de confrontação é indicada; em outras, o paciente requer apoio e empatia. A meta, em determinado ponto, será o ajustamento da pessoa a determinada situação, um foco "autoplástico" — em oposição ao foco "aloplástico", elaborando-se estratégias para modificar o ambiente ou o comportamentos dos outros. Há ocasiões na terapia em que se busca auxiliar o paciente a esclarecer o que internamente ele já sabe, e outras ocasiões em que novas idéias são introduzidas. Dependendo das necessidades do paciente será necessária uma dramatização para aumentar o envolvimento de uns com os outros; ou talvez possa ser indicado trabalhar em outra direção e estimular um processo de separação e de "abrir mão" (Blatner, 1968). Há muitas variáveis dualistas como estas na psicoterapia e parte do processo de diagnóstico consiste em estabelecer a natureza dos desequilíbrios e como remediá-los. É a flexibilidade essencial que produz a eficácia do método.

Em resumo, a base do psicodrama engloba numerosas questões: é uma abordagem que apóia e é apoiada pela crescente tendência rumo ao ecletismo na psicoterapia. O uso da tendência inata de jogar [brincar] pode ser estendido para além da terapia com as crianças e adaptado para o tratamento de adolescentes e adultos. A atividade e o uso de técnicas que aumentam a vivacidade da experiência ajudam o fortalecimento do paciente. Incluir uma orientação que vise o desenvolvimento de habilidades focaliza atitudes mais profundas, enquanto mantém os elementos cognitivos da aliança terapêutica. Desenvolver canais de auto-expressão ajuda a produzir sublimações saudáveis para as necessidades emocionais anteriormente não-cultivadas. Enfatizar o futuro e aplicar métodos para desenvolver a capacidade de criar um ideal de ego mais vigoroso é outro aspecto importante da terapia. Em tudo isso, ajuda-se os pacientes a construir pontes mais funcionais entre suas experiências subjetivas e as constatações objetivas da realidade. Esses componentes proporcionam importantes acréscimos à série de intervenções terapêuticas e são por isso relevantes para o desafio da cura.

REFERÊNCIAS

BEUTLER, Larry E. (1983). *Eclectic psychoterapy: A systematic approach*. Elmsford, NY, Pergamon.
BLATNER, H. Adam. (1968). Theoretical aspects of psychodrama. In: *Practical aspects of psychodrama: A syllabus*. Thetford, England, Author.
BLATNER, Adam & BLATNER, Allee. (1987). *The art of play: An adult's guide to reclaiming imagination and spontaneity*. Nova York, Human Sciences Press.
BRUSCIA, Kenneth. (1986). Perspectives on the creative arts. Keynote speech at the National Coalition of the Arts Therapies Associations Conference. *The Arts in Psychotherapy*, 13(2), p. 96.
BURROW, Trigant. (1964). In: W. E. Galt (Ed.). *Preconscious foundations of human experience*. Nova York, Basic Books.
FRANK, Jerome. (1986). Prefácio. In: I. Kutash & A. Wolf (Eds.). *Psychotherapist's casebook*. San Francisco, Josey-Bass.
FRANKL, Viktor. (1978). *The unheard cry for meaning*. Nova York, Simon & Schuster.
GUNTRIP, Harry. (1968). *Schizoid phenomena, object relations, and the self*. Nova York, International Universities Press.
HAMMER, Emmanuel F. (1980). Poetic, spontaneous, and creative elements in the therapist. In: Arthur Robbins (Ed.). *Expressive therapy*. Nova York, Human Science Press.
HAMMER, Leon I. (1973). Activity — An immutable and indispensable element of the therapist's participation in human growth. In: D. S. Milman & G.D. Goldman (Eds.). *The neurosis of our time: Acting out*. Springfield, IL: Charles C. Thomas.
JERNBERG, Ann M. (1979). *Theraplay*. San Francisco, Josey-Bass.
LAZARUS, Arnold. (1981). *The practice of multimodal therapy*. Nova York, McGraw-Hill.
MADSEN, K.B. (1968). *Theories of motivation: A comparative study* (4ª ed.). Kent, OH, Kent State University Press.
_____. (1974). *Modern theories of motivation: A comparative metascientific study*. Nova York, Halstead/John Wiley.
MCNIFF, Shaun. (1979). From shamanism to art therapy. *Art Psychotherapy*, 6(3), pp. 155-62.
MINDESS, Harvey. (1971). *Laughter and liberation*. Los Angeles, Nash.
MORENO, J. L. (1947). Varieties of psychodrama. *Sociatry*, 1(4), pp. 221-24.
_____.(1966). The roots of psychodrama. *Group Psychotherapy*, 19(3-4), pp. 140-2.
NORCROSS, John C. (Ed.). (1986). *Handbook of ecletic psychoterapy*. Nova York, Brunner/Mazel.
ORNSTEIN, Robert F. (1972). *The psychology of consciousness*. San Francisco, W.H. Freeman.
STARR, Adaline. (1977). *Psychodrama: Rehearsal for living*. Chicago, Nelson-Hall.
WINNICOTT, Donald W. (1971). *Playing and reality*. Nova York, Basic Books.

9

FATORES TERAPÊUTICOS NO PSICODRAMA

Além dos temas mencionados no Capítulo 8, o processo psicodramático é composto de diversos outros fatores terapêuticos. Um deles deriva do fato de o psicodrama, de modo geral (embora nem sempre), ocorrer no contexto de uma terapia de grupo. Assim, as variáveis que se provaram úteis na psicoterapia de grupo dizem respeito também aos benefícios obtidos no psicodrama (Kellerman, 1984). Além disso, em função da flexibilidade do método, quando certos fatores parecem particularmente pertinentes ao paciente, é possível destacá-los com o uso das técnicas psicodramáticas. Vamos examinar a questão em termos dos fatores curativos mencionados por Yalom:

Incutir esperança é tema fundamental a todos os modos de terapia (Ehrenwald, 1976). Isto pode ocorrer por se entrar em contato com outros que já se beneficiaram do processo, por encontrar um terapeuta que acredite no potencial do método, em gerar transformação criativa ou mudança positiva, e por manter a expectativa de ajuda.

De maneira análoga, descobrir em um grupo a *universalidade* das preocupações pessoais é poderosa fonte de apoio. Um componente considerável da "doença" social é a desorientação, em parte evidenciada pela sensação de alienação da pessoa, pela crença de que a fraqueza e os problemas são exclusivos e vergonhosos. A eficácia dos métodos psicodramáticos é acentuada pelo fato de auxiliarem o paciente a descobrir a amplitude dos sentimentos comuns que fazem parte da condição humana.

Despertar o senso de *altruísmo* em um grupo é importante elemento de cura porque o mencionado sentimento de alienação tem também raízes na tendência de se autocentrar. A despeito de alguns artigos escritos na última década a respeito de como os grupos podem ser (mal)utilizados para aumentar o narcisismo, o oposto é, em geral, mais exato porque as pessoas são levadas a ultrapassar seus hábitos de egocentrismo e a considerar em profundidade as necessidades e os sentimentos dos outros. O psicodrama usa a inversão de papéis como método específico para atingir tal objetivo. Esta abordagem é método operacional para ampliar o que Alfred Adler sentiu ser a atitude mais importante, *Gemeinschaftsgefuehl* (traduzido como "interesse social" ou "sentimento comunitário"). Adler acreditava esta como a melhor alternativa para canalizar as poderosas lutas pessoais que, segundo ele, formam a base da maioria das psicopatologias.

A medicina contemporânea tem um aspecto educativo, uma crença de que certa quantidade de *informa*ção muitas vezes é útil numa abordagem holística da cura. Os cenários grupais constituem-se num bom lugar para se discutir diferentes princípios de psicologia, bem como outros aspectos da vida.

A psicoterapia de grupo permite também uma *vivência emocional corretiva* ao reproduzir parte da dinâmica das famílias originais dos pacientes e permitir que a mesma seja trabalhada dentro de um contexto mais consciente e protetor. Quer estas atitudes sejam dirigidas ao terapeuta (como conselheiro, ou na figura de autoridade, pai, professor ou terapeuta anterior) ou a outros integrantes do grupo (companheiros, irmãos rivais, ou os melhores amigos) tais fenômenos de transferência ficam bem-esclarecidos e corrigidos num cenário grupal. O psicodrama alarga esse processo tornando-o mais explícito, e à medida que os antigos papéis vão sendo redramatizados por outras pessoas, a realidade de quem eles são no grupo é amplificada. Talvez a fonte mais poderosa de experiência corretiva sejam as situações onde os pacientes participam coproduzindo as cenas, e nas quais vivenciam as respostas desejadas de figuras do passado; isto tanto serve para validar os sentimentos até então não-admitidos, como para lhes dar força de pedir aquilo que desejam.

Outro fator mencionado por Yalom (1985) é o *desenvolvimento de técnicas socializantes*, presente em certa dose após algum tempo, ao longo de terapias de grupo convencionais, limitadas à discussão verbal. Entretanto, os métodos psicodramáticos que incluem a situação em que a pessoa redramatiza ou ensaia a cena fazem emergir a a rica dimensão da comunicação não-verbal, inclusive posturas, gestos e expressões. A terapia de grupo fornece também técnicas específicas para resolver os conflitos de maneira construtiva e para gerar a capacidade de entendimento próprio e dos outros.

Como parte do processo grupal, os participantes têm oportunidade de observar as estratégias que os outros utilizam para lidar com as situações e, quem sabe, optar pelo *comportamento imitativo*, cujos benefícios descritos pelo psicólogo Albert Bandura são alcançados com maior facilidade usando-se a técnica do *role-playing* como parte do processo grupal.

Grande número dos elementos acima mencionados combina-se numa terapia de grupo proporcionando vasta gama de oportunidades para a *aprendizagem interpessoal*. A participação ativa do grupo no processo de co-produção, de normas construtivas e padrões de relacionamento também oferece vantagens. Os membros do grupo aprendem modos de expressar sentimentos, positivos e negativos, com mais eficácia e a ter acesso a múltiplos níveis de *insight*.

A terapia de grupo gera a *coesão de grupo* auxiliando os participantes a aprender a comportar-se de maneira que passem a se sentir aceitos. "Pertencer a" é uma importante experiência na terapia, produzida pelo desenvolvimento de habilidades de cooperar num grupo enquanto se continua a descobrir e expressar a própria individualidade. O sucesso no *setting* protetor cultiva o desejo de ligações sociais e estimula o envolvimento nos meios comunitários fora da terapia. Com as habilidades desenvolvidas nos *settings* "terapêuticos" (no sentido mais amplo e educativo, bem como no entendimento usual e convencional do termo), as pessoas ficam motivadas e capazes de se engajar de maneira construtiva em outras atividades grupais, tais como igreja, educação experimental, política ou até mesmo relações mais saudáveis com os familiares ou vizinhos.

A terapia de grupo funciona também como veículo para a *catarse*, liberação da emoção que acompanha a expansão e a integração do ego. O uso dos métodos psicodramáticos intensifica esse processo e as integrações que se seguem à experiência catártica se consolidam. Em certos momentos do trabalho em grupo, a despeito de sua fraqueza e em consideração a seu esforço criativo, o paciente chega a vivenciar uma catarse quando se sente aceito pelo grupo. A "catarse de inclusão" funciona, então, no sentido de integrar no âmbito social outros avanços estruturais alcançados na terapia. (Blatner, 1985).

Finalmente, Yalom (1985) observa que a psicoterapia de grupo tende a fazer com que os pacientes enfrentem *temas existenciais*: realidades como o fato de que a vida é injusta, de que não há forma absoluta de fugir da dor, além de outros modos de assumir responsabilidades. No entanto o grupo pode suavizar a mensagem proporcionando o amparo da presença. Um antigo hino fala a esse respeito de forma precisa: "Você precisa caminhar por este vale solitário, você precisa caminhar por ele por sua própria conta;/E ninguém vai andar nele por você, você precisa caminhar por si mesmo". Você precisa caminhar por si mesmo no sentido existencial, mas isso não significa que ninguém possa caminhar com você. Essa possibilidade própria do ser humano de compartilhar pode ajudar a amenizar nosso sentimento de absoluta solidão e contribuir para o processo de cura.

Ao considerar os temas mencionados, lembre-se de que, aos indivíduos, alguns dos benefícios da terapia de grupo podem ser simulados pelo uso criativo da técnica da "cadeira vazia". Outros benefícios da terapia de grupo coincidem com os fatores curadores da terapia individual.

Moreno desenvolveu o psicodrama de modo que ele se tornasse uma abordagem tanto social quanto individual, e ele atinge o duplo papel através do uso do grupo. Focalizando a atenção em um integrante do grupo de cada vez, ele volta-se para as preocupações do paciente; ainda assim ele usa outros participantes como atores de apoio e faz com que a platéia participe dando *feedback* suficiente por meio de técnicas de ação, oferecendo assim grande benefício aos outros integrantes do grupo. O poder dos métodos não precisa ser limitado a este modelo centrado no indivíduo; os métodos psicodramáticos (na forma de sociodrama ou desempenho de papéis ou no contexto do uso de técnicas sociométricas) podem ser entrelaçados resultando em ampla gama de trocas recíprocas entre as pessoas de maneira a explorar determinado tema ou de facilitar resoluções de bloqueios na dinâmica de grupo.

É importante enfatizar que Moreno estava profundamente comprometido com a psicoterapia de grupo. Nas décadas de 30 e 40, quando as principais abordagens terapêuticas se restringiam a entrevistas individuais, ele despendeu grande parte de seu tempo promovendo o uso do trabalho em grupo, bem como desenvolvendo o psicodrama. Para ele, os dois métodos eram vistos como diferentes aspectos do mesmo sistema. Infelizmente, a terapia de grupo só podia ser incorporada à corrente principal da psiquiatria pela influência metodológica e teórica do sistema dominante na metade do século, a psicanálise. O método tinha a tendência de reduzir os componentes interativos e orientados para a ação, focalizando em seu lugar as reações transferenciais para com o terapeuta. Ao fazer isso, ele perdia boa parte de sua vitalidade. Apenas em torno de 1960 ele começou a se abrir novamente para um modo mais interativo e a dar ênfase ao aqui-e-agora, que era a intenção original de Moreno. Além disso, já se podia pensar nas técnicas de ação. Por volta dos anos 70, essas tendências haviam se transformado em corrente dominante, como fica comprovado pela elevada aceitação dos livros de Yalom (1985).

POR TRÁS DA DÍADE

O psicodrama não precisa ficar restrito ao contexto grupal tradicional de cinco a dez pacientes. O método pode ser empregado em terapia individual, inclusive a técnica da cadeira vazia. Entretanto, seria importante observar que uma de suas principais vantagens é a utilização da tendência natural aos seres humanos de interagir em pequenos grupos, de três a cinco pessoas. Os triângulos que surgem dessas situações serão patogênicos se os papéis tiverem a tendência de se fixar, e esta dinâmica é, com freqüência, descrita na literatura da terapia familiar. Entretanto, existe também um uso construtivo dos triângulos: consiste na utilização flexível das alianças combinado com comentários explícitos sobre a importância do processo grupal para a situação. Essa abordagem proporciona um grau de mutualidade (como já foi discutido no Capítulo 8) não encontrado em inúmeras outras situações.

Em vez de ter no terceiro ou no quarto participante uma figura apenas passiva e observadora perante uma situação de interação entre o paciente e o terapeuta, essas pessoas estão incluídas como testemunhas, mediadoras, advogados, dublês, egos auxiliares e assistentes do terapeuta ou do paciente em confronto um com o outro. Moreno (1959) observou o poder dessa modificação em reduzir alguns dos complexos temas transferenciais que surgem na terapia (p. 236).

De uma perspectiva desenvolvimentista, esta abordagem tem também a vantagem de ajudar o paciente a construir uma ponte entre sua capacidade de lidar com uma pessoa de cada vez e a capacidade de lidar com duas ou três pessoas, simultaneamente, que vem a ser parte da versão tratada pela dinâmica universal do conflito edipiano. Muitas formas de manipulação incluem relacionamento diádico, e a presença de uma terceira pessoa pode servir para eliminar diversas dessas interações destrutivas. A ênfase do psicodrama ao exame do processo, bem como dos conteúdos da terapia, tende a destacar as atitudes e comportamentos interpessoais do paciente. Incluir uma terceira pessoa como auxiliar, desempenhando papéis de terapeuta, pai ou outras figuras significativas na vida do paciente, pode intensificar as emoções, provocar as transferências e permitir que o exame seja feito por meio de uma abordagem mais flexível. Os auxiliares serão usados também para examinar encontros mais autênticos entre o paciente e outras figuras significativas, presentes ou ausentes.

FORTALECENDO O EGO

Outro modo de pensar sobre a eficácia do psicodrama é avaliá-lo em termos da psicologia psicodinâmica do ego — ele "fortalece o ego". S. R. Slavson (1955) relacionou esta como uma das dinâmicas que ele acredita comum a todas as psicoterapias (os outros fatores são o relacionamento, a catarse, o *insight*, o teste de realidade e a sublimação). Em importante trabalho de crítica construtiva da psicanálise, Yankelovich e Barrett (1970) observaram que um dos pontos fracos da abordagem analítica é sua falta de métodos para fortalecer diretamente o ego. Uma pista quanto ao tipo de força necessária foi observada por Kubie (1958), que apontou o fato de que um importante indicador de saúde mental era a flexibilidade mental da pessoa, qualidade semelhante ao que Moreno chamava de espontaneidade. O psicodrama e o uso dos métodos psicodramáticos permite inúmeras abordagens para o fortalecimento do ego, em parte, incrementando sua flexibilidade. Embora o apoio, a educação, a catarse e o *insight* sejam, em geral, insuficientes para efetuar tratamento satisfatório, o psicodrama integra esses componentes prometendo, assim, ser um método mais abrangente e holístico. Usando as escalas de Bellak de 12 categorias de funções do ego (Bellak, Hurvich & Gediman, 1973), podemos fazer uma síntese das maneiras pelas quais o psicodrama ajuda a fortalecer essas dimensões:

1. O *teste de realidade* fica aumentado porque, na dramatização, os protagonistas precisam verificar suas percepções frente à realidade do consenso social e às limitações dos retratos concretos. A despeito da liberdade do contexto dramático, a natureza concreta do retratar fisicamente uma cena evita as distorções introduzidas pelas manobras evasivas, mais prováveis no discurso verbal. Trocando de papéis fisicamente, os estímulos interiores e exteriores tornam-se visíveis. Permitindo plena expressão às fantasias e sonhos, eles são auxiliados a se tornarem conscientemente diferenciados.

2. O *julgamento* é exercido ao se representar as situações até suas conclusões lógicas, interferindo com as tendências de negação. As tentações de assumir riscos são experimentadas simbolicamente num contexto relativamente seguro, ajudando assim a diferenciar entre aqueles com conseqüências maiores ou menores. Por meio da inversão de papéis ajuda-se os pacientes a distinguir respostas sociais inadequadas, aprendendo a discriminar entre intenções, por melhor intencionadas que sejam, e o impacto de comportamentos específicos julgados a partir do ponto de vista do outro. Outro tema é a diferenciação entre os próprios desejos e as expectativas realísticas. Isto será exercitado ao se dar oportunidade de satisfazer a ânsia de agir na fantasia e, logo em seguida, mostrando as limitações existentes nas possíveis alternativas que se apresentam de fato.

3. O *senso de realidade*, o sentimento subjetivo, serve como indicador de algum grau de domínio pessoal, vontade e responsabilidade. É o oposto do estado produzido pelos mecanismos de defesa sutis ou importantes de negação, despersonalização e negação. Em vez de permitir a desconexão da experiência, o psicodrama é particularmente eficaz em integrá-la porque o método compreende a ação física e a imaginação, sensação e intuição, emoção e razão, dinâmica intrapsíquica e interpessoal, e assim por diante. Ao escolher como proceder ao desempenhar uma cena, torna-se cada vez mais difícil responder de acordo com a (suposta) expectativa dos outros, e assim as tendências do tipo "faz-de-conta" são pouco a pouco substituídas por componentes de identidade mais autênticos e embasadas na realidade. Novamente, por meio da inversão de papéis, ajuda-se o paciente a distinguir entre suas próprias qualidades, crenças, e preferências e aquelas de outras pessoas significativas.

4. *A regulagem e controle das motivações, os afetos e impulsos* ganham maior amplitude com a expressão simbólica numa catarse de ab-reação, seguida de modificações mais maduras com o uso de técnicas, tais como o treinamento de papéis. Uma "catarse de integração" segue-se à ab-reação, pelo fato de que o paciente fica encantado e aliviado ao descobrir que o que era considerado como parte inaceitável de sua "imagem" pode funcionar como parte valiosa de seu repertório de papéis. Será desenvolvida e exercitada uma pluralidade de canais de sublimação,

e com a abertura de modos saudáveis de satisfação fica mais fácil abandonar padrões de pensamento e comportamento antigos e pouco adaptativos. Com o uso de diferentes cenas e situações ajuda-se o paciente a descobrir em si ampla gama de emoções e comportamentos que acabam sendo modificados durante o treinamento da espontaneidade, de maneira a incluir o teste de realidade e o ato de fazer escolhas. Em vez dos padrões habituais de reagir, seja com excessiva inibição ou a explosão de comportamento carregado de emoção, a pessoa se familiariza com o domínio agradável de inúmeras estratégias para lidar com as situações.

5. As *relações de objeto* são examinadas e praticadas em formas cada vez mais complexas pelo uso das dramatizações psicodramáticas e com o auxílio dos outros, que podem provocar a espontaneidade do paciente por suas próprias reações vívidas. Partindo de retratos relativamente subjetivos e simbólicos de si mesmo quanto a qualidades superficiais (isto é, "objetos parciais") dos outros, os paciente são ajudados a transcender as barreiras do egocentrismo e a passar de maneira crescente a aceitar e a lidar com as características de alteridade. A inversão de papéis deve ser introduzida em etapas gradativas, e os pacientes serão treinados para manter uma agradável e protetora sensação do domínio de uma nova habilidade. À medida que os pacientes se tornam mais flexíveis, ficam expostos a confrontações (leves de início) por parte daqueles que desempenham os papéis de outras pessoas em suas vidas. Finalmente, aprendem a empatizar com os pontos de vista das outras pessoas.

A frustração de perceber que os outros têm necessidades que às vezes conflitam com as nossas necessidades, será compensada pela descoberta de que os outros também são capazes de perdoar, de integrar, de generosidade de espírito, e outras qualidades positivas. A inversão de papéis conduz ao desenvolvimento de uma forma mais realista e amadurecida de confiança, que evita os abismos tanto da idealização quanto da desvalorização. Além disso, essa habilidade torna-se valiosa auxiliar na descoberta e na revisão de distorções transferenciais.

6. Os *processos de pensamento* são exercitados num *setting* dinâmico no qual se exige grau considerável de concentração, memória e atenção, ao menos para dramatizações mais complexas. Os métodos psicodramáticos estimulam as habilidades mentais com exercícios que alternam modos de agir "sérios" e "brincalhões". Tais atividades ajudam na comunicação mais clara e ensinam o uso da linguagem metafórica. Certamente, devem ser modificadas e simplificadas para que se ajustem às habilidades daqueles que têm maiores dificuldades na área do funcionamento cognitivo. Assim, enquanto o psicodrama "clássico" pode não ser recomendável aos que têm problemas de desenvolvimento, aos dementes e delirantes ou visivelmente psicóticos, técnicas de ação estruturadas, com freqüência, tendem a ser mais úteis do que as abordagens puramente verbais e não-diretivas (Yalom, 1985).

7. A *regressão adaptativa a serviço do ego* (ARISE) é o termo empregado por Bellak para designar a habilidade da pessoa em usar a fantasia, o jogo, a intuição, o humor, a imaginação artística e outros componentes que surgem dos domínios subconscientes do "processo primário" como veículos para um viver criativo (Bellak *et al.*, 1973). O psicodrama emprega ativamente essa função do ego, e quanto mais ele é aplicado intencionalmente, mais fluido e centrado pode se tornar. Na espontaneidade, tal como Moreno a define, os impulsos intuitivos e as inspirações ficam equilibradas pelos poderes da razão e da sensibilidade estética; a expressividade equilibra-se com eficácia; e o processo primário equilibra-se com o processo secundário.

8. O *funcionamento defensivo* é uma área do desenvolvimento do ego com a qual se pode trabalhar sistematicamente, introduzindo e demonstrando explicitamente a eficácia de defesas mais maduras, tais como sublimação, supressão, compensação, afirmação e reavaliação. Tomar como modelo a capacidade de solucionar problemas dos outros estimula a tolerância à ansiedade leve ou moderada. A segurança no palco e no grupo permite uma demonstração clara e explícita de sua dinâmica. A formação reativa, o desfazer, as respostas fóbicas, o isolamento, deslocamento, projeção e outras defesas simbólicas são dramatizadas e neutralizadas pelo uso do duplo, da concretização e por aspectos mutáveis de cenas. Reenquadrar os mecanismos de defesa como hábitos de pensamento facilita a tarefa de substituí-los por defesas e adaptações mais maduras, as quais por seu turno devem ser exercitadas, estimuladas e reforçadas.

9. As *barreiras aos estímulos* ficam fortalecidas no psicodrama por meio do exame de múltiplas técnicas de distanciamento, amortecimento, e de alívio (Blanck & Blanck, 1979). Pode se adaptar as habilidades para se "dar espaço a si mesmo" usando técnicas de aquecimento em condições de serem adaptadas às necessidades individuais. Os pacientes "recebem permissão" do grupo para permitir-se certos pequenos lapsos de atenção ou memória, de ignorar certos estímulos externos ou internos, e de reenquadrar as tendências de atribuir significados catastróficos aos enganos.

10. As *funções autônomas* são exercitadas pelo desenvolvimento da confiança no comportamento espontâneo. Quanto mais os pacientes improvisam, mais descobrem neles mesmos criatividade maior do que supunham possuir. O grupo tende a apoiar e validar os aspectos bem-sucedidos de expressão pessoal, de maneira que os pacientes têm a tendência de construir habilidades e confiança em seus próprios recursos. Na verdade, o sutil "deixar rolar" da autoconsciência e do autocontrole que faz parte da dramatização psicodramática, quando apoiados pelo *setting* relativamente protetor do grupo, provoca um fluxo crescente de confiança.

11. *Funcionamento sintético-integrativo* é talvez a dimensão primordial desenvolvida numa abordagem psicoeducacional tal como o psico-

drama. O uso da técnica do ego-múltiplo, em especial, pode auxiliar a vivenciar e clarificar as diferentes partes de suas personalidades. Alimentado por uma espécie de encontro interior, emerge um "ego que escolhe" supradeterminado, ego que, no papel de juiz, de irmã mais velha, guia espiritual ou outro caráter sábio e aconselhador, busca estabelecer acordos com novas alternativas para os inúmeros conflitos internos.

12. *Domínio-competência* é uma dimensão importante capaz de ser incrementada pelo uso de tipos de práticas comportamentais encontradas no *role-playing* e no psicodrama. As situações devem ser projetadas de maneira a proporcionar uma hierarquia de dificuldades, e por meio do reforço de estímulo do grupo, o paciente tem oportunidade de começar a vivenciar uma série de êxitos.

Além das funções do ego, Bellak e outros (1973) observaram alguns aspectos de funcionamento do superego e da motivação e estes, também, são trabalhados de maneira construtiva pelo psicodrama. Por exemplo, as distorções do superego são examinadas mais prontamente quando em contraste com ideais de ego escolhidos livremente. A técnica de projeção para o futuro permite que certas metas sejam esclarecidas, e que se possam testar aspirações e valores ao menos ante a estimulação parcial por meio de possíveis alternativas. Os métodos psicodramáticos de produzir satisfações simbólicas ajudam também a modificar as motivações agressivas ou libidinais (por exemplo, sexuais) excessivas ou superinibidas. Permitindo um tipo protegido de auto-expressão pode-se redirecionar os sentimentos imaturos e os objetivos para canais socialmente mais aceitáveis.

Em resumo, os métodos psicodramáticos operam como agentes do desenvolvimento eficaz e mais amadurecido do funcionamento do ego. Alguns exemplos foram descritos, usando-se as categorias de Bellak *et al.* (1973). Vale notar que as outras arte-terapias, pode-se dizer, atuam de modo semelhante. Além disso, como já foi discutido anteriormente, essas abordagens podem ser aplicadas por inteiro na análise de problemas intrapsíquicos e interpessoais.

REFERÊNCIAS

BANDURA, Albert. (1971). *Social learning theory.* Nova York, General Learning Press.
BELLAK, L., HURVICH. & GEDIMAN, H. K. (1973). *Ego functions in schizophrenics, neurotics, and normals: A systematic study of conceptual, diagnostic, and therapeutic aspects.* Nova York, Wiley.
BLANCK, Gertrude. & BLANCK, Rubin. (1979). *Ego psychology* II. Nova York, Columbia University Press.
BLATNER, Adam. (1985). The dynamics of catharsis. *Journal of Group Psychotherapy, Psychodrama and Sociometry,* 37(4), pp. 157-66.
EHRENWALD, Jan. (1976). *The evolution of psychoterapy.* Nova York, Jason Aronson.

KELLERMAN, Peter Felix. (1985). Participants' perceptions of therapeutic factors in psychodrama. *Journal of Group Psychotherapy, Psychodrama and Sociometry*, 38(3), pp. 123-32.
KUBIE, Lawrence S. (1958). *Neurotic distortion of creative process.* Lawrence, KS, University of Kansas Press.
MORENO, J. L. (1959). *Psychodrama* (vol.2). Beacon, NY, Beacon House.
SLAVSON, S. R. (1955). Group psychotherapies. In: J. McCary (Ed.). *Six approaches to psychoterapy*. Nova York, The Dryden Press.
YALOM, Irvin D. (1983). *Inpatient group psychoterapy*. Nova York, Basic Books.
⎯⎯⎯⎯⎯⎯⎯. (1985). *The theory and practice of group psychoterapy* (3ª ed.). Nova York, Basic Books.
YANKELOVICH, Daniel & BARRETT, William. (1970). *Ego and instinct*. Nova York, Random House.

10

DINÂMICA DO PAPEL: BASE PSICOLÓGICA DO PSICODRAMA

Além de suas outras contribuições, J. L. Moreno foi também um dos fundadores da psicologia social e, ao lado de George Herbert Mead e outros, foi dos primeiros a elaborar a teoria do papel. A idéia de usar o conceito de papel como uma ponte entre a psicodinâmica individual e social era óbvia para Moreno, talvez porque estivesse associada ao teatro e talvez porque se ajustasse tão bem às suas teorias da sociometria. A intenção de Moreno era a de que o conceito de papel pudesse funcionar como ferramenta na terapia, no trabalho em grupo e no dia-a-dia. Entretanto, de fato, a teoria de papéis como abordagem na sociologia é, por natureza, essencialmente descritiva (Biddle, 1979; Sarbin, 1966) e como tal se tornou sistema acadêmico e teórico. O ponto de vista de Moreno é mais voltado para a aplicação clínica e mais ligado à metodologia, e é por isso essencialmente diferente do uso sociológico tradicional. (Um subgrupo recente, "sociologia clínica", apareceu na última década e pode, em boa parte, ter se inspirado no trabalho de Moreno.) Integrei as idéias de Moreno numa teoria mais ampliada e sistemática que chamo de dinâmica do papel.

A dinâmica do papel, entendida como arcabouço geral para a psicologia, tem inúmeros benefícios: ela é holística na medida em que é voltada para todas as dimensões da experiência humana. Ela pode integrar outras idéias teóricas e assim funciona como base para um ecletismo na psicologia e psicoterapia (discutiremos com mais detalhes a esse respeito no Capítulo 11). Sua linguagem é simples; até mesmo os não-profissionais podem entendê-la. Assim, ela serve como ferramenta para apresentar os princípios da psicologia em contexto educacional. Os papéis tendem a ser descritos em termos que são de alguma maneira equilibrados entre os extremos da abstração e do concreto; assim, os termos servem como forma útil e vívida de comunicar a dinâmica psicológica e interpessoal entre os profissionais.

Mais importante, a dinâmica do papel propõe uma metodologia. Dando aos nossos complexos o nome de interações, atitudes e expectativas, cria-se certa distância dos papéis, e assim eles se tornam bastante objetivados. Pode-se examiná-los, renegociá-los, experimentar diferentes maneiras de jogar com eles, considerar papéis relacionados e opostos, e assim por diante. Em outras palavras, o conceito de "papel" nos estimula a que nos tornemos mais conscientes e criativos quanto à forma pela qual escolhemos desempenhar nossos papéis, que era o propósito básico de Moreno. Além disso, uma das técnicas fundamentais que expressam os princípios da dinâmica do papel é a da inversão de papéis, que funciona como veículo eficaz para gerar e comunicar empatia. Esta talvez seja a mais valiosa contribuição de Moreno.

A propósito, a maneira pela qual usamos a expressão *role-playing* (desempenho de papéis) é no sentido de um ato intencional e algo experimental, nem totalmente envolvido nem inteiramente inautêntico. Por vezes, o termo é empregado por outros autores da área para se referirem à encenação de papel, no qual a pessoa se acha totalmente imersa no papel, talvez sem ter noção das possibilidades de reorganizar a situação. A isto prefiro dar o nome de *role-living* (viver o papel), (Horber, 1986) porque há pouco de jogo nisto. A questão é que incrementar a disposição de jogar significa incrementar a liberdade. Não é possível evitar estar em papéis porque esta é, simplesmente, a maneira de definir um relacionamento. Entretanto, é possível aumentar a flexibilidade dos argumentos, fazê-los mais negociáveis, mais variados e, por vezes, até mesmo trocar componentes de papéis.

DISTÂNCIA DO PAPEL

Talvez a característica mais marcante da dinâmica do papel seja o fato de o conceito de papel indicar implicitamente uma distinção entre a identificação psíquica com um complexo de comportamentos e o potencial do *self* em escolher alternativas. Em vez de afirmar que a pessoa é relutante, por exemplo, ela poderia ser descrita como desempenhando um papel de maneira relutante. A primeira afirmativa quase leva a pessoa a retrucar: "Bem, é assim que eu sou, e eu não posso mudar". A segunda maneira estimula a pessoa a ser criativa e a reavaliar os comportamentos de forma a desenvolver novas possibilidades (Landy, 1983). Berger (1975) observa que a percepção de que estamos desempenhando papéis permite maior liberdade em nossas vidas, pois a posição de permanecer de fora — ele usa a palavra *êxtase* — proporciona distância suficiente para reconsiderar as suposições sutis subjacentes à nossa situação. Ela tem implicações não apenas na transformação da própria pessoa, mas também das estruturas organizacionais e normas culturais e subculturais. Este era outro dos objetivos de Moreno.

Uma das marcas do século passado foi o movimento em direção a esse nível de abstração quanto às nossas atividades psicossociais; isto, mais o conceito de papel (e as implicações da distância do papel) permitem a operacionalização do *insight*. É algo análogo ao desenvolvimento da escrita alfabética em substituição à escrita pictográfica, com a primeira abrindo maiores possibilidades de pensamento abstrato (Logan, 1986). Outra maneira de pensar a esse respeito é a de que o arcabouço relativista da mente veio a ser conveniente à nossa cultura em transformação, e teorias como a filosofia de Vaihinger do "como se" serviram de estímulo para abordagens mais flexíveis da psicologia (isto é, Adler, por exemplo, vê nesta atitude não-absolutista uma influência em sua abordagem pragmática), (Vaihinger, 1935).

O conceito de papéis e as implicações da questão da distância do papel não são, porém, tão abstratas a ponto de serem impraticáveis. Nossa familiaridade com a experiência de jogar [brincar] e do faz-de-conta enquanto crianças, e com o teatro, como parte aceita de nossa cultura, torna a idéia de desempenho de papéis (*role-playing*) facilmente compreensível para a maioria das pessoas. A inversão de papéis, que é a parte mais útil do conceito, é a idéia essencial subjacente à forma pela qual os métodos psicodramáticos podem ser aplicados em enorme variedade de contextos.

COMO OS PAPÉIS COEXISTEM

Moreno (1960) descreveu três grandes categorias de papéis: somáticos, sociais e psicodramáticos. Os papéis somáticos incluem atividades como comer, dormir, estilo de vestir e hábitos pessoais. Os papéis sociais incluem papéis ocupacionais, classe econômica, racial, sexual e papéis familiares. Os papéis psicodramáticos são aqueles desempenhados na fantasia, como, por exemplo, os sonhos de ter um belo casamento, uma carreira de sucesso, ou uma aventura. Esta categoria inclui também todos os tipos de personagens existentes em nossa imaginação, as figuras ficcionais, pessoas que habitam nossas recordações ou sonhos, e todo o complexo de atitudes e comportamentos. Moreno observou que no curso do desenvolvimento normal a criança desempenha papéis psicodramáticos como modo de se preparar para seus papéis sociais. Somando-se aos tipos de papéis, existe uma série de modos pelos quais cada papel deve ser retratado. Por exemplo, o papel de advogado deve ser apresentado como beligerante ou apaziguador. Um cavaleiro pode ser uma figura trágica ou cômica. Um guru espiritual será representado com caráter sedutor, arrogante ou tolo. Tais maneiras de ser representam a gama de adjetivos e advérbios que detalham os diferentes substantivos, os nomes dos papéis.

Na vida real, uma pessoa vive num complexo composto de diversos papéis, operando em inúmeros níveis de organização social e em relação a outros papéis. Ao aprender a habilidade de assumir papéis (*role-taking*), entretanto, em geral examina-se apenas uma parte do complexo, de maneira a dar ênfase a alguns aspectos emocionais de certos papéis e manter a experiência numa faixa controlável. Por exemplo, imagine uma cena de uma família numa ceia de Natal (Nye, 1976). Existem múltiplos níveis operando simultaneamente. Vamos focalizar uma das pessoas na cena — digamos, a filha adolescente. Num nível somático, ela vem tendo suas próprias experiências dinâmicas relacionadas às preferências por comida, preocupações com o peso e sua tendência a comer vagarosamente. Num nível social, ela está numa leve competição com seu irmão; em conflito com o pai, que insiste em fumar na mesa de jantar; e, emocionalmente, ávida por mais atenção por parte da avó que ela adora e que a está visitando. Além disso, ela desempenha o papel de mediadora à medida que os membros da família interagem uns com os outros em diferentes níveis de harmonia ou atrito.

Num nível psicológico nossa protagonista imaginária vem tendo também seus próprios conflitos interiores. Existem papéis internos, tais como a "filha rebelde e provocadora" que está sendo vigiada pela "boa menina". Além disso, existem influências culturais em operação, tais como os antecedentes étnicos e as tradições religiosas. Existem até mesmo relações de papel tanto em nível coletivo quanto psicológico individual. Por exemplo, poderia haver uma percepção geral de que se trata da primeira ceia de Natal em que o avô não se acha presente; ele morreu há quatro meses, mas se encontra presente "em espírito". Não é preciso ser autor da Broadway para constatar o potencial dramático inerente a tal situação, aparentemente comum.

AINDA SOBRE PAPÉIS

Ao pensar sobre o processo de adoção de papéis (*role-taking*), considere os seguintes princípios:

- Os papéis são aprendidos e podem ser revistos.
- Os papéis podem ser perdidos, tirados, abandonados.
- A pessoa pode variar, modificar e redefinir papéis.
- Papéis, em sua maioria, são contratos sociais implícitos ou explícitos; ou seja, os papéis de pai, professor, policial ou consumidor, todos eles exigem que os outros aceitem se comportar de maneira reciprocamente compatível.
- Existem papéis relacionados a outros papéis, ou seja, o papel de filho implica um pai; o papel de rei implica na existência de súditos.

- Surgem conflitos ou dificuldades no ajustamento sempre que as pessoas se empenham em processos dinâmicos de alterar aspectos de seus papéis — aprender, redefinir, reorganizar ou fazer transições entre papéis importantes na vida.
- Todo relacionamento consiste de diversos papéis. Um casamento inclui papéis, tais como administrar dinheiro em conjunto, romance, interesses sociais, cuidar das crianças, e assim por diante. Com freqüência, surgem conflitos entre os papéis componentes. Por exemplo, uma mãe precisa proteger seus filhos e, por outro lado, encorajá-los a assumir riscos.
- As pessoas, em geral, têm conflitos entre seus diversos papéis. Por exemplo, um chefe de cozinha precisa planejar seu menu em função de considerações tanto econômicas quanto estéticas.

Tomar consciência dos fatores dinâmicos, da gama de papéis, e das diferentes formas pelas quais os papéis são desempenhados nos dão pistas para diagnósticos ou pistas para ajudar os auxiliares ou diretores em seu trabalho.

ANÁLISE DO PAPEL

Um diagnóstico da dinâmica do papel inclui uma análise das variedades e componentes de papéis que atuam em determinado indivíduo, num relacionamento ou família (Moreno, 1953, p. 293). A análise do papel pode vir a ser poderosa ferramenta de diagnóstico, cuja relevância logo se torna óbvia para o paciente. Ela lida mais especificamente com o campo interpessoal porque entre duas ou mais pessoas há um acordo explícito ou subentendido sobre cada papel. Além do exame dos vários relacionamentos-chave na vida do paciente, os diferentes papéis desempenhados nos dão também um quadro utilíssimo a respeito de suas situações atuais. Então, ao rever o repertório de papéis de um paciente e considerando os diversos tipos diferentes de necessidades e motivações, poder-se-ia ficar com as seguintes questões em mente:

- Estão sendo suprimidas algumas dimensões da personalidade? Isto está causando problemas?
- Se alguns papéis estão expressando motivação excessiva ou distorcida, a necessidade essencial pode ser percebida?
- É possível que os papéis que expressam uma faceta da personalidade estejam, em parte, superdesenvolvidos porque alguns outros estão sendo negligenciados?
- Existem dimensões importantes do desenvolvimento pessoal que estão sendo reprimidas ou negadas? Outras ações poderiam expressar o esforço de compensar ou disfarçar essas necessidades?

Outra maneira de auxiliar os pacientes a compreender a própria situação é usar a técnica de fazê-los traçar o diagrama de seu "átomo social", termo que Moreno usava para designar a rede de pessoas significativas na vida do outro. O átomo social pode refletir entre 3 a 15 pessoas-chave. Se o paciente tiver muito mais, será um exercício interessante fazê-lo escolher os mais importantes. Os demais podem ser representados como pequenos círculos (ou figuras geométricas), e podem formar-se linhas indicando se os sentimentos em relação a cada um deles são positivos, negativos ou neutros. Os sentimentos percebidos das outras pessoas podem também ser indicados.

Examinar um único papel dentro dessa rede pode vir a ser exercício bastante produtivo, em especial quando o papel é importante e multifacetado, tal como o de esposo ou pai. Cada componente de papel pode ser diagramado (Hale, 1975). Muitas vezes, os componentes do papel podem exigir uma quebra em subcomponentes; por exemplo, num casamento, o componente de papel de manter a casa pode requerer alguma análise em relação a questões como quem faz o que, como se tomou e chegou a essas decisões quanto à distribuição de papéis, e quem mantém os padrões de adequação em seu desempenho. A análise de papéis dentro de famílias pode revelar padrões de triangulação, tais como situações em que os pais são aliados em certos aspectos, mas competem (e talvez façam alianças com um ou outro dos filhos) em outros papéis. Isso ajuda a esclarecer a inconsistência em tentar estabelecer padrões fixos nas famílias.

Entretanto, a maioria dos processos de diagnóstico fica dificultada pelas tentativas de se fazer descrições globais de comportamentos, que na verdade dependem, de algum modo, de papéis. Esse tipo de análise da interação do papel produz uma quantidade maior de material do que simplesmente traçar a origem das "linhas de desenvolvimento" do paciente. Além disso, aumenta-se a flexibilidade do diagnóstico. A questão é que, como sabemos, uma criança pode ser mais regressiva com a mãe do que em visita à casa de amigos. O processo é utilizado sob várias formas na psicoterapia. Nos relacionamentos reais os papéis e suas questões correlatas são dinâmicos e mudam notavelmente à medida que muda a situação. Assim, tal como os tecidos físicos são mais dinâmicos em estado vivo do que qualquer fotografia microscópica baseada numa amostra do tecido, morta e fixada com tintura, os componentes de um relacionamento estão mais vivos do que qualquer diagrama possa representar. Eles estão continuamente mudando de forma e intensidade, crescendo, morrendo, evoluindo, fundindo-se, separando-se e dançando.

Muitas vezes é importante buscar as terceiras partes, reais ou sugeridas (e talvez outras além destas), porque as dinâmicas interpessoais, com freqüência, são mais facilmente compreendidas a partir desta perspectiva. Isto é parte da razão pela qual a observação psicanalítica da dinâmica edípica é tão comum. Mesmo que não existam questões sexuais óbvias ou conexões relacionais com figuras parentais, os temas-chave de lidar com o ciúme, com alianças mutáveis, o papel da platéia (isto é, uma pessoa para quem duas outras se exibem), medos ou sentimentos de exclusão ou semelhantes são, na verdade, problemas universais. Toda criança com quatro ou cinco anos de idade aprende a lidar com mais de uma pessoa de cada vez.

Em relações triádicas como as que são encontradas nas famílias ou entre companheiros, pode-se facilmente notar uma mudança de alianças e o papel da platéia. Por exemplo, às vezes A e B estão juntos com C sentindo-se um pouco abandonado; por vezes A e C podem formar o par ativo — mas sempre com conhecimento da presença de B. Tanto na análise dos relacionamentos diádicos quanto dos triádicos, pode-se considerar questões de processo: como (ou se) chegou-se a um consenso; os níveis de seriedade ou de brincadeira, rigidez ou flexibilidade; cuidar dos sentimentos do outro ou egocentrismo; e assim por diante.

ROLE-TAKING (ADOÇÃO DE PAPÉIS)

Com o conceito de funcionamento de papel como agente focalizado, podemos aprender a pensar a respeito da outra pessoa de modo mais eficaz. Se eu lhe perguntasse: "Como você acredita que seja ser seu irmão?" (assumindo que você tem irmão), você poderia responder que a questão é muito ampla, e você teria razão. As pessoas que você conhece são constituídas de muitas facetas, e muitas vezes é difícil saber por onde começar. Entretanto, usando o conceito de papel, pode-se começar a pensar numa pessoa tal como "seu irmão" em termos de envolvimentos maiores ou menores: seus papéis como pai, irmão, e assim por diante, sua ocupação, seus principais interesses na vida etc. Em seguida, cada um desses papéis é examinado com mais detalhes em termos de seus componentes. Definir os papéis escolhidos para o exame refletirá, necessariamente, as áreas de especial preocupação da pessoa que faz o exercício. É um exagero tentar compreender tudo, pois existem inúmeros aspectos. O conceito de papel age assim numa forma grosseiramente semelhante ao uso de lentes na astronomia ou no microscópio — focaliza aspectos específicos, um de cada vez.

O processo real de pensar sobre o repertório de papéis de outra pessoa requer uma mistura de imaginação e de extrapolação racional. Assim trabalhava o lendário Sherlock Holmes: ele imaginava uma fartura de possíveis cenários e, em seguida, por meio de sua lógica, testava cada probabilidade e a possibilidade de vir a conseguir novas inferências a partir de cada linha de pensamento. Entretanto, a atividade inicial era mais meditativa do que focalizada; ele permitia que se formassem imagens espontâneas e permanecia receptivo ao referido processo intuitivo. É um modo de resolver problemas raramente ensinado no decorrer da tradicional educação profissional, mas bastante usado por autores de peças teatrais e escritores de novelas. Um dos princípios mais importantes da dinâmica do papel é também que os psicoterapeutas aprendam a pensar desta maneira.

A diferença entre psicologia clínica, psiquiatria e ciências físicas deve ser enfatizada repetidas vezes, porque existe um preconceito implícito disseminado em nossa cultura de que a ciência é a melhor maneira de lidar com as coisas. Entretanto, as limitações da ciência mal estão começando a ser percebidas. Elevar hierarquicamente a ciência é uma forma superficial de cientificismo, e os cientistas genuínos não temem permitir que suas imaginações participem ativamente na produção de hipóteses originais. Em outras palavras, quero estimular os terapeutas a ousarem, a fazer uso da própria imaginação e a se permitirem e alimentarem sua capacidade de produzir inferências. Isso requer prática e, de modo mais acentuado, se viveram imersos num ambiente intelectual que se relaciona à psicologia em termos de verdade e mentira, testes com perguntas tipo certo ou errado e outros modos inibidores de criatividade.

Quando está com um paciente, o terapeuta pode imaginar-se no papel daquele paciente, examinando determinada situação. A mente pode permanecer aberta às associações que são estimuladas no contexto. Esta é uma forma mais focalizada de atenção do que a livre associação advogada pela psicologia profunda, mas parte do mesmo espírito. O terapeuta pode, então, verificar essas inferências perguntando ao paciente: "Como me imagino vivenciando a mesma coisa, nessa situação eu também sentiria (assim e assim)" ou "Se isso tivesse acontecido comigo, eu me recordaria de (isto e aquilo)"; e, em seguida, pode perguntar: "Alguma coisa do que eu disse seria válida para você?". Isso permite e até mesmo induz o paciente a corrigir e a modificar as associações. O processo de construir uma hipótese viável e significativa sobre a experiência do paciente passa a ser uma tarefa mútua, fortalece o paciente e a aliança terapêutica.

Outro princípio a ser considerado no repertório de papéis dos pacientes é algo análogo à segunda lei da termodinâmica, ou seja, "para cada ação existe uma reação igual e em sentido contrário" (Carlson-Sabelli & Sabelli, 1984). Isso significa que para qualquer papel que esteja sendo expresso, é bastante provável que haja também uma tendência oposta na personalidade do paciente. Assim, usando o princípio da dinâmica do papel, considere possíveis cenas nas quais este outro aspecto é posto em evidência, talvez em forma disfarçada (por exemplo, num papel ficcional). As pessoas têm a tendência de buscar o "alívio do papel", consciente ou inconscientemente — fenômeno no qual um senso de liberação de tensão ou prazer é vivenciado quando a pessoa pode desempenhar papéis que são radicalmente diferentes daqueles que exigem grande quantidade de tempo na vida real. Em outras palavras, as pessoas precisam vivenciar a variedade e o equilíbrio e não se fixar em um único papel. Assim, se o terapeuta está a par das tendências do paciente em manter o controle, ele deveria escutar para descobrir quais são os papéis que na vida do paciente poderiam exprimir uma instância interpessoal oposta, tais como servir, seguir ou obedecer.

No processo real de desempenho de papéis num grupo observe como o comportamento dos outros participantes (isto é, auxiliares) influencia o comportamento do protagonista, em geral produzindo reações complementares ou simétricas (Leary, 1957). Por exemplo, se o protagonista está retratando uma situação no trabalho e o auxiliar desempenha o papel do supervisor com tom bastante autoritário, o protagonista pode ficar inclinado a reagir tornando-se ou mais intimidado ou mais rebelde. Dessa maneira, a dramatização serve também como instrumento de diagnóstico.

OUTRAS IMPLICAÇÕES TERAPÊUTICAS

Trazendo tudo isso de volta para a prática clínica, a tarefa do terapeuta passa a ser não apenas a de registrar certos padrões clínicos no decorrer do estabelecimento de diagnóstico de um caso, mas sim a de desenvolver uma empatia, um senso do que é ser o paciente. Esse é um dos principais componentes que Carl Rogers chamou de terapia centrada no paciente, que ele acreditava ser elemento fundamental de uma terapia eficiente, independente da orientação teórica do terapeuta. Além disso, o exercício claro do processo constrói a aliança terapêutica e reduz as resistências baseadas no medo de ser malcompreendido.

E o que ocorre se as qualidades imaginadas não são precisas? Compartilhá-las abertamente e permitir que o paciente as corrija torna-as mais precisas; além disso, o paciente sentirá que o terapeuta não chega a conclusões a seu respeito sem seu consentimento. Com freqüência, informo meus pacientes sobre os assuntos mencionados logo nas primeiras sessões; assim, eles passam a conhecer as técnicas de desempenho de papéis e inversão de papéis e ficam estimulados a modificar o quadro que vai emergindo, o que os ajuda a confiar em nosso processo conjunto.

Nem existe qualquer perda de autoridade por parte do terapeuta que se vale desta técnica com segurança. Ao contrário, ela é nova e original o bastante para conquistar a curiosidade do paciente. Ela estimula o interesse e a curiosidade do paciente e desafia o terapeuta a ver se pode verdadeiramente estabelecer empatia com ele, sublinhando as palavras de tal forma que o paciente se sinta compreendido. Esse elemento sutil e informal pode, paradoxalmente, comunicar compaixão genuína acerca do problema do paciente, ao mesmo tempo em que busca compreender a dinâmica e formular novas estratégias.

ENSINANDO PACIENTES A ADOTAR PAPÉIS

A habilidade de desempenhar papéis com empatia não se limita aos ambientes clínicos: ela deve se estender à vida diária e é uma técnica poderosa com a qual, na terapia, ensina-se o paciente a agir em seus relacionamentos. Ela ajuda a reduzir o egocentrismo e, ao mesmo tempo, é uma proposta que pode ser desenvolvida com treinamento. Estou convencido de que ensinar a adoção e a inversão de papéis deveria ser componente fundamental de qualquer terapia de família, em suas fases iniciais ou mais avançadas, a critério do terapeuta. É um modo de tornar operacional a regra de ouro e, assim, ensina não só um valor de vida como também uma habilidade.

Na terapia individual existem certos momentos nos quais é importante que os pacientes compreendam a experiência e a motivação de pessoas significativas em suas vidas, no passado, presente e futuro. Eu os faço mudar de cadeira (a técnica da cadeira vazia) e peço que se imaginem como sendo a outra pessoa. Por exemplo, se o paciente — digamos um homem — sofreu algum tipo de abuso quando criança e carregou com ele um senso de vergonha/culpa por considerar-se merecedor das punições recebidas, será útil que ele desempenhe o papel do pai desrespeitador. Em seguida, entrevisto o "pai", talvez a mãe, e examino o que acontecia em sua vida naquela época: o nível de apoio social, experiências anteriores em cuidar de crianças, oportunidades de vivenciar ele mesmo uma infância feliz, e assuntos semelhantes. Em geral, o que brota é o quadro do pai abusivo sobrecarregado emocionalmente e deslocando para o filho seu próprio senso de vulnerabilidade e ódio a si mesmo. No exemplo acima mencionado, é provável que o paciente tenha acesso a alguma informação que o ajuda a se perdoar, e talvez até um pequeno *insight* sobre como começar a perdoar o pai.

Se o paciente não tem informações suficientes para responder às perguntas no papel, o processo o ajuda a descobrir quais são os dados adicionais da história que necessitam obter dos membros da família. Entretanto, é surpreendente o quanto a pessoa pode reconstruir — bem mais do que acreditaria ser possível — uma vez que esteja realmente no papel. A arte de entrevistar exigida do terapeuta nessa situação implica em fazer perguntas periféricas sobre o assunto no início e, aos poucos, aprofundá-las até atingirem a plenitude da experiência da outra pessoa.

Neste ponto devo declarar que as habilidades descritas acima são melhor desenvolvidas fazendo-se os exercícios e praticando-os com a supervisão de alguém familiarizado com a técnica. Integrar a imaginação com as faculdades mais intelectuais exige toda uma arte, e, assim como a faculdade de nadar ou andar de bicicleta, requer aprendizado especial. Também pode ser aprendido em um cenário lúdico, e várias técnicas para aprimorar as habilidades de desempenho de papéis acham-se descritas em nosso livro *The art of play* (Blatner & Blatner, 1987).

Em resumo, a dinâmica do papel representa uma forma clinicamente relevante da teoria de papel que leva terapeutas e pacientes a pensarem de modo flexível sobre uma série de papéis disponíveis para a renegociação ou desenvolvimento criativo. A despeito do fato de psicólogos e sociólogos mais antigos descreverem os papéis como categorias fixas e supradeterminadas (Goffman, 1971; Moment & Zaleznik, 1963), e Moreno (1960) demonstraram que os mesmos, na verdade, são tremendamente flexíveis e capazes de modificações amplas, saudáveis e criativas (pp. 84-6). Nas brincadeiras dramáticas da infância aprendemos a criar uma ampla gama de papéis; esta ferramenta poderia ser estendida à idade adulta facilitando nosso desenvolvimento contínuo ao longo da vida.

REFERÊNCIAS

BERGER, Peter. (1975). *Society as drama*. In: D. Brissett & C. Edgley (Eds.). *Life as theater* Chicago, Aldine, pp. 13-22.
BIDDLE, Bruce J. (1979). *Role theory: Expectations, identities, and behaviors*. Nova York, Academic Press.
BLATNER, Adam & BLATNER, Allee. (1987). *The art of play: An adult's guide to reclaiming imagination and spontaneity*. Nova York, Human Sciences Press, 1987.
CARLSON-SABELLI, Linnea & SABELLI, Hector C. (1984). Reality, perception, and the role reversal. *Journal of Group Psychotherapy, Psychodrama and Sociometry*, 36(4), pp. 162-74.
GOFFMAN, Erving. (1971). *Relations in Public*. Nova York, Basic Books.
HALE, Ann E. (1975). The role diagram expanded. *Group Psychotherapy and Psychodrama*, 28, pp. 77-104.
LANDY, Robert. (1983). The use of distancing in drama therapy. *The Arts in Psychotherapy*, 10, pp. 175-85.
LEARY, Timothy. (1957). *Interpersonal diagnosis of personality*. Nova York, Ronald Press.
LOGAN, Robert K. (1986). *The alphabet effect*. Nova York, Morrow.
MOMENT, David. & ZALEZNIK, Abraham. (1963). *Role development and interpersonal competence*. Boston, Harvard School of Business Administration.
MORENO, J. L. (1953). *Who shall survive?* Nova York, Beacon Press.
_____. (1960). *The sociometry reader*. Glencoe, IL. The Free Press.
NYE, Ivan F. (Ed.). (1976). *Role-structure and analysis of the family*. Beverly Hills, CA, Sage Publications.
SARBIN, Theodore. (1966). Role theory. In: Bruce J. Biddle & Edwin J. Thomas (eds.), *Role theory: Concepts and research*, pp. 488-567. Nova York, John Wiley.
VAIHINGER, H. (1935). *The philosophy of "as if"*. London, Routledge and Kegan Paul.

11

INTEGRAÇÕES COM OUTRAS TERAPIAS

A dinâmica do papel é uma base teórica que criei não apenas para o psicodrama, mas também para uma abordagem geral, mais eclética, da psicoterapia. Ela explica a razão pela qual diferentes formas de tratamento são adequadas: porque a natureza humana é multidimensional ao extremo. De maneira análoga, nossa compreensão de um problema pode ter muitas facetas e assim conceitos originários de diferentes teorias podem esclarecer com mais detalhes diferentes aspectos da situação de um paciente. Por exemplo, os elementos do caso de uma mulher na crise da meia-idade são melhor descritos em termos da dinâmica da família; outros elementos, em termos de mecanismos de defesa; e outros, ainda, em termos de estilo de comunicação ou da teoria de relações de objeto. Pode haver temas junguianos relacionados à capacidade crescente da paciente em utilizar uma imagem internalizada saudável de mulher ou temas adlerianos com respeito a suas formas de lidar com o senso de perceber-se impotente e temas freudianos com relação a suas associações com membros do sexo oposto. Casos diferentes podem requerer técnicas ou princípios derivados da terapia da realidade de William Glasser, da logoterapia de Victor Frankl ou da terapia centrada no cliente, de Carl Rogers. Cada abordagem examina diferentes papéis na vida do paciente. Com o uso da dinâmica do papel, a individualização do problema em cada caso pode permitir um tratamento mais flexível.

A dinâmica do papel tenta obter uma ampla perspectiva com relação aos papéis principais na vida de uma pessoa e identificar aqueles que são problemáticos. Distinguir as áreas de tensão tem diversas vantagens explícitas: faz crescer a auto-estima do paciente e ajuda a tornar disponíveis as habilidades relativas às áreas de tensão, fazendo com que as mesmas sejam aplicadas em papéis em que os conflitos são maiores. Outro modo de pensar acerca disso é que, adicionando-se as abordagens que ajudam o paciente a se livrar das fontes intrínsecas ou extrínsecas de estresse, existem também métodos que os auxiliam a descobrir seus recursos positivos. Cultivar aspectos saudáveis da personalidade é essencial a um programa de tratamento abrangente como a tentativa focalizada de resolver conflitos emocionais específicos. Uma tal abordagem alimenta o processo de *fortalecimento* (Blatner, 1987). Em outras palavras, a dinâmica do papel admite que um distúrbio tanto deve ser fruto de uma falta de habilidades compensatórias saudáveis quanto uma mera reação a um grupo de diferentes formas de estresse.

A dinâmica do papel é mais uma abordagem clínica, teórica, do que uma abordagem academicamente precisa. Ela identifica a complexidade da natureza humana e da interação social. Os papéis tendem a resistir às definições precisas e categorizações exatas; eles mudam, operando em diversos níveis simultâneos e, por vezes, contraditórios. É exatamente essa fluidez que permite ao processo terapêutico seu potencial de mudança construtiva. Assim, abandona-se a exigência de que uma teoria seja capaz de explicar tudo a respeito da personalidade de uma pessoa; é suficiente usar os conceitos de maneira prática. Na verdade, a relevância ou a validade de se poder descrever perfeita ou completamente um fenômeno vem sendo cada vez mais questionada (Kenny, 1983).

A pequena história que apresento a seguir, de muita sabedoria (e bastante conhecida), irá ilustrar uma questão importante. Certo dia, na Índia, um grupo de homens cegos encontrou um elefante. Cada um descreveu o elefante de acordo com a parte que podia tocar. Tocando a orelha, um deles disse: "Um elefante é como um leque". Sentindo a cauda, um outro afirmou: "Um elefante é como uma corda". Apalpando uma perna, o terceiro falou: "Um elefante é como um tronco de árvore", e assim por diante. Segundo a história, eles discutiram como tolos para descobrir quem melhor descrevia a essência do animal. E, é claro, se tivessem reunido suas percepções, cada qual admitindo que percebia apenas uma parte, talvez sua abordagem pudesse resultar em sabedoria. A psique deve ser como o elefante, com os teóricos afirmando: "É como...". A dinâmica do papel propõe uma maneira de reunir as diversas percepções a serviço de uma maior compreensão.

As pessoas possuem inúmeras facetas; é desnecessário e aviltante reduzir seus comportamentos a dinamismos ou motivos "básicos". É possível obter um veículo analítico para trabalhar com nossas identidades e interações nomeando e redefinindo os papéis relevantes em uma dada situação. Pode-se entender as teorias psicológicas em aparente competição como que a descrever dinâmicas diferentes do mesmo fenômeno. Colocando de modo mais preciso, defendo a hipótese de que é inteiramente possível descrever a dinâmica do funcionamento de uma pessoa em termos de diferentes teorias. Cada uma deve ser vista como relevante a certos papéis principais ou componentes de papel.

Integrar as diversas dimensões da vida é um processo contínuo. Tornando-se mais inteiras e atingindo o ponto de serem capazes de integrar mente e corpo, fantasia e realidade, desejos e concretizações, *self* e grupo social, *self* e o cosmos (filosófica ou espiritualmente), as pessoas adquirem uma espécie de cura. (As palavras *totalidade, cura, holismo* e *sagrado* são todas significativamente relacionadas em sua essência, bem como em sua raiz comum na antiga língua grega)*. Nesse sentido, a dinâmica do papel é uma teoria intrinsecamente holística (Staude, 1981). Temos papéis que dizem respeito ao futuro e outros ao passado; papéis que usam a imaginação e outros que recorrem à lógica fria; papéis que focalizam as sensações básicas e outros que nos mergulham na experiência espiritual. Todas as dualidades e paradoxos da natureza humana são examinados.

APROXIMAÇÃO COM A PSICANÁLISE

Em 1959 Moreno escreveu acerca de uma possível aproximação entre a psicanálise e o psicodrama e uma de suas idéias básicas era a de que os métodos de ação podiam complementar a teoria psicodinâmica (p. 97). Como era de se esperar, os seguidores ortodoxos de Freud se insurgiram contra isso, mas os praticantes da psicanálise, em sua maioria, estão participando de um contínuo processo de autocrítica e evolução. É, pois, bastante válido examinar alguns dos princípios essenciais que acredito sejam comuns tanto à psicoterapia psicodinâmica quanto à moderna prática do psicodrama (o qual também vem evoluindo):

1. As motivações básicas buscam expressão e gratificação; se essas necessidades são frustradas, elas se exprimirão por formas distorcidas.
2. Muitas funções psicológicas e experiências ocorrem fora da consciência habitual.
3. É possível expandir a consciência de maneira a incluir tais dimensões.
4. É útil e muitas vezes necessário ter acesso a crenças ou comportamentos que são subconscientes, de maneira a reavaliá-los e tomar novas decisões. O processo de retrabalhar antigas recordações e hábitos presentes da mente ou do comportamento é uma forma importante de cura psicológica.
5. Deve-se dar atenção aos motivos que resistem ao referido processo de investigação; tanto as técnicas quanto a personalidade do aconselhador precisam ser refinadas de maneira a estimular o paciente a assumir os riscos que fazem parte do aprendizado experimental.
6. Deve-se dar atenção ao processo de transferência ou a quaisquer outras distorções do relacionamento de ajuda, de forma a otimizar a eficácia da aliança de tratamento e a usar os *insights* acerca dos padrões

---

* Em inglês, *wholeness* (totalidade), *healing* (cura), *holism* (holismo) e holy (sagrado). (N. T.)

interativos como pistas para o exame de modos mais generalizados de crenças e comportamentos.

Tenho visto esses conceitos aplicados repetidas vezes por psicodramatistas competentes (que são também psicoterapeutas com treinamento profissional e orientação psicodinâmica). O uso de uma variedade mais ampla de métodos apresenta inúmeras vantagens para se ultrapassar um problema implícito a uma terapia puramente diádica, face a face. Por exemplo, o uso de uma terceira pessoa, um co-terapeuta treinado, presente com o objetivo claro de agir como auxiliar, desempenhando o papel de pai provedor, pode ajudar o paciente a ter uma "experiência emocional corretiva". O papel de um outro significativamente confrontador é também, muitas vezes, bastante eficaz se desempenhado por alguém que não seja o terapeuta. Blanck e Blanck (1979) observaram que o terapeuta pode vir a ser um catalisador, ou seja, uma presença necessária, porém, sem participação efetiva na ação. Eu acrescentaria que a participação de uma outra pessoa pode facilitar ainda mais o processo de terapia.

Desde que Moreno fez sua sugestão, em 1959, a terapia de família e outras expansões e modificações da técnica foram melhor aceitas. Parecia chegada a hora de se expandir o repertório terapêutico. O surgimento de uma teoria e uma metodologia de terapia ampliadas é inevitável, pois continuava a crescer a tendência no sentido da integração.

Por exemplo, um grupo de teóricos da psicanálise, em evidência, encabeçado por Heinz Kohut, começou a enfatizar o senso de *self* na psicanálise e a necessidade de empatia por parte do terapeuta como componente importante para que se desenvolva uma auto-imagem mais saudável. O psicodrama, com certeza, propõe uma poderosa modalidade para se amplificar os processos, pois a dramatização e a representação, envolvendo tantos aspectos da personalidade, têm maior poder de fazer crescer o senso de *self* nos pacientes do que o faria o mero diálogo verbal. O fortalecimento proporcionado pela atividade do paciente, em si, não deve jamais ser subestimado. No psicodrama atinge-se a empatia com maior eficiência porque, em primeiro lugar, mais de uma pessoa testemunha a auto-revelação; em segundo lugar, as vias da auto-revelação são mais ricas e mais capazes de contornar as defesas; e em terceiro, porque respondendo "no papel" há um certo grau de espelhamento.

Ainda uma palavra acerca da empatia: a técnica do duplo proporciona mais empatia do que o fazem as interpretações convencionais. Em primeiro lugar, ela não coloca o paciente sob os holofotes. Em vez de ouvir de uma autoridade: "Você sente...", a frase é indireta: "Se eu estivesse na sua situação, eu sentiria...". O paciente, então, é convidado a corrigir a amplificação. A duplicação apresenta-se dentro daquilo que Carl Rogers chamou de *self system* e as palavras utilizadas são naturais e menos "psicologizadas". Usando a dinâmica do papel, o terapeuta ou o auxiliar podem, acuradamente, focalizar um determinado aspecto da experiência do paciente, um de cada vez, em vez de tentar fazer inferências globais sobre as emoções do paciente. Finalmente, o fato de mais de uma pessoa proporcionar *feedback* de apoio tem uma força incomparável, tanto do ponto de vista da quantidade quanto da qualidade à empatia proporcionada por um único terapeuta. Isso porque a situação diádica é bastante vulnerável aos processos transferenciais de projeção e desvalorização e, assim, a reafirmação nem sempre é registrada como sendo muito "real".

O conceito de *self*, como propõe Moreno, pode ser desenvolvido de maneira significativa em termos dos papéis que a pessoa aprende a desempenhar. Trata-se de processo interpessoal, que requer mais de um grau de validação antes de ser consolidado na psique. É, também, um processo de desenvolvimento que reflete uma expansão sempre crescente de identificações. Principiando com a criança em relação ao próprio corpo, ele rapidamente engloba todos aqueles que cuidam da criança na experiência recíproca de pertencer. Nos primeiros meses de vida tem início o sentimento de eficiência como agente ativo, e o self começa a ser associado com seu próprio processo participatório (Stern, 1985). Na metade do primeiro ano de vida a criança sabe que possui a capacidade de dar, bem como a de receber. (É de vital importância em qualquer psicologia coerente observar que as crianças desejam tanto dar e ser úteis aos outros quanto receber e satisfazer suas necessidades.)

Esse senso de *self* continua a se expandir para além da díade mãe-bebê incluindo os prazeres das experiências vicárias. Existem, também, prazeres e um crescente senso do *self* que acompanham a liberação paradoxal do desejo e da identificação, com o abandono de necessidades e juntando-se à totalidade na natureza. Esses precursores da sensibilidade espiritual e do que mais tarde na vida adulta serve como base para a sabedoria são também elementos do crescente senso do *self*. O paradoxo é que, à medida que amadurece a psique, dissolvem-se as primeiras exigências do *self*, e surgem idéias mais complexas e menos egocêntricas para servir como fontes de satisfação e segurança.

A teoria da dinâmica do papel trabalha com o fenômeno freqüentemente observado de o paciente estar mais integrado em algumas facetas de sua personalidade e mais imaturo em outras. Pensando em termos de papéis, a potência de determinada área pode ser utilizada como fonte do imaginário e, assim, auxiliar no desenvolvimento do papel menos desenvolvido.

TEORIA DA INVERSÃO DE PAPÉIS E RELAÇÕES OBJETAIS

Redefinir alguns conceitos psicanalíticos tradicionais, de modo a integrá-los aos métodos psicodramáticos e tornar eficaz a psicoterapia, é um exemplo que evidencia o interesse no uso da dinâmica do papel. Uma das formas progressistas do pensamento psicanalítico é o da escola da teoria das relações objetais, desenvolvida por Fairbain, Federn, Guntrip e Winnicott na Inglaterra nos anos 50 (Greenberg & Mitchell, 1983). Ela foi influenciada pelo trabalho de Melanie Klein e tem pontos que correspondem ao trabalho de Harry Stack Sullivan. Em essência, a dinâmica central é conceitualizada não como um indivíduo reagindo a forças externas mas, sim, como a pessoa em relação a outras pessoas, o que com freqüência acaba por se tornar um processo internalizado. Até mesmo os recentes e aclamados trabalhos a respeito da teoria do *self* desenvolvidos por Kohut, Jacobson e outros contêm componentes de interação.

Um dos problemas com a teoria das relações objetais é que as palavras empregadas conduzem a uma interpretação equivocada. Um terapeuta disse-me que a palavra *objeto* sugere um tipo de elemento semelhante a uma batata toda encaroçada flutuando na sopa da mente. Achei isso engraçado e bem apropriado porque os "objetos", sob o ponto de vista teórico, são definidos como representações psicológicas das pessoas eram significativas nos primeiros estágios da vida. Entretanto, essas representações não são sobras do passado, estáticas, e estão sendo continuamente criadas, tais como as figuras de um sonho. Assim, seria melhor pensar nas relações objetais como pequenos dramas criados na mente. Essas são as "ficções privadas" de que Adler não fala, porém, não se resumem a simples atitudes ou conjuntos cognitivos. Mais do que isso, elas são minidramas subconscientes, interações nas quais a pessoa desempenha ambos os papéis: o comportamento da outra personagem, com freqüência, incorpora ou a satisfação tão aguardada de desejos ou as posições temidas e hostis que justificam devaneios sobre o poder familiar por parte do criador dessas fantasias. O dinamismo da experiência internalizada, as recordações, eventos traumáticos repetidos de forma antecipatória, reações simbólicas (por exemplo: "Se eles fizerem isso, eu vou mostrar a eles!") são parte dessa complexa "verdade interior" psicodramática (Watkins, 1986, pp. 22-8).

Reenquadrar a teoria das relações objetais em termos mais dinâmicos tem a vantagem de nos levar à seguinte implicação: um modo de corrigir estas ficções privadas é representá-las em um contexto no qual a validação social pode permitir ao menos uma satisfação simbólica, seguida por uma oportunidade de corrigir as percepções e resolver os conflitos. A inversão de papéis, quando feita de maneira consciensiosa, permite os trabalhos da espontaneidade, a integração do teste de realidade e a possibilidade da influência de ideais elevados no relacionamento objetal. A inversão de papéis, além disso, expande a perspectiva do paciente para além dos limites da subjetividade. Melhor do que qualquer outro método na psicoterapia, este ajuda a desenvolver uma capacidade amadurecida de "constância objetal", termo empregado na psicanálise para descrever uma visão equilibrada da realidade de outras pessoas significativas.

O manuseio ativo do constructo teórico das relações objetais acha-se também em harmonia com o conceito de G. H. Mead, do "outro generalizado" (ou seja, o "eles" — "será que *eles* me acham atraente? Será que *eles* gostam de mim? Será que *eles* se importam com minha dor?"). A hipótese descreve não algo chamado "eles" mas, sim, um processo ativo segundo o qual a pessoa, de forma subconsciente, está criando o papel de uma "outra pessoa" genérica. Se existe a tendência de representar minidramas sutis, de maneira habitual e estereotipada, tal tendência deve ser canalizada na produção de retratos explícitos, para a qual o psicodrama é ideal. As fontes de compulsão repetitivas são esclarecidas e novas decisões e estratégias podem ser criadas e praticadas.

Minha hipótese é a de que estamos o tempo todo fazendo a inversão de papéis em nossa mente, numa espécie de processo contínuo visando manter um senso de vínculo social. Há uma certa resistência em expor os relacionamentos internalizados à luz da consciência explícita. Uma enorme variedade de mecanismos de defesa gratifica simbolicamente e mantém formas mágicas de pensamento oferecendo ilusões agradáveis ou ao menos adaptativas. É preciso grande dose de coragem e apoio de outros para ousar explorar alternativas aos problemas de desenvolvimento pessoal nos relacionamentos.

INTEGRAÇÕES COM OUTRAS ABORDAGENS

As *terapias cognitivas* usam uma abordagem voltada para a ação que inclui o desempenho de papéis. Essas escolas de pensamento estão recebendo enorme atenção por serem psicodinâmicas, relativamente breves e, de acordo com pesquisas amplamente divulgadas, bastante eficientes (Beck & Greenberg, 1979).

As *terapias comportamentais* incluem técnicas de ação de ensaiar, modelar e de *feedback* como parte de seu repertório básico. O imaginário é também usado como acessório por Cautela, Salter, Wolpe e outros.

A gestalt-terapia já incorporou inúmeros princípios básicos do psicodrama. Fritz Perls emigrou da África do Sul por volta de 1947 e acompanhou uma série de sessões de Moreno, integrando algumas de suas técnicas de desempenho de papéis, em especial a técnica da cadeira vazia, com suas próprias idéias existenciais e psicodinâmicas (Perls). Continua a haver o intercâmbio de técnicas e princípios e os métodos são bastante compatíveis. O psicodrama, entretanto, tem maior capacidade de ser usado com outras abordagens.

As *artes criativas em terapia* são aliados naturais das aplicações do psicodrama (McNiff, 1981). As abordagens pela arte, música, dança e movimento, poesia e teatro foram todas elas usadas com métodos psicodramáticos. Uma abordagem pode funcionar ou como aquecimento ou para trabalhar os sentimentos produzidos pelo uso de uma outra (Feder & Feder, 1981; Robbins, 1980).

A *ludoterapia*, embora tradicionalmente restrita a crianças, tem aplicações em suas formas modificadas com adolescentes e adultos. Os métodos da ludoterapia incluem abordagens ativas (Jernberg). Se elas são úteis para crianças, então, considerando-se o crescente entendimento segundo o qual alguns pacientes precisam trabalhar suas modalidades não-verbais para expressar plenamente seus sentimentos, elementos da ludoterapia poderiam ser integrados com os métodos psicodramáticos em um programa de tratamento abrangente, também de adultos (Tooley, 1973). Além disso, os métodos psicodramáticos têm potencial de enriquecer o repertório do ludoterapeuta fornecendo-lhe uma profusão de cenários e formas de examinar as cenas.

As *terapias corporais*, inclusive os trabalhos de F. M. Alexander, Ida Rolf, Moshe Feldenkrais, Milton Trager e, particularmente, a análise bioenergética de Alexander Lowen são, com freqüência, abordagens eficazes para a mobilização de afetos e recordações (Geller, 1978). O trabalho de Lowen é uma derivação das teorias de Wilhelm Reich da "couraça corporal", observando a maneira pela qual os pacientes se isolam dos sentimentos de vulnerabilidade e outros impulsos por meio de padrões crônicos de tensão muscular. A terapia psicomotora de Pesso (1969) é também uma interessante contribuição nessa área. Na clínica essa abordagem é bastante utilizada, juntamente com o psicodrama, para adicionar algo das dimensões cognitivas à terapia.

As *terapias de imaginação*, tais como aquelas propostas por Leuner, Ahsen, Shorr e outros, contêm elementos que complementam o psicodrama e, por sua vez, poderiam ser enriquecidas pela inclusão de técnicas psicodramáticas tais como apartes, *descrição de papel* e *inversão de papéis*. Essas abordagens estabelecem pontes, também, entre as terapias cognitivas, as terapias expressivas e as hipnoterapias (Shor, 1974). Os processos de visualização associados com treinamento de *biofeedback* podem também incluir esquemas psicodramáticos tais como as técnicas de *realidade suplementar* de *projeção para o futuro* ou *refazer o passado* de maneira compatível.

A *hipnoterapia* foi combinada com o psicodrama logo nos primórdios de seu desenvolvimento. Na verdade, a dramatização psicodramática, muitas vezes, gera no protagonista e em outros participantes um transe de nível leve a moderado. Algumas das técnicas recentes em rápido crescimento no campo da hipnoterapia [e a abordagem da programação neurolingüística — PNL — sua associada], incluem princípios psicodramáticos, tais como fazer parte do *self* dialogar com o outro e com um *self* sintetizador recém-sugerido.

A *terapia adleriana* (psicologia individual), segundo Rudolf Dreikurs, era um complemento natural do psicodrama; ele fez com que um de seus colegas, Adaline Starr (1973), acompanhasse a academia de Moreno e desenvolvesse essa linha de colaboração. A partir daí, o psicodrama tem sido parte regular do currículo do Instituto Alfred Adler em Chicago e tem sido adaptado como forma integrada por Shoobs, O'Connell e outros.

A *terapia junguiana* (psicologia analítica) proporciona, também, oportunidade para a integração de métodos psicodramáticos. Watkins (1986) descreve um uso riquíssimo de diálogo do imaginário para o trabalho com imagens arquetípicas — algo similar a um *acting-out* com elas. A extensão do pensamento junguiano e as modificações introduzidas por James Hillman constituíram-se no que ele denomina de psicologia arquetípica, de modo semelhante a um candidato em potencial ao uso de técnicas de ação. Tais técnicas podem funcionar de modo a aumentar a vivacidade da imaginação, que Hillman considera a essência da construção da alma e o objetivo verdadeiro de sua abordagem à psicoterapia (pp. 26-7, 44).

A *terapia familiar* vem utilizando uma pluralidade de abordagens ativas e diretivas. Trata-se de um contexto natural para a aplicação de técnicas psicodramáticas, em especial aquelas dos *apartes, atrás das costas, inversão de papéis* e o *duplo* (Perrot, 1986).

A *terapia de grupo* tem utilizado técnicas de ação com maior freqüência nas últimas décadas e outros métodos psicodramáticos poderiam facilmente ser incluídos. Por certo, a combinação de uma abordagem de grupo interativa com o psicodrama, mais complexa, produz um dos modos mais poderosos de cura que conheço.

As *terapias ecléticas miscelâneas,* tais como a terapia de resolução de conflito de Phillip, o aconselhamento triádico de Pederson, a terapia de constructo pessoal de Kelly, a terapia elevada natural de O'Connell, a terapia de estado de ego de Watkin, a análise direta de Rosen, a terapia multimodal de Lazarus, a terapia primal de Janov, a terapia integrativa de Urban e a terapia holística de Shutz, todas elas contêm elementos de ação e desempenho de papéis de Moreno (Corsini, 1981; Grayson & Loew, 1978).

Em resumo, apresentei um sistema teórico em condições de funcionar como base intelectual adequada ao psicodrama e a outras terapias, com ênfase especial em sua capacidade de ferramenta útil para a prática clínica. Não conheço outra teoria que possa englobar as diversas variedades da experiência humana. Proponho que a dinâmica do papel seja considerada seriamente como opção válida para um sistema integrativo de pensamento psicossocial.

REFERÊNCIAS

BECK, Aaron T. & GREENBERG, Ruth L. (1979). Brief cognitive therapies. *Psychiatric Clinics of North America*, 2(1), pp. 23-37.

BLANCK, Gertrude & BLANCK, Rubin. (1979). *Ego psychology* — II. Nova York, Columbia University Press.

BLATNER, Adam. (1987). Preface. In: Morris R. Morrison (Ed.). *Poetry as therapy*. Nova York, Human Sciences Press.

CORSINI, Raymond J. (Ed.). *Handbook of innovative therapies*. Nova York, Wiley/Interscience.

FEDER, Elaine & FEDER, Bernard. (1981). *The expressive arts therapies*. Englewood Cliffs, Prentice-Hall.
GELLER, Jesse D. (1978). The body, expressive movement, and physical contact. In: Jerome L. Singer & Kenneth S. Pope (Eds.). *The power of human imagination: New methods in psychoterapy.* Nova York, Plenum, pp. 347-78.
GRAYSON, Henry H. & LOEW, Clemens. (Eds.). (1978). *Changing approaches to the psychoterapies.* Nova York, Spectrum/Halstead.
GREENBERG, Jay R., & STEPHEN A. Mitchell. (1983). *Object relations in psychoanalytic theory.* Cambridge, Harvard University Press.
HILLMAN, James. (1983). *Archetypal psychology: A brief account.* Dallas, Spring Publications.
JERNBERG, Ann M. (1979). *Theraplay.* San Francisco, Jossey-Bass.
KEENY, Bradford P. (1983). *Aesthetics of change.* Nova York, Guilford.
MCNIFF, Shaun. (1981). *The arts and psychoterapy.* Springfield, IL: Charles C. Thomas.
MEAD, George H. (1934). *Mind, self, and society.* Chicago, University of Chicago Press.
MORENO, J. L. (1959). *Psychodrama* (vol. 2). Beacon, NY, Beacon House.
PERLS, F. (1973). Shuttling, psychodrama, and confusion. *The* Gestalt *approach.* Palo Alto, Science and Behavior Books.
PERROTT, Louis A. (1986). Using psychodramatic techniques in structural family therapy. *Contemporary family therapy*, 8(4), pp. 279-90.
PESSO, Albert. (1969). *Movement in psychoterapy.* Nova York, Nova York University Press.
ROBBINS, Arthur. (1980). *Expressive therapy.* Nova York, Human Sciences Press.
SHORR, Joseph E. (1974). *Psychotherapy through imagery.* Nova York, Intercontinental Medical Book Corp.
STARR, Adaline. (1973). Sociometry of the family. In: Harold H. Mosak (Ed.). *Alfred Adler: His influence on psychology today.* Park Ridge, Noyes Press, pp. 95-105.
STAUDE, John-Raphael. (1981). *The adult development of C.G. Jung.* Boston, Routledge e Kegan Paul.
STERN, Daniel. (1985). *The interpersonal world of the infant.* Nova York, Basic Books.
TOOLEY, Kay. (1973). Playing it right. *Journal of the American Academy of Child Psychiatry*, 12(4), pp. 615-31.
WATKINS, Mary. (1986). *Invisible guests: The development of imaginal dialogue.* Hillsdale, Erlbaum/The Analytic Press.

PARTE IV
FUNDAMENTOS SOCIAIS

12

PSICODRAMA E O CAMPO INTERPESSOAL

O psicodrama, sua base teórica da dinâmica do papel, e as abordagens correlatas do sociodrama e sociometria proporcionam um repertório relativamente único de recursos para lidar com as complexidades do que chamo de "campo interpessoal". Outros enfocaram aspectos dessa importante dimensão da experiência humana (por exemplo, o método de análise transacional de Eric Berne e o trabalho dos teóricos das comunicações, tais como Jay Haley e Gregory Bateson); entretanto, eles não englobam toda a gama de fenômenos. Por exemplo, considere-se a importância dos seguintes temas ao investigar o campo interpessoal:

- Como as pessoas resolvem seus conflitos, distribuem as tarefas ou papéis em um grupo e renegociam assuntos nos relacionamentos?
- Como alguns relacionamentos são "doentios", apesar de os indivíduos nele envolvidos serem considerados saudáveis na maioria das outras situações? E, também, o que faz com que algumas pessoas, consideradas "não-saudáveis" em vários contextos, se envolvam em relacionamentos relativamente saudáveis?
- Quais são as questões básicas nas preferências e escolhas nos relacionamentos?
- Qual a força dos sentimentos recíprocos e como os relacionamentos são afetados pelas várias maneiras de provocar, comunicar, interpretar e responder a tais sentimentos?
- Como examinar com maior rigor as questões das expectativas, das diferenças de temperamento e valores, estilos de vida ou interesses?
- Como questões decorrentes de diferentes estilos, estilos de comunicação, verbal e não-verbal, e de solução de problemas podem ser diagnosticados e corrigidos?

Tais questões, que serão discutidas sucintamente nos próximos capítulos, são muitas vezes fundamentais para a experiência humana. Elas não refletem nem a psicodinâmica do indivíduo nem a dinâmica de um grupo grande; são fenômenos relacionados ao campo interpessoal. Embora Harry Stack Sullivan tentasse ampliar o pensamento psicanalítico fazendo-o englobar a dinâmica interpessoal — como o fizeram as escolas objetais da psicanálise, atualmente mais populares —, acredito que essas tentativas foram prejudicadas por adotarem uma metodologia que trabalhava com a pessoa individualmente na psicoterapia. [Moreno (1953) afirma ter usado o termo "interpessoal" bem antes de Sullivan.

Por outro lado, os sociólogos e psicólogos sociais, em geral, estudam as interações de maneira descritiva e lhes falta qualquer metodologia para lidar com os conflitos e mal-entendidos dos relacionamentos. Além disso, com freqüência, trabalham num nível psicológico geral que não dá conta da riqueza das diferenças individuais.

O campo interpessoal, por certo, é examinado por teóricos dos sistemas familiares, mas aqui, também, a dimensão é distorcida pela natureza duradoura e de visível intimidade da família. Entretanto, a abordagem moreneana pode incluir também relacionamentos tais como os de amigos, em clubes, igrejas, companheiros de classe ou de trabalho, e assim por diante. Além do mais, a abordagem de Moreno propõe métodos que as pessoas envolvidas podem usar para avaliar e corrigir problemas assim que os mesmos surgem, tais como as técnicas de inversão de papéis, múltiplas partes do *self*, o espelho, e o *replay*.

O campo interpessoal representa um nível da experiência humana situado entre as dimensões intrapsíquicas e socioculturais. Por exemplo, compreender as dificuldades de uma criança na escola pode incluir o nível intrapsíquico, tais como sentimentos e comportamentos trazidos de casa; o nível sociocultural, tal como ter de lidar com um sistema competitivo abertamente orientado para habilidades verbais; e um nível interpessoal, tal como relacionamentos com outras crianças na classe. Uma psicoterapia que examine apenas um ou dois dos níveis deixa de lado outras considerações importantes.

Cada nível de complexidade exige determinados métodos para diagnosticar e tratar os problemas. Nesse sentido, há uma analogia com a compreensão dos processos biológicos, onde ocorrem também três níveis: químico/molecular, celular e o dos órgãos (anatomia macroscópica), sendo que cada um deles é analisado por diferentes tipos de instrumentos e modificado por diferentes tipos de tratamento. Assim, em geral, é impossível tratar disfunções de nível químico pela cirurgia, ao passo que problemas de bloqueios em órgãos, lágrimas ou conexões malfeitas não devem ser tratados apenas com medicamentos. Quanto ao nível intermediário, o celular, vale notar que havia instrumentos para conhecer essa dimensão mais de um século antes que pudessem ser utilizados de modo prático pela maioria dos médicos — e isso ocorreu apenas há cerca de 100 anos. (Existe uma analogia a ser definida entre a percepção relativamente recente do potencial da sociometria e os métodos conhecidos para se lidar com o universo interpessoal, que precisam ainda ser aplicados em bases mais amplas.) Desde que os médicos se tornaram cientes do nível celular da fisiologia, múltiplos métodos que visavam aquele nível evoluíram (por exemplo, a radiação, calor, transfusões). De maneira semelhante, quando os psicoterapeutas e socioterapeutas se tornarem cientes do campo interpessoal, eles poderão vir a usar os métodos psicodramáticos e sociodramáticos para resolver os problemas dessa esfera. Sem dúvida, essas abordagens podem ser usadas em conjunto com (ou complementando) o trabalho nos níveis da psicodinâmica individual e/ou mudando o sistema social.

TELE: A CONDIÇÃO INTERPESSOAL

As pessoas, muitas vezes, são atraídas ou repelidas umas pelas outras, e a "força", "conexão" ou "condição" intangíveis (condição talvez seja o termo mais exato) que descrevem essa dinâmica é o que Moreno chamou de "tele". Ela representa o senso de preferência em todas as suas permutações e, portanto, uma definição de tele é: trata-se daquilo que é medido pela sociometria. Tele é um termo genérico para todos os fatores que dão conta das preferências entre as pessoas. O conceito não precisa ser excessivamente abstrato. Pense naqueles que você prefere ou gosta de certa maneira: são as pessoas com as quais você tem tele positiva. Existem outras pessoas que dão origem a um senso de mal-estar ou repulsa, e com elas você tem uma tele negativa. Algumas das pessoas que você conhece são relevantes em sua vida, mas seus sentimentos são neutros; a isso se dá o nome de tele neutra. Outros em torno de você não são relevantes a seus interesses, e a estes você é indiferente.

A tele é palavra útil pois não me lembro de outro termo que funcione como categoria geral para a variedade de reações interpessoais. O *Rapport* é apenas outra forma de tele, como a transferência. *Atração* não inclui os outros tipos — repulsa, neutralidade, e assim por diante. Além disso, uma preferência é baseada em fatores outros que a atração, como, por exemplo, a competência. Por exemplo, você pode preferir certos médicos especialistas em função da reputação de técnicos habilidosos, ao passo que para outros especialistas o aspecto mais importante seria o *rapport* pessoal.

Moreno fez questão de diferenciar tele e transferência. Em alguns círculos de orientação psicanalítica, quaisquer reações do paciente com relação ao terapeuta serão chamadas de transferência — o que para alguns analistas mais meticulosos é considerado erro. Tecnicamente, a transferência é sempre uma distorção, é sempre carregar para o relacionamento terapêutico expectativas ou padrões de reação aprendidos em relacionamentos anteriores importantes. Entretanto, existem inúmeras reações de pacientes em terapia que são baseados na realidade do comportamento verbal e não-verbal do terapeuta (Greenson & Wexler, 1969). Estes devem ser considerados como aspectos da tele porque muitas formas de tele são baseadas em fatores relativamente realísticos.

Entretanto, deve ser notado que expectativas transferenciais, projeções e outras formas de pensamento irracional são penetrantes nos relacionamentos; e parte do desafio da psicoterapia dinâmica no último século foi retificar os distúrbios causados por essas distorções. Por exemplo, uma pessoa gostar ou não gostar de outra por razões que não são examinadas nem são realistas. Um homem pode sentir-se atraído por uma mulher em função dos estereótipos sexuais de desejabilidade apresentados nos meios de comunicação, sem qualquer indício de compatibilidades mais duradouras. Com tal conjunto de critérios, ele pode não ser capaz de notar o tipo de mulher que o acharia atraente.

Um dos valores do conceito de tele é que nos torna mais sensíveis aos motivos de nossas preferências, sejam elas atrações ou repulsas. Essa percepção torna então possível discutir, negociar, e encontrar alternativas criativas em relação às áreas de conflito. Por certo, os diversos métodos ligados à sociometria e ao psicodrama são de enorme utilidade nesta tarefa.

Um dos fatores que mais influenciam a tele é a presença ou ausência de reciprocidade (isso será discutido a seguir). Algumas razões pelas quais as pessoas tendem a preferir ou rejeitar o outro incluem as seguintes variáveis:

similaridades de temperamento
antecedentes regionais
habilidade ou experiência
diferenças exóticas
familiaridade
competidor digno
nível de vitalidade

diferenças de temperamento
antecedentes culturais
estilo de vida, valores
cheiro, som da voz
proximidade física
conquista "fácil"
interesses comuns

complementaridade de papel:
   líder/seguidor
   ativo/passivo
   ajudante/ajudado
   falador/ouvinte

atrativos:
   físicos, sexuais
   intelectuais, sociais
   espiritual, jovial
   emocional, artístico

E, o que é mais importante: reciprocidade.

A relevância de qualquer dos fatores ou de outros nos quais você possa pensar, muda com o papel e o contexto. Em dada situação, se queremos mesmo compreender a interação, é necessário determinar os assuntos específicos implicados. Na verdade, o esclarecimento e a expressão das razões de uma preferência interpessoal, sejam voltadas para um indivíduo ou um grupo, podem funcionar como fonte de material relevante na psicoterapia. A dimensão interpessoal baseia-se em papéis, assim, podemos escolher como parceiro de tênis alguém bem diferente daquele que escolhemos para sócio no trabalho. As pessoas tendem a escolher uma igreja ou clube de alguma forma, com o sentido de o grupo ser "nosso tipo de gente". Assim, a estrutura télica na vida de uma pessoa varia com os critérios que estão sendo usados.

O critério pelo qual é exercida uma preferência será tanto sociotélico, referindo-se a uma meta ou interesses comuns, quanto psicotélico, referindo-se às qualidades pessoais ou *rapport*, existente sem nenhuma razão utilitária. Os critérios sociotélicos podem ser mais operativos num grupo da igreja ou na comunidade que se encontra em função de uma área especial de interesse; os critérios psicotélicos seriam operativos nos subgrupos naturais ou nos "grupinhos" que se reúnem para o café, convidam-se uns aos outros para festas, ou brincam juntos nos intervalos.

A consciência das razões da tele ajuda a evitar a tendência de superidealizar ou desvalorizar pessoas, tendo-se em mente que alguém pode ser mais apreciado em certos papéis, e menos em outros.

Isso pode indicar, também, que as pessoas devem estar livres para renegociar seus papéis nos grupos, de maneira que não sejam sutilmente compelidas a atuar de forma que não lhe agrade. Examinar essas questões pode ser bastante útil numa terapia de grupo contínua ou uma comunidade terapêutica.

RECIPROCIDADE

A reciprocidade refere-se ao fenômeno pelo qual um sentimento é retribuído da mesma maneira. Se uma pessoa gosta de outra, ela tende a produzir sentimentos semelhantes em retribuição. De modo semelhante, desgostar é muitas vezes recíproco. Com freqüência, não existe razão óbvia e a culpa não deve ser colocada em nenhum dos participantes. As reações télicas são freqüentemente recíprocas, mas não necessariamente. As tele mistas consistem de interações em que uma pessoa prefere outra, que por sua vez não é preferida pela outra (o outro é indiferente ou neutro quanto à primeira). Tais interações podem ser úteis para se reexaminar os critérios de escolha na situação.

O tema da reciprocidade é bastante útil na psicoterapia porque lida com a complexidade dos relacionamentos interpessoais. Mais do que um simples processo de mão única ou mesmo de mão dupla, as interações são vistas como envolvendo uma seqüência de inúmeras comunicações e interpretações. Assim, as interações podem tornar-se disfuncionais se cada qual:

- enviar mensagens confusas, quer elas incluam sinais não-verbais incongruentes, vagos ou circunstanciais ou, então, comunicações verbais evasivas;
- indica resposta insuficiente;
- interpreta erradamente as comunicações do outro;
- não deseja ou não sabe como verificar a validade de uma interpretação;
- assinala que o processo de comunicação não é um assunto aceitável para comentário;
- comunica expectativas negativas;
- é insensível às pistas não-verbais ou mesmo a afirmativas categóricas.

Desenvolve-se um senso de mutualidade quando os participantes de um relacionamento podem comunicar grande abertura para oferecer ou receber atenção, interesse, respeito, ajuda ou apoio. A mutualidade aumenta, também, à medida que as pessoas têm oportunidade de indicar uma vontade recíproca de investimento no esforço, equivalente em direção a uma meta compartilhada. A discussão de tais assuntos na terapia e na educação proporciona o desenvolvimento de habilidades mais eficazes de comunicação. Quando as pessoas possuem maior senso de domínio por conhecer diferentes técnicas consolidadas para se obter atenção ou estabelecer limites, elas têm menos probabilidade de recorrer ao uso de manipulações.

Outra razão pela qual o conceito de reciprocidade talvez seja útil é que ele proporciona uma ferramenta poderosa para a investigação do fenômeno da transferência, da projeção, e outras distorções do campo interpessoal. Discutindo as idéias gerais da tele, preferências, reciprocidade e similares, oferece-se ao paciente um arcabouço geral, uma linguagem simples, juntamente com uma expectativa ou modelo para examinar a exatidão e as motivações nos relacionamentos interpessoais.

GOSTAR E SER GOSTADO

Um aspecto importante da psicodinâmica interpessoal é a experiência de sentir-se querido. É qualitativamente diferente de sentir-se tolerado ou aceito, que implica em processo basicamente neutro. Ser amado indica que a pessoa se sente de certa forma agradável aos outros, certamente o bastante para que lapsos menores e ocasionais de comportamento sejam perdoados ou relevados. Além do mais, apresenta um senso positivo de validação, uma fonte de auto-estima e um sentimento de estar sendo útil socialmente.

Trata-se de um assunto delicado, pois uma investigação acerca da capacidade que a pessoa tem para que gostem dela pode facilmente ter respostas negativas. Em termos de tele, a maioria das pessoas possui tele relativamente neutra ou indiferente com relação aos outros. Ou seja, se alguém perguntasse a grande parte daqueles que o conhecem de vista, e se as respostas fossem honestas, descobriria que as pessoas, na realidade, não gostam muito dele. O problema de vir a saber a respeito de toda essa tele neutra e indiferente é que a maioria das pessoas não sabe o que fazer com a informação. Quanto uma pessoa precisa que gostem dela, de maneira a ser bem-sucedida? Estará segura uma pessoa normal o bastante para que seja querida por um número relativamente pequeno de pessoas?

Ser querido é excelente tema para psicoterapia por tangenciar estas e inúmeras outras questões:

- O que sente a pessoa que sabe que gostam dela? Será o mesmo que ser popular? Quem precisa gostar de nós para que possamos fazer amizades?
- O que a pessoa deveria fazer caso descobrisse não estar num grupo

que gosta dela? É possível achar as causas disso? Uma reputação negativa pode ser recuperada? Existem outros grupos que poderiam ser mais apropriados?
- Quais são os requisitos básicos para ser uma pessoa querida? Quanto deve a pessoa atender às expectativas ou necessidades dos outros para que gostem dela? Uma pessoa com alguma deficiência pode ser querida?

Alguns desses aspectos serão abordados no Capítulo 13. Outros podem servir de fontes de discussão em terapias individuais ou de grupo. Ajudar os pacientes a desenvolver estratégias para a construção de relacionamentos socialmente agradáveis engloba numerosos componentes.

Um problema dessa área é que as terapias psicodinâmicas surgiram a partir do trabalho com pacientes histéricos, em geral mulheres jovens, para as quais a questão básica não era o que podiam aprender mas, sim, que os terapeutas gostassem delas. Manipulações para conquistar aprovação, admiração ou interesse sexual serviam como resistência habituais ao trabalho analítico, com um fator complicador adicional: a tradição de se trabalhar em contexto um a um e confidencial, cujo formato tendia a promover intensas reações transferenciais. Sob tais condições, estimular os terapeutas a gostar de suas pacientes parecia contraproducente.

É importante diagnosticar a dinâmica sutil do desejo do paciente em substituir a gratificação narcísica pelo verdadeiro trabalho. (Acredito que a abordagem psicoeducacional seja bastante útil na tarefa de manter, acima de tudo, o desenvolvimento de habilidades.) Entretanto, na maioria dos casos, construir uma aliança ativa de tratamento pode incluir certa medida de prazer com segurança, o que, por sua vez, promove uma vontade mais equilibrada de examinar as facetas mais dolorosas da vida (Blatner & Blatner, 1987).

Pode ocorrer que os próprios terapeutas sejam, por vezes, mais vulneráveis à preocupação por serem queridos do que em geral se admite. Não se lida facilmente com essas questões na psicoterapia individual ou numa análise de adestramento. Além disso, o papel do terapeuta, com freqüência serve de escudo protetor contra o desafio da mutualidade nos relacionamentos. Outra razão para que o tema "ser querido" seja evitado é que poucas pessoas estão suficientemente familiarizadas com os métodos de diagnóstico ou solução de problemas na área interpessoal.

NOSSA CONDIÇÃO DE EXISTÊNCIA SOCIAL

Apreciar o nível de nossa inserção em um contexto social não é apenas uma observação sociológica, mas também uma contemplação estética e filosófica. Em seus escritos (pouco conhecidos mas que merecem ser redescobertos), o psicanalista Trigant Burrow fez dessa perspectiva um elemento-chave. Ele pensava que vários aspectos da psicodinâmica deveriam ser entendidos como que a expressar nossa relativa alienação de uma existência mais integrada. Wallach e Wallach examinam também as tendências da moderna psicologia dinâmica pela qual se dá ênfase excessiva aos aspectos individuais da experiência. Em contraste, uma psicologia do tipo da apresentada neste livro tem maior possibilidade de estimular uma fuga da egocentricidade em direção ao que Adler chamou de "interesse social" ou "sentimento de camaradagem" (Crandall, 1981).

É importante diferenciar individuação de individualismo. O primeiro termo refere-se a produzir os potenciais exclusivos inerentes a cada pessoa, e ele pode ocorrer, de fato, de forma mais completa numa cultura que é saudavelmente integrada do ponto de vista social e que valoriza a ação cooperativa. O individualismo, a valorização protetora das prerrogativas individuais, mesmo com imenso custo para os outros, é uma doutrina social que promove o egoísmo e o egocentrismo. Vemos a crença cultural no individualismo refletida no recente fenômeno do esporte: vencer é mais importante do que jogar um jogo limpo (Montagu, 1982).

As ciências exprimem também a visão mundial coletiva. Suspeito que muitas psicologias sejam tão voltadas para o individualismo por estarem, na verdade, expressando uma repressão inconsciente de nossa natureza coletiva. Ernest Becker (1973) identificou a questão mas, em minha opinião, não avançou o suficiente. O preconceito individualista tende a conduzir à visão de que nossas interconexões não passam de ilusões; entretanto, seria possível argumentar, até de maneira mais válida, que o individualismo é a ilusão e que nossa verdadeira natureza humana é bem mais coletiva do que nos damos conta. A crença em nossa capacidade de separação é reforçada pelos tipos de psicodinâmica descritos por Alfred Adler em seu sistema de psicologia individual. Quando ele aponta o sentimento de interesse social como alternativa de cura, ele começa a compartilhar do conceito de inconsciente coletivo, ao qual Jung se referia. A resistência a abrir-se às profundezas de nossos sentimentos humanitários revela um medo quase arquetípico de perder a identidade ou a autonomia dentro do grupo.

A grande virada da história está ligada ao tema do surgimento do individual em oposição ao coletivo indiferenciado e isso tem seu valor, já que permitiu a liberação da criatividade. Entretanto, temos agora métodos, tais como a sociometria e o sociodrama, que podem transformar os grupos em instrumentos com o objetivo de aumentar, mais do que diminuir, a individualidade (Fink, 1963). Assim, é chegada a hora de produzir uma nova síntese à tensão dialética anterior entre o indivíduo e o grupo.

Em resumo, o campo interpessoal é uma arena multidimensional da experiência humana que poderia ser entendida como um nível de organização psicossocial diferente dos (e entre) níveis da dinâmica intrapsíquica e dinâmicas sociológicas ou de grupos. Isso pressupõe fenômenos, tais como as variações das preferências interpessoais, reciprocidade, gostar e "ser gostado", análise do papel e uma percepção de nossa interdependência social.

REFERÊNCIAS

BECKER, Ernest. (1973). *The denial of death*. Nova York, The Free Press.

BLATNER, Adam & BLATNER, Allee. (1987). *The art of play: An adult's guide to reclaiming imagination and spontaneity*. Nova York, Human Sciences Press.

BURROW, Trigant. (1964). *Preconscious foundations of human experience* (Ed. por William E. Galt). Nova York, Basic Books.

CRANDALL, James E. (1981). *The theory and measurement of social interest*. Nova York, Columbia University Press.

FINK, Abel K. (1963). The democratic essence of psychodrama. *Group Psychotherapy*, 16(3), pp. 156-60.

GREENSON, Ralph R. & WEXLER, Milton. (1969). The non-transference relationship in the psychoanalytic situation. *International Journal of Psycho-Analysis*, 50, pp. 27-40.

MONTAGU, Ashley. (1982). The decay of sport values. In: J. Partington, T. Orlick & S. S. Salmela (Eds.). *Sport in perspective*. Ottawa, Sport in Perspective.

WALLACH, Michael A. & WALLACH, Lise. (1983). *Psychology's action for selfishness: The error of egoism in theory and therapy*. San Francisco, W. H. Freeman.

13

AS IMPLICAÇÕES DA SOCIOMETRIA

O aspecto sociopsicológico do psicodrama é elaborado por Moreno em sua teoria da sociometria, uma abordagem que representa não apenas um grupo de métodos mas, mais do que isso, uma filosofia de pesquisa coletiva e aplicada. A visão de Moreno é simplesmente a de que as pessoas devem participar ativamente do exame e restruturação da dinâmica de seu próprio grupo. A sociometria é uma manifestação do espírito de democracia, uma abordagem humanística na qual as pessoas são vistas participando criativamente de seu processo sociológico e que não devem ser entendidas como meros organismos com os quais os cientistas fazem pesquisas (Kosemithal, 1959). Neste capítulo não me limitarei a explicar aspectos técnicos da sociometria: procurarei discutir alguns conceitos teóricos gerais que complementam a literatura na área.

A sociometria foi um aspecto relativamente obscuro do trabalho de Moreno, embora ele a considerasse tão importante quanto o psicodrama. Como seu interesse era o de promover a saúde em grupos, organizações e na sociedade como um todo, ele queria desenvolver métodos que esclarecessem a dinâmica e a solução de problemas tão recorrentes nos níveis mais complexos. Na verdade, ele chegou mesmo a antever uma forma de terapeuta, um *sociopeuta*, que usaria a sociometria e o sociodrama para lidar com problemas intergrupais, assim como o psicodrama pode ajudar nos conflitos interpessoais. O capítulo discutirá algumas das razões da crença de Moreno na sociometria, em especial quanto às dimensões das relações interpessoais que são destacadas pelo método.

Para começar, é preciso observar que a sociometria tem dois níveis de referência. Ela descreve um método relativamente específico de descobrir a estrutura oculta de relacionamentos em grupos e, num sentido mais geral, uma abordagem mais ampla à dinâmica de grupo e à psicologia social. Esta definição em dois níveis é semelhante à natureza da psicanálise, que também pode ser entendida tanto como técnica específica quanto como um campo mais amplo de atividade.

BREVE DESCRIÇÃO DOS MÉTODOS DA SOCIOMETRIA

Como método, a sociometria serve para dar às pessoas de um grupo um certo *feedback* quanto aos seus padrões coletivos de preferências interpessoais. Ao facilitar a abertura sistemática, a sociometria abre caminho para que o grupo lide por inteiro com sua dinâmica, para resolver conflitos, para mudar normas ou estruturas, e/ou renegociar papéis para obter a máxima inclusão ou coesão do grupo.

O método específico da sociometria inclui pedir aos membros de um grupo que expressem suas preferências acerca dos outros membros do grupo que escolheriam para compartilhar de alguma atividade. Talvez o uso mais comum dessa abordagem seja a técnica que permite aos membros do grupo escolherem-se uns aos outros para um exercício diádico estruturado, que algumas vezes é precedido de uma atividade na qual se faz o grupo permanecer de pé e passear ao acaso, fazendo contato visual ou até mesmo cumprimentando-se uns aos outros não-verbalmente sob as mais diversas formas (por exemplo, "Agora, volte-se para alguém", "Diga olá com suas costas", "Diga olá com os olhos fechados" etc.). A experiência de ter escolhido alguém e/ou por sua vez, ser escolhido é, em si mesmo, uma poderosa maneira de fazer crescer a coesão grupal e ela planta as sementes para futuros exames das bases para essas escolhas (que serão discutidas abaixo).

Outro uso freqüente da técnica da sociometria consiste em ajudar um grupo a escolher um protagonista: se diversas pessoas têm uma questão e a desejam trabalhar, o diretor pede ao grupo que escute os "candidatos" enquanto estes descrevem suas questões; em seguida, os membros do grupo adiantam-se e cada um coloca a mão no ombro do possível protagonista cujas questões lhes pareceram mais relevantes. Isto ajuda o grupo a tornar explícitos quaisquer temas comuns.

Uma variação que se destina mais a focalizar a dinâmica individual é aquela na qual os pacientes em psicoterapia individual ou em grupo fazem o diagrama de seus átomos sociais. Isso serve de componente útil para aquecê-los para as investigações em seu campo interpessoal. É aplicável nos primeiros estágios do diagnóstico ou na avaliação em psicoterapia porque os pacientes percebem imediatamente a relevância dessa dimensão da experiência. Encenar a rede social do paciente como se ela fosse um diorama "esculpido", muitas vezes, é útil em terapia — o "sociograma de ação" foi adotado por terapeutas familiares em diversas formas. A técnica pode ser ampliada fazendo-se com que pacientes observem (ou demonstrem) como eles acham que outras pessoas significativas da família ou do grupo iriam estabelecer o sociograma e o que eles acham que essas outras pessoas pensam a respeito deles. (Isso produz percepções de reciprocidade, tais como as descritas no Capítulo 12.) Em terapia de grupo, outras variações, tais como o "espectrograma" ou formas modificadas de sociometria de ação, servem como veículos de aquecimento para investigações mais específicas e, por vezes, como fontes poderosas de *feedback* — seja para apoio ou contestação. Todas essas variações, no entanto, contêm a idéia essencial de ajudar as pessoas a tornar explícitas suas preferências e percepções dos sentimentos dos outros em relação a elas mesmas.

O método original e mais conhecido da sociometria é um processo escrito, no qual os participantes anotam os nomes das pessoas do grupo com as quais gostariam de compartilhar uma dada atividade (Hale, 1974, 1985). Idealmente, escolher qual atividade está sendo solicitada torna-se também parte do processo sociométrico. Eis alguns exemplos de questões: "Ao lado de quem você gostaria de sentar-se no almoço?" "Quem você gostaria de ter como parceiro num trabalho de laboratório?" "Com que subgrupo você gostaria de trabalhar ao planejar uma festa?". As respostas são anotadas e diversas delas devem ser listadas em ordem de preferência. As preferências negativas são aquelas com as quais a pessoa prefere não trabalhar/jogar em uma dada situação e podem ou não ser incluídas no exercício. Os resultados são coletados, tabulados e colocados em gráfico, assim, vários padrões de funcionamento são descobertos. Idealmente, na opinião de Moreno, a informação deveria ser compartilhada com o grupo de modo que pudessem preencher o objetivo implícito nas questões — designar os lugares das pessoas no almoço, os parceiros de laboratório, e assim por diante. Por exemplo: durante a Segunda Guerra Mundial o método foi aplicado para ajudar algumas unidades da aeronáutica a organizar suas tropas de maneira que as pessoas com mais afinidades pudessem trabalhar juntas e descobriu-se que isso aumentava a eficácia global.

Dessa forma, a sociometria é um análogo social do *biofeedback*. Elmer Green, um dos pioneiros do *biofeedback*, mostrou que a instrumentação não é o agente de mudança mas, sim, as habilidades psicossomáticas de autoregulação sutil. A máquina só funciona como uma balança doméstica no processo de controle de peso. Assim, também, não é a técnica sociométrica propriamente dita que é a idéia essencial mas, sim, o comprometimento com o *feedback* consensual, claro e auto-revelador, seguido por um exercício de aprimoramento das relações interpessoais e coesão grupal.

PERSPECTIVAS HISTÓRICAS

As raízes da sociometria começaram com as experiências de Moreno em 1917, durante a Primeira Guerra Mundial, quando ele foi nomeado médico encarregado de cuidar de uma comunidade de refugiados do Tirol italiano aos quais fora destinado um campo nos arredores de Viena. Sua meta era ajudar na formação de subcomunidades cooperativas, baseado mais nas preferências das próprias pessoas do que em arranjos de vida arbitrários ou produzidos externamente. No começo da década de 30, ele desenvolveu ainda mais o método enquanto atuava como consultor na escola Hudson para moças, em Nova York, e essas experiências vieram a ser a base do livro mais elaborado de Moreno, *Who shall survive?* — (1934, 1953b).

Ao longo das décadas seguintes a sociometria tornou-se conhecida como uma das primeiras abordagens da psicologia social. Ela foi estimulada por pessoas notáveis como William A. White, Gardner Murphy, Read Bain, F. Stuart Chapin e outros. No campo da sociometria, uma das figuras mais importantes (sem o merecido reconhecimento), foi Helen Hall Jennings. Nas décadas de 50 e 60, o método era empregado principalmente no sistema educacional (Evans, 1962; Gronlund, 1959; Northway, 1967). Entretanto, diversas outras aplicações foram registradas nos livros e revistas publicadas por Moreno (ver Bibliografia).

A sociometria e suas abordagens correlatas, o psicodrama e a terapia de grupo exigem um compromisso com maiores níveis de honestidade e dá-se atenção aos relacionamentos verdadeiros do aqui-e-agora. Se isso começa a soar como o *ethos* dos grupos de encontro, é porque ele é. O trabalho de Moreno foi, na verdade, o precursor dessa abordagem, não apenas em espírito, mas, também, em influência histórica direta. Diversas pessoas que mais tarde viriam a ser fundadoras dos Grupos de Sensibilização — os *T-groups* —, tais como Ronald Lippitt e Leland Bradford, embora primordialmente trabalhando com Kurt Lewin, tinham estado em contato com Moreno e estavam familiarizados com seus métodos (Moreno, 1953a). Alguns de seus escritos seminais, por volta da época da organização dos primeiros Grupos de Sensibilização em 1946 e 1947, foram publicados nas revistas de Moreno (Lippitt, Bradford & Benne, 1947). Naquelas primeiras experiências, o desempenho de papéis e outras abordagens ativas estruturadas eram partes significativas do processo. Poucos anos depois, os experimentos na educação e desenvolvimento organizacional da comunidade tornaram-se um método mais popular de treinamento de sensibilidade; e uma década depois, esta abordagem, em certo sentido, fundiu-se com o campo então emergente da psicologia humanística para tornar-se o grupo de encontro.

Outro ramo do movimento dos Grupos de Sensibilização foi cooptado pelos que trabalhavam na dinâmica de grupo de orientação psicanalítica na Inglaterra e, em seguida, reimplantados nos Estados Unidos. Esta abordagem, chamada de Tavistock, retomou o uso da passividade do líder do grupo como técnica principal de provocar interações interpessoais. (A ênfase, como era de prever, encontrava-se nas tendências de resolver os conflitos de dependência e outras transferências com o líder, as quais acredito que eram, em grande parte, uma conseqüência da maneira como eram conduzidos os grupos. Quando existe maior estrutura, os participantes envolvem-se mais em questões interpessoais geradas por eles mesmos.)

No campo da sociologia, a sociometria foi um dos primeiros métodos científicos e continuou a servir de instrumento de pesquisa. Entretanto, a intenção de Moreno era que ela fosse utilizada muito mais do que como simples exercício acadêmico (Mendelson, 1977). Ele buscava o que hoje poderíamos chamar de ciência aplicada do comportamento, que ajudasse diretamente as pessoas que estavam sendo testadas. Não era uma simples questão de interesse pessoal, mas sim um imperativo ético e uma extensão de sua filosofia existencial. A sociometria era uma ferramenta que as pessoas podiam usar para monitorar o estado de seu próprio funcionamento coletivo, e, com esta informação, podiam tomar decisões fundamentadas a respeito de mudanças nas normas dos grupos, procedimentos e papéis. Assim, na opinião de Moreno, a sociologia acadêmica não fazia as perguntas relevantes. Além de descrever os fenômenos da dinâmica dos grupos, é importante identificar, criar e resolver os problemas técnicos contidos na tentativa de corrigir as "doenças dos grupos". Isso requer uma abordagem interdisciplinar e, como tal, precisa ainda desenvolver um corpo aceito de conhecimento e um grau de *status* especializado.

Sem dúvida, a sociometria exigia mais do que constava do repertório de habilidades do acadêmico médio. Poucos professores de sociologia ou psicologia social recebem treinamento idêntico em terapia de grupo e, para o aparecimento do que Moreno chamava de socioterapeutas ou sociatras, era indispensável uma tal síntese de disciplinas. O novo campo de profissionais teria um papel de relevância social no diagnóstico e tratamento de conflitos dentro e entre os grupos, vizinhanças, organizações e até mesmo nações, como aquela de um psicoterapeuta tratando um indivíduo ou uma família. Por certo, há lugar para um tal papel, pois coletividades maiores exibem formas até mais perigosas de psicopatologia e auto-ilusão. O estado rudimentar de nosso conhecimento e a presença de resistências coletivas não deveriam nos deter na tarefa de antever e construir a convicção da validade e os métodos de tal papel.

RESISTÊNCIAS À SOCIOMETRIA

Assim como há resistências à investigação do reino intrapsíquico, existem também resistências coletivas e individuais ao exame do campo interpessoal. As questões propostas nas investigações sociométricas são significativas. Elas provocam o medo de que o *self* e/ou outros se sintam feridos se não forem escolhidos. Além disso, as razões para a escolha, com freqüência, tendem a refletir sentimentos com profundos significados. Na verdade, se os sonhos são chamados de "via régia para o inconsciente", como dizia Freud, então a sociometria seria o "caminho a jato". As bases para as preferências com relação a trabalho, igreja, companheirismo, *hobby* e estilo de vestir têm muito a ver com a vida inconsciente. Além disso, essas conexões adquirem maior importância do que os sonhos, pois são óbvios fatores determinantes no modo de vida. Assim, as pessoas sentem que avaliar tais assuntos pode, rapidamente, conduzi-los a níveis de autoexame que muitos prefeririam evitar.

Outra resistência à sociometria é o sentimento inconsciente e, no entanto, prevalecente, de que os relacionamentos interpessoais são muito complexos e impossíveis de resolver. As pessoas vivenciam uma leve sensação de desamparo provocada por uma mistura de fatores:

- Suspeitando ver nos outros aquelas que são suas piores motivações (ou seja, projeção). Elas suspeitam dos outros a ponto de não confiarem que elas mesmas sejam socialmente inclusivas.
- Negando a realidade da tensão interpessoal, da mesma maneira como algumas pessoas negam sinais prematuros de uma doença — elas esperam que tais sinais magicamente desapareçam. Elas ignoram a verdade de que, a longo prazo, os problemas ou as forçarão a uma resolução ou inflamarão como um abscesso, piorando com o tempo.
- Não se expondo a alternativas construtivas, elas não podem imaginar que exista um caminho melhor.

Essas formas psicológicas comuns de decepção contribuem em larga escala para nosso pouco saudável nível de alienação social atual. É possível usar os métodos da sociometria e do psicodrama de maneira construtiva para enfrentar o problema. À medida que as pessoas aprendem a usar as habilidades da percepção individual e de grupo como ferramentas, elas se tornam aptas a perceber quem no grupo encontra-se isolado ou rejeitado e por que razões, quais são aqueles cujas percepções acerca de serem queridas ou não estão equivocadas, quais subgrupos existem e quais são os diferentes papéis ou critérios pelos quais cada pessoa é vista. Nossa cultura atual caracteriza-se por incontáveis mudanças sociais que exigem um elevado nível de flexibilidade psicológica e de habilidades de lidar criativamente com as situações. E tudo isso será desenvolvido por meio de experiências de grupos educativos que utilizam os métodos da sociometria e do psicodrama.

Em outras palavras, o processo sociométrico requer que a pessoa tenha vontade de enunciar preferências explícitas, as quais, em nossa cultura, em geral, são demonstradas de forma polidamente furtiva. É provável que a sociometria não tenha sido mais amplamente conhecida ou aceita porque ela é realisticamente ameaçadora. Poucos líderes de grupo sentem-se capazes de tentar resolver os sentimentos confusos e dolorosos que podem surgir no curso de tal procedimento.

Assim, para que um grupo seja capaz de se beneficiar da sociometria, é preciso que haja capacidade correspondente no uso construtivo da dinâmica de grupo e as habilidades englobadas em ambas as tarefas são raras em nossa sociedade. Os participantes de um grupo, receptivos à sociometria, são aqueles que, de algum modo, virão a fazer bom uso da informação gerada. Tal confiança, por sua vez, repousa numa familiaridade com os métodos de grupo, em especial as técnicas psicodramáticas de inversão de papéis, do duplo e outras abordagens afirmativas de resolução de conflitos. Mesmo os terapeutas de grupo mais convencionais não conhecem tais técnicas e ficam preocupados com a perspectiva de se envolverem em algum conflito aberto com colegas.

A sociometria e o psicodrama exigem espontaneidade, e espontaneidade exige um certo grau de liberdade da ansiedade. Isso significa uma vontade de mudar, ponderadamente, em vista de novas informações — uma flexibilidade existencial e a coragem que advêm de saber como acessar os outros em busca de apoio. Em suma, uma das grandes fontes de resistência à sociometria é a falta de domínio sobre uma gama de habilidades capaz de resolver problemas de maneira positiva. A sociometria é como usar um bisturi em um paciente: se você não estiver apto a levar adiante o processo da cirurgia (o equivalente ao psicodrama), então você terá infligido uma ferida na pessoa (membros do grupo). Isso não significa excluir o uso das técnicas sociométricas para permitir o funcionamento de um grupo. Refiro-me à sociometria em seu sentido mais amplo como agente catalisador e de diagnóstico.

IMPLICAÇÕES TERAPÊUTICAS

Relacionam-se ao poder das questões implícitas e que são levantadas no decurso do processo sociométrico. Por exemplo, examinar realmente a base de sua escolha vocacional, de companheiro, e do lugar em que deseja viver provoca uma série de associações. Você pode descobrir aspectos mais importantes sobre o funcionamento de seu subconsciente perseguindo esse tipo de exercício do que com qualquer outra técnica específica da psicoterapia. O ato de escolher é um processo multideterminado, envolvendo ampla gama de motivações sensitivas. Assim, a sociometria deve ser adaptada como uma técnica de psicoterapia em função da intangibilidade envolvida na tele, aquela capacidade de conexão evidenciada pelo processo de tornar explícitas as preferências. (Uma definição prática de tele é a que diz que ela é a qualidade dos relacionamentos medida pela sociometria.)

Quando as pessoas levam em consideração as implicações de suas redes sociais, elas descobrem com quem preferem compartilhar as diferentes atividades e, com freqüência, leva a inúmeras descobertas. Por exemplo, seu nível de expectativas sobre relacionamentos sociais talvez tenha ficado limitado Quem sabe, não tenha se ajustado, a menos do que necessita, por receio de como será tratado pelos outros. Além disso, estar ciente da própria capacidade de escolher alternativas pode conduzir a insatisfações com a família, vizinhança, com a subcultura e assim por diante. Esses sentimentos acabam por misturar-se à ansiedade produzida pela tentação de mover-se rumo ao desconhecido e pelo medo das mudanças. Assim, o processo será socialmente desestabilizador, a menos que seja equilibrado por uma pluralidade de canais com os quais reconstruir as redes sociais, canais esses nem sempre disponíveis.

A literatura profissional a respeito da sociometria, em geral, não comunica o vigor do método, em especial quando usado com adolescentes ou adultos. A questão aparentemente simples: "Quem você prefere...?", inevitavelmente, produz inúmeros corolários: "Em que você baseia sua escolha? O que influiu em sua escolha? Você ou alguém mais ficaria magoado por não ser escolhido por muita gente?".

Uma das contribuições potenciais da sociometria é a idéia de que as pessoas que gostam umas das outras muitas vezes trabalham melhor juntas do que pessoas agrupadas segundo outros critérios, tais como ordem alfabética, altura etc. Ainda assim, em muitas organizações, continua sendo comum separar os amigos por se achar que essas relações provocam distrações. É bastante provável que se as pessoas com tele recíproca fossem estimuladas a sentar-se juntas, trabalhar em conjunto em projetos e tivessem seus relacionamentos informais validados, o resultado seria mais trabalho e maior grau de aprendizado. Essa dinâmica tem sido largamente confirmada pelo uso dos testes sociométricos nas escolas, organizações militares e na indústria.

A falta de validação das escolhas sociométricas no desenvolvimento da criança leva a uma grande incidência de psicopatologias sutis. Sem a oportunidade da seleção natural em papéis variados, torna-se mais difícil escolher os próprios parceiros de modo mais eficaz. Trata-se de habilidade que requer experimentação e prática, tal como qualquer outra. Por exemplo, ser obrigado a trabalhar com pessoas cujo ritmo de ação ou de aprendizagem é bem mais rápido ou lento pode reforçar sentimentos de ser diferente e inadequado. Às vezes, não só têm dificuldade em achar "seu próprio tipo de pessoa" com as quais trabalhar, como nem sabem da existência dessas conexões naturais.

Portanto, seria um componente importante da saúde mental preventiva nas escolas, programas de recreação e instituições correlatas, ter como norma ajudar as crianças a explorar interesses variados. Hoje, no entanto, dá-se ênfase excessiva aos esportes competitivos ou a atividades que medem o desempenho. No entanto, professores, administradores, conselheiros e pais têm condições de começar a promover a noção de que os jovens podem ser populares em seus próprios grupos de origem, em vez de estimulá-los a lutar com o atual sistema baseado nos esportes, na beleza, dinheiro, talentos especiais ou competência social. Uma abordagem afirmativa, que valide uma ampla variedade de interesses — ciência, jardinagem, cozinhar, trabalhos manuais, jogos de salão, ficção científica e assim por diante —, aumentará o envolvimento social de crianças que possuem diferentes tipos de temperamento, habilidades e vocações.

LIBERDADE INTERPESSOAL

Talvez a implicação mais importante da sociometria seja o fato de que ela indica a meta da liberdade interpessoal. Para compreender o conceito é necessário considerar as diversas maneiras que, de acordo com nossa cultura, as pessoas se relacionam umas com as outras, não importando como são agrupadas. É uma idéia basicamente mecanicista e nega a realidade da tele e o fato de as pessoas trabalharem melhor ao lado de outras, com as quais se assemelham. Em nossa época contemporânea, tempo caracterizado por opiniões realistas acerca de escolhas em subgrupos, a exigência tradicional de que as pessoas se mantenham em seus grupos de origem é obsoleta. Sem dúvida, é mais saudável para as pessoas estarem numa estrutura social mais aberta, que promova a livre escolha baseada em interesses comuns, temperamento ou outros critérios télicos.

Para compreender esse conceito, considere de início as pessoas que você conhece, toda sua família, seus vizinhos, seus companheiros de trabalho ou de classe; escolha um grupo e observe suas próprias variações de preferências. Algumas das pessoas no grupo possuem interesses variados, um nível de atividade, um estilo lúdico, valores ou comportamentos que são diferentes o bastante para que você não se sinta realmente à vontade. Já outros, parecem ser mais compatíveis, com naturalidade e sem esforço. Muitos parecem estar no meio-termo. O que poderia ajudá-lo a descobrir e passar mais tempo com pessoas com as quais você tem mais afinidade? A sociometria, implantada de maneira formal ou informal, visa precisamente esse objetivo.

Assim, a idéia de liberdade interpessoal é que ela nos faz recordar a possibilidade de estarmos com gente tão parecida conosco que permita um livre dar e receber de comportamentos complementares. Isso pode ocorrer em relacionamentos com teles positivas e recíprocas, sem aquele senso sutil de que as pessoas precisam manipular umas às outras de modo a obter o que querem. O resultado é uma sensação de relativa liberdade de expectativas indesejáveis ou irrelevantes nas relações entre pessoas compatíveis. É claro que não estou sugerindo que obrigações razoáveis sejam deixadas de lado, mas que em grupos formados com liberdade de escolha seus membros, por certo, terão menos desejos que os outros não são capazes de atender.

A despeito do contínuo crescimento das oportunidades de escolha, é razoável sugerir que muitos, senão todos, têm evitado o desafio por medo de perderem uma base social familiar e a falta de conhecimento da existência de outros grupos que seriam mais naturalmente compatíveis. Outros parecem ter reprimido a noção de que existem escolhas possíveis. Assim, em relação à dinâmica de grupo ou mesmo ao processo de psicoterapia, seria útil que os participantes considerassem as seguintes questões:

- Identificar e interpretar com exatidão os sintomas sutis de sentir-se "paralisado" em um contexto interpessoal de tele neutra, indiferente ou negativa.
- Conhecer a gama de possibilidades no que se refere a descobrir outros com os quais se compartilha uma tele positiva e as variáveis envolvidas.
- Aprender como descobrir alternativas e como verificar tais situações.

- Saber como fazer uma transição entre uma filiação e a outra.

Todas essas questões envolvem uma habilidade a que se poderia chamar de "pensar sociometricamente". Ela pressupõe uma sensibilidade elevada de notar suas próprias preferências e os critérios que contribuem para elas. Tornar-se ciente dessa dimensão em você mesmo e nos outros pode aumentar sua competência interpessoal; quando os grupos conseguem integrar essa orientação, passam a elaborar normas para ajudar seus membros a descobrir suas próprias conexões interpessoais naturais.

REFERÊNCIAS

EVANS, K. M. (1962). *Sociometry and education*. Londres, Routledge and Kegan Paul.

GRONLUND, Norman E. (1959). *Sociometry in the classroom*. Nova York, Harper & Bros.

HALE, Ann E. (1974). Warm-up to a sociometric exploration. *Group Psychotherapy and Psychodrama*, 27, pp. 157-72.

―――. (1985). *Conducting clinical sociometric explorations: A manual for psychodramatists and sociometrists*. Roanoke, Author. (Royal Publishing Company, 137 W. Campbell Avenue, Roanoke, VA 24011. Trata-se da melhor introdução ao método.)

JENNINGS, Helen Hall. (1950). *Leadership and isolation* (2ª ed.). Nova York, Longmans, Green.

―――. (1959). *Sociometry in group relations: A manual for teachers* (2ª ed.). Washington, American Council on Education.

KOSEMIHAL, N. S. (1959). Sociometry and cybernetics. *Group Psychotherapy*, 12, pp. 102-9.

KUMAR V. K. & KREAWELL, Thomas. (1985). *Practical sociometry for psychodramatists*. West Chester, Authors.

LINDSEY, Gardner & BORGATTA, Edgar F. (1954). Sociometric measurement. In: Gardner Linsey (Ed.). *Handbook of social psychology* (cap.11). Cambridge, Addison-Wesley.

LIPPITT, R. BRADFORD, L. & BENNE, K. (1947). Sociodramatic clarification of leader and group roles as a starting point for effective group functioning. *Sociatry*, 1(1), pp. 82-91. (Nota do autor: Diversos outros artigos de autoria dos pioneiros dos *T-groups* podem ser encontrados por volta dessa mesma época nos primeiros números das publicações de Moreno).

MENDELSON, Peter D. (1977). Sociometry as a life philosophy. *Group Psychotherapy, Psychodrama and Sociometry*, 30, pp. 70-85.

MORENO, J. L. (1934). *Who shall survive? A new approach to the problem of human interrelations*. Washington, Nervous and Mental Disease Publishing Co. (Nota do autor: Ver Moreno, 1953b, em sua versão revista e ampliada.). (N.R.T.: No Brasil sob o título: *Quem sobreviverá? Fundamentos da Sociometria*. Goiânia, Dimensão, v. I, 1992, v. II, 1994, v. III, 1994.)

―――. (1953a). Kurt Lewin and the question of paternity. *Group Psychotherapy*, 5(1-2), pp. 1-4.

―――. (1953b). *Who shall survive? Foundations of sociometry, group psychoterapy and sociodrama*. (2ª ed.). Beacon, Beacon House.

NORTHWAY, Mary L. (1967). *A primer of sociometry*. (2ª ed.). Toronto, University of Toronto Press.

PARTE V
FUNDAMENTOS PRÁTICOS

14

PRINCÍPIOS DAS TÉCNICAS PSICODRAMÁTICAS

O psicodrama em sua aplicação mais ampla visa a libertação da criatividade em indivíduos, grupos e organizações (Ortman, 1966). Quase todos os métodos podem ser considerados, para este fim, desde que sejam construtivos e que preservem o bem-estar do grupo ou do indivíduo. Os princípios apresentados neste livro ajudam o profissional na escolha das técnicas adequadas e alguns dos temas essenciais que sublinham as diversas variações incluem o seguinte (e elas podem ser usadas em conjunto, aumentando a lista):

- Uso de ação física em lugar da narrativa (por exemplo, mostrando uma situação e não apenas falando sobre ela).
- Uso de abordagem direta, falando com as pessoas mais envolvidas (ou egos-auxiliares desempenhando seus papéis), em lugar de falar a respeito delas.
- Compreender que a ação das pessoas, quando estão representando, produz comportamentos mais espontâneos e diretos.
- Tornar situações abstratas mais concretas, trabalhando com cenas específicas.
- Promover encontros autênticos sempre que possível.
- Encorajar os participantes a fazer afirmações taxativas dos desejos, medos e intenções usando frases que começam por "Eu".
- Lidar com situações do passado ou do futuro como se elas estivessem acontecendo no momento presente, no aqui-e-agora.
- Valorizar o potencial de revisar, renegociação e as experiências reparatórias no presente.
- Incluir a atenção a componentes não-léxicos (por exemplo, o tom de voz, inflexão, intensidade, ritmo) nas comunicações.

- Fazer os participantes experienciarem suas habilidades de empatia com a inversão de papéis (técnica para o uso da Regra de Ouro).
- Trabalhar no sentido de aprofundar os níveis de abertura e honestidade, principalmente no que diz respeito aos sentimentos.
- Respeitar e implementar as preferências interpessoais no curso do trabalho com dinâmica de grupo.
- Ter acesso metódico e dar *feedback* aos grupos em relação a suas preferências coletivas ajudando-os a lidar com suas próprias tarefas de coesão e resolução de conflito (isto é, a sociometria).
- Incluir certo grau de atividade lúdica na situação.
- Variar a identidade dos participantes (por exemplo, a pessoa que desempenha um papel simbólico) ou situações para reduzir o superenvolvimento e estimular a percepção de possibilidades alternativas.
- Utilizar símbolos e metáforas, personificando-as e tornando-as mais vívidas.
- Incluir outros princípios artísticos e veículos, tais como o movimento, cenários, indumentária, poesia, arte, som ou música, iluminação.
- Exagerar ou ampliar o comportamento de modo a investigar uma gama maior de respostas.
- Compreender e utilizar a natureza e o valor dos processos de aquecimento como precursores do comportamento criativo.
- Usar as técnicas dramáticas e o contexto da expansão da realidade do teatro para o exame e a expressão das experiências da imaginação, bem como de situações reais (por exemplo, tornar concreto o fenomenal).
- Examinar e aumentar os processos de excitação, entusiasmo e vitalidade.
- Utilizar ativamente e cultivar a sublimação como canal de energias criativas, proporcionando assim alternativas à dinâmica "neurótica" e caracterológica.
- Utilizar fatores terapêuticos da terapia de grupo.

Esses princípios têm como objetivo básico a promoção da espontaneidade, que não se refere à mera impulsividade, mas a uma refinada receptividade e à aplicação efetiva de intuições criativas e *insights*. Nesse sentido, o psicodrama deve ser empregado juntamente com outras abordagens psicoterapêuticas, behavioristas, fantasias dirigidas, hipnose, *gestalt*-terapia, análise bioenergética e outras artes criativas ou terapias recreacionais (Corsini e Shapiro).

Uma classificação divide as técnicas de psicodrama em quatro grupos gerais: Básicas, Cenas Diferentes, Resolução de Conflitos e Aquecimentos. Há uma pequena amostra de abordagens específicas sob cada uma delas.

Técnicas *básicas* usadas para facilitar a maioria dos processos:

dramatizar	duplo	amplificação
autodrama	solilóquio	concretização
replay	ego múltiplo	inversão de papéis
apartes	espelho	uso de auxiliares

Cenas diferentes usadas para trabalho de aquecimento e ação:

cena do berço	cena de morte	projecão para o futuro
loja mágica	trabalho de sonho	atrás das costas

Técnicas de *resolução de conflitos*:

role playing	treinamento de papel (*role-taking*)	negociação estruturada
irromper	espectrograma	aproximação não-verbal

Técnicas de *aquecimento*:

cadeira auxiliar	segredos compartilhados	ações sociométricas

Métodos de *exercícios* da espontaneidade geral:

arte, colagem	jogos teatrais	despertar sensorial
fantasia dirigida	poesia	experiências estruturadas
movimento	dança	música, ritmo

Essas técnicas, desenvolvidas por Moreno e por diversos outros psicodramatistas ao longo dos últimos 50 anos, são aplicadas não apenas no psicodrama clássico, mas, também, modificadas, em contextos menos formais. Em minha opinião, seus maiores potenciais são como agentes facilitadores dos processo de psicoterapia com indivíduos, casais, famílias e grupos e nos sistemas terapêuticos contínuos de hospitais psiquiátricos, centros de tratamento-dia e centros de tratamento residencial. Membros de uma família, enfermeiras e outros pacientes podem funcionar como auxiliares em terapias individuais, bem como em grupos e o uso criativo da cadeira vazia pode preencher alguns papéis. Muitas das técnicas seguintes exigem um grupo de apoio, mas existe a possibilidade de modificar ou adaptar essas idéias no trabalho com casais ou indivíduos. O princípio essencial é o de utilizar o poder da imaginação de modo mais específico.

As técnicas psicodramáticas podem ser aplicadas de diversas maneiras, e as que se seguem são úteis para tornar claras as atitudes e sentimentos dos pacientes: o duplo, o ego múltiplo, o duplo/múltiplo, apartes e solilóquio. Além disso, as interações podem também ser clarificadas pelo uso das técnicas de reconstituição, inversão de papéis, espelho, e atrás das costas. Diversos aspectos do problema são dramatizado, como uso de técnicas de sociometria de ação.

Acontecimentos passados podem ser examinados como se estivessem ocorrendo no presente, e pacientes podem vivenciar tais temas como co-criadores da cena que idealmente preencheria seus desejos. Naturalmente, isso os desafia a expressar explicitamente e a possuir esses desejos, um processo que muitas vezes é básico para o progresso da psicoterapia. Esta técnica é chamada de *ação em psicodrama* (*act completion*). Se o paciente deseja alterar a dramatização, usa a técnica de *replay*, empregando diversas variáveis alternativas de um tema ou cena. Há ocasiões em que é importante para o paciente compreender realmente as prováveis motivações e atitudes de alguém de seu passado, e a técnica de inversão de papéis é inestimável no trabalho com esses complexos.

É bom lembrar que o desafio de esclarecer metas, componente essencial do crescimento pessoal, com freqüência, é obscurecido pelas ambigüidades e imprecisões provocadas inconscientemente. A mera discussão de assuntos nos faz cair nessa armadilha com grande facilidade. A técnica de projeção para o futuro gera um exemplo concreto, e as questões envolvidas são identificadas e testadas em termos de seus valores reais. A loja mágica é outra técnica capaz de catalisar a discussão em torno de metas e o preço a ser pago por suas conquistas.

O papel da metáfora como elemento valioso na terapia vem sendo reconhecido em larga escala na hipnose, na terapia familiar e em outras abordagens contemporâneas. Um bom uso das técnicas psicodramáticas é o de exercitar no paciente a capacidade de trabalhar com imagens metafóricas: a concretização permite que ele vivencie fisicamente o que foi vivenciado psicologicamente, e disciplinar os diversos níveis de recursos do corpo pode servir como veículo para a espontaneidade e o *insight*. Reencenar as fantasias, alucinações e sonhos utiliza a categoria psicodramática da realidade adicional para revelar as atitudes e os sentimentos indizíveis que acompanham a fantasia do paciente.

Várias técnicas de aquecimento são adequadas para serem utilizadas no desenvolvimento de um senso de segurança, uma aliança de trabalho, e um certo envolvimento crescente com os temas em pauta. Por exemplo: algumas experiências estruturadas simples criam coesão no grupo. Fazer os pacientes agruparem-se aos pares para que se conheçam e, em seguida, pedir para que cada um apresente o parceiro aos outros. Em terapia familiar isso pode ser feito com um dos membros falando ao terapeuta sobre a outra pessoa de forma não queixosa. Outras técnicas introdutórias trazem à tona vários conteúdos de maneira indireta; as experiências com arte-terapia, um breve desempenho de papéis de situações relatadas (mas sem grande carga emocional), jogos de teatro, o uso de imaginação dirigido, exercícios sensoriais e abordagens que desafiam a espontaneidade dos pacientes podem quebrar o gelo e dar aos participantes uma experiência compartilhada que serve, então, de foco para a discussão. Penso que aquecimentos estruturados podem até mesmo levar a materiais mais frutíferos e fazer com que se caminhe mais rapidamente rumo às preocupações do paciente. Essa abordagem contrasta com o movimento inicial estereotipado de relativa ou absoluta passividade por parte dos terapeutas. Não obstante, o terapeuta pode pensar em termos de princípios de psicologia profunda e utilizar os melhores conceitos da teoria psicanalítica e neoanalítica.

Ao percorrer os diversos temas, uma pluralidade de técnicas pode ajudar a aguçar as discriminações. Por exemplo, o uso da técnica do exagero permite uma investigação de toda a gama de respostas, desde as reprimidas até as violentas e exageradamente expressivas. Determinada parte de uma cena será intensificada fazendo com que o paciente ou os atores de apoio desempenhem seus papéis de maneira bastante emocional, idealizada, rude, ridícula, tola ou trágica. O estilo é escolhido de modo a propiciar ao paciente um leque de alternativas, ainda que de início estas pareçam implausíveis.

Todas essas técnicas são maneiras de utilizar os recursos da imaginação, da capacidade lúdica e da criatividade da mente humana. É mais do que uma simples questão de *insight* ou compreensão; alguma atividade construtiva também se faz necessária. Uma comparação entre a abordagem de Freud e a de Moreno é ilustrada pela seguinte analogia: se considerarmos Freud como o explorador dos novos territórios da mente (ele em certa ocasião comparouse a Colombo), então Moreno poderia ser considerado como aquele que desenvolveu técnicas para a construção de estradas, o cultivo da terra, e assim por diante. Seu desafio era o de utilizar os recursos não-manifestos da mente e do sistema social. Essas abordagens podem ser aplicadas em áreas "superficiais" da consciência comum, como: educação, recreação e trabalho comunitário; ou então aplicadas nas dimensões psicológicas profundas, na psicoterapia dinâmica. Eu vejo o psicodrama como agente facilitador de outras terapias, de modo análogo ao impacto produzido pelas ferramentas poderosas na carpintaria. O julgamento do terapeuta é ainda o elemento chave e nenhuma metodologia será eficaz em mãos destreinadas.

Em resumo, o leque de técnicas psicodramáticas é potencialmente infindável. À medida que você lê a respeito e experimenta as diversas abordagens, sinta-se à vontade para modificar as técnicas de outros — aprimore-as, faça experiências com elas, crie novas. Dependendo do contexto e da população, adapte técnicas do campo do teatro de improviso (Spolin), do drama criativo (McCaslin, 1984; Polsky, 1980); do *drama therapy* (Jennings, 1986); experiências de desenvolvimento organizacional ou estruturadas em terapia (Morris & Cinnamon, 1974, 1975; Pfeiffer & Jones, 1969-1974, 1972-1975; Saretsky, 1977; Timmins, 1971); ludoterapia; e as outras arte-terapias criativas (Costonis, 1978; Espenak, 1981). Integre essas abordagens com outros métodos de terapia e examine as aplicações com diferentes populações e contextos. Quando você descobrir ou criar alguma técnica que suponha ser útil, por favor, relate-a e compartilhe-a com outros profissionais por meio de revistas especializadas. Alargar os recursos do terapeuta, do facilitador de grupo ou educador é uma das melhores formas de contribuição para a descoberta de abordagens mais eficazes, visando o aprimoramento da harmonia pessoal e social.

REFERÊNCIAS

CORSINI, Raymond J. (1967). *Role playing in psychoterapy*. Chicago, Aldine Press.
COSTONIS, Maureen Needham. (Ed.). (1978). *Therapy in motion*. Urbana, University of Illinois Press.
ESPENAK, Liljan. (1981). *Dance therapy: Theory and applications*. Springfield, Charles C. Thomas.
JENNINGS, Sue. (1986).*Creative drama in group work*. Londres, Winslow Press.
MCCASLIN, Nellie. (1984). *Creative dramatics in the classroom*. Nova York, David McKay Co.
MORRIS, Kenneth T. & CINNAMON, Kenneth M. (1974). *A handbook of verbal group exercises*. Springfield, Charles C. Thomas.
———. (1975). *A handbook of non-verbal group exercises*. Springfield, Charles C. Thomas.
ORTMAN, Harriet. (1966). How psychodrama fosters creativity. *Group Psychotherapy*, 19(3-4), pp. 201-13.
PFEIFFER, J. W. & JONES, J. E. (1969-1974). *A handbook of structured experiences for human relations training* (vols. 1-5). La Jolla, University Associates.
POLSKY, Milton. (1980). *Let's improvise*. Englewood Cliffs. Prentice-Hall.
SARETSKY, Ted. (1977). *Active techniques in group psychoterapy*. Nova York, Jason Aronson.
SHAPIRO, J. L. (1978). *Methods of group psychotherapy and encounter: A tradition of innovation*. Itasca, F.E. Peacock.
SPOLIN, Viola. (1963). *Improvisations for the theater*. Evanston, Northwestern University Press.
TIMMINS, Lois. (1972). *Understanding through communication: Structured experiments in self-exploration*. Springfield, Charles C. Thomas. (Nota do autor: Em especial as técnicas verbais.)

15
SÍNTESE DE TERMOS E TÉCNICAS PSICODRAMÁTICAS

Os livros de Kipper (1986), Goldman e Moreno (1984) e Blatner (1973) e artigos de Z. Moreno (1959), Weiner e Sacks (1969) e outros relacionam diversas técnicas psicodramáticas. O livro de Kipper é excepcional por apresentar uma útil explicação no que diz respeito às indicações para as várias técnicas. Espero que a lista a seguir possa vir a estimular suas próprias modificações; neste caso, descreva-as e publique-as! (Nota: Optamos pelo uso de pronomes masculinos quando falando de um único protagonista.)

Ação Sociométrica (Action Sociogram) — O protagonista retrata sua percepção dos relacionamentos em sua família, no ambiente de trabalho, no grupo atual ou em qualquer outra situação como se fosse um diorama ou escultura. As distâncias (perto ou longe) são mostradas concretamente e os sentimentos são representados por expressões faciais e gestos. Virginia Satir usa esta técnica com o nome de escultura familiar. Ela também já foi chamada de construção de uma escultura (Seabourne, 1963).

Acessórios (Props) — Alguns acessórios facilitam as sessões de psicodrama: cadeiras extremamente leves, uma pequena mesa, algumas almofadas, travesseiros, cobertores, bastões de espuma de borracha, uma cadeira de balanço, uma corda de fibra fina (que pode representar "os laços que unem" num relacionamento enroscado), algo forte onde se apoiar, e assim por diante. Os acessórios podem ajudar a manter a não-violência, intensificar a dramatização, e facilitar o aquecimento de um protagonista. Entretanto, como foi discutido em Iluminação (*Lightning*), o psicodrama deve poder ser efetuado sem eles.

Aconselhar (Advice Giving) — O protagonista dá ou recebe conselhos de outra pessoa importante de sua vida, tal como um pai falecido ou um filho que está saindo de casa.

Act Hunger — Refere-se à necessidade interior, consciente ou inconsciente, de vivenciar certa dimensão da ação física ou emoção, desempenhando com realismo uma situação em que tal auto-expressão seja um comportamento adequado naquele papel. Por exemplo, a necessidade de ser vitorioso pode dar origem a uma cena de um cavaleiro em combate.

Algaravia (Gibberish) — Para facilitar a auto-observação e a observação dos elementos não-verbais do grupo presentes numa interação interpessoal e fazer com que as partes principais se envolvam (ou apenas o protagonista e o auxiliar), é útil refazer a cena ou continuar a dramatização usando sílabas sem sentido em lugar de palavras verdadeiras. Pode-se usar sílabas complicadas que soam como uma língua estrangeira ou ficar no simples "blá, blá, blá" ou "nhá, nhá, nhá" ou "dá, dá, dá". O importante é reexpressar a emoção na interação com as mesmas expressões faciais, entonações e gestos, deixando-as livres da distração causada pelo conteúdo das palavras.

Amplificação (Amplification) — As palavras do protagonista, ditas com suavidade, são repetidas em voz alta por um duplo ou pelo diretor; isto é de enorme utilidade em *setting* grupal menor (Ossorio & Fine, 1957). Ou então o protagonista é estimulado a repetir com maior intensidade quaisquer palavras ditas com suavidade, e/ou a falar mais sobre determinada idéia ou sentimento. Por vezes o duplo ajuda no processo.

Analista da Platéia (Audience analyst) — Um dos membros do grupo que assume o papel de acompanhar a dinâmica que se desenrola na platéia (isto é, o resto do grupo) enquanto ocorre uma dramatização. Sua função é a de agir como observador e relatar seus sentimentos para o grupo observando como a platéia reage ao psicodrama (Weiner & Sacks).

Apartes (Asides) —No decurso de uma interação o protagonista faz comentários dirigidos à platéia e, virando a cabeça ou com um gesto de mão, indica que a outra pessoa na interação não está a par dessas revelações. Assim, ao mesmo tempo, ele expressa pensamentos e sentimentos ocultos e pensamentos colocados às claras. (Tem sido também chamado de solilóquio terapêutico.)

Apresentação do Papel (Role presentation) — O protagonista pode apresentar qualquer papel, inclusive o de um objeto inanimado, como se este pudesse dizer o que sente. Assim, uma mesa da casa poderia reclamar com seu proprietário, dizendo-se negligenciada, ou um sofá poderia contar a um casal as suas percepções a respeito do comportamento amoroso deles. Da mesma forma, animais de estimação, figuras de sonhos, filhos que não chegaram a nascer ou a ser concebidos, juizes celestiais, e outros, adquirem realismo psicológico no psicodrama.

Apresentação Própria (Self-presentation) — Um protagonista apresenta sua casa, local de trabalho ou outro local essencial para a descrição de uma situação, além de um breve retrato de todas as pessoas relevantes naquela área de seu átomo social. Ele mostra como as pessoas se comportam, o que é dito e o que não é; e, recorrendo a inúmeras técnicas psicodramáticas básicas, retrata seu próprio mundo fenomenológico e psicodramático.

Aproximação não-verbal *(Nonverbally coming together)* — Duas pessoas que precisam mudar a forma de se conhecer ou de resolver algum conflito leve, colocam-se em cantos opostos da sala. Tiram seus óculos e sapatos e, em seguida, caminham em direção um ao outro. Já bem próximas, elas podem interagir da maneira que quiserem, respondendo de forma espontânea no momento, mas sem pronunciar palavra alguma. Mantém-se a não-violência, e eles param assim que sentem que acabaram. Depois disso, as duas partes e o grupo podem discutir suas percepções e sentimentos sobre o que foi feito ou visto no evento (Schutz, 1971).

Aquário *(Fishbowl)* — O grupo divide-se em dois: metade senta-se de frente para a parte interna do "aquário" e inicia uma discussão ou tarefa; a outra metade senta-se do lado de fora e observa a dinâmica. (As duas metades, em seguida, trocam de posição como segunda parte do exercício.) Pode-se também pedir a pessoas de fora que funcionem como duplos para os que se encontram na parte de dentro (Fine, 1968).

Aquecimento *(Warm-up)* — Há uma ampla variedade de técnicas para fazer crescer a coesão do grupo, focalizar o grupo numa tarefa ou criar uma atmosfera especial, orientação ou tema num grupo. Além disso, usando técnicas mencionadas ao longo de toda esta seção, os indivíduos podem ser ajudados a entrar numa área de investigação psicológica ou emocional, seja deles mesmos ou de outros (Weiner & Sacks, 1969).

Aquecimento pela fotografia *(Photograph warm-up)* — O diretor pede que o grupo procure se lembrar de uma fotografia importante, observando quem se encontra nela. É uma poderosa técnica, provocativa, em condições de em seguida conduzir a um tipo de sociograma de ação retratando a cena. Os pensamentos e as afirmações dos participantes são expressos e podem resultar numa dramatização.

Assumir o Papel *(Role-taking)* — O ato de incorporar um determinado papel, em geral, que não faça parte da vida habitual da uma pessoa, pode ser feito com pouca ou ampla descrição de como o papel deve ser desempenhado. Quando uma pessoa traz consigo boa dose de espontaneidade para o processo de assumir um papel, pode-se chamar a isso de criatividade de papel. (Na psicologia social, entretanto, o termo tende a se referir a algo mais parecido à inversão de papéis.)

Ato Complementar *(Act completion)* — Valida a experiência emocional dos protagonistas e o senso de escolha ativa tornando-os aptos a vivenciar psicodramaticamente a satisfação de uma vontade, a resolução positiva de um sonho ou conflito ou a felicidade provocada pelo bom êxito de um plano anteriormente frustrado ou inibido. É também chamado de "gratificação pelo ato". Por exemplo, uma cena traumática ou de frustração da infância pode vir a ser representada com elementos alterados: um co-terapeuta ou outro membro do grupo assume o papel de um "perfeito" pai ou professor. Esta técnica propõe um modo mais direto de alcançar aquilo que Franz Alexander chamou de "experiência emocional corretiva" sem que o terapeuta tenha que se envolver por inteiro na satisfação das necessidades do paciente.

Atrás das Costas (Behind the back) — O protagonista dirige-se a um canto da sala e vira as costas para o grupo. O grupo trata de falar sobre ele como se não estivesse presente. Outra variação é a possibilidade de o protagonista apresentar uma cena ou situação; em seguida, as questões são discutidas mais pelo grupo do que pela pessoa. Numa terceira variante o grupo é instruído a virar as costas para o protagonista e a não responder, não importa o quanto sejam provocados, enquanto ao protagonista é permitido falar a respeito de seus sentimentos em relação a cada um deles (Corsini, 1953).

Autodrama — O protagonista dirige a encenação e também desempenha as partes principais. Os auxiliares serão usados como ajudantes (Esta técnica é um pouco diferente do monodrama.)

Auxiliar (ego) [*Auxiliary (ego)*] — Em alguns casos, os diretores podem ajudar os protagonistas a vivenciar situações com maior intensidade do que se eles se envolvessem num simples monodrama pelo uso de co-terapeutas ou outras pessoas do grupo. (Nos últimos anos Zerka Moreno preferia usar o termo simples "auxiliar", sem o complemento "ego", e eu concordo com a idéia. Entretanto, na maioria dos livros antigos, o termo equivalente seria ego auxiliar.)

Auxiliar Silencioso (Silent auxiliary) — Sugerem-se atividades por meio de gestos em lugar da fala, tal como em pantomimas. Uma das variantes é o duplo silencioso. Às vezes, esse papel é o apoio ideal para um protagonista. Ele também permite que um membro do grupo sem condições de pensar em nada para dizer, ainda assim possa participar.

Axiodrama — São examinadas questões de ética, relacionamentos cósmicos ou valores. Por exemplo: os protagonistas podem reexaminar seu relacionamento com Deus, uma tentação, com Satã, um espírito guia, a morte, o futuro (personificado) ou a perfeição. (Ver a *Cena do Julgamento*.)

Bonecas, Máscaras (Puppets, masks) — Serão utilizadas para ajudar no aquecimento do grupo. Um protagonista pode trabalhar com marionetes como forma de apresentar alguns elementos de uma situação.

Cadeira Auxiliar (Auxiliary chair) — Ver *Cadeira Vazia*.

Cadeira Elevada (High chair) — O protagonista ou o auxiliar é colocado numa plataforma ou cadeira elevada. Se o protagonista se acha no alto, ele pode ter a coragem necessária para fazer afirmativas sobre si mesmo de maneira mais confiante. Se é o auxiliar quem se encontra no alto, o protagonista pode vivenciar a situação de dirigir-se a uma figura de autoridade. Esta técnica é semelhante ao uso de um balcão ou sacada caso haja algum disponível.

Cadeira Vazia *(Empty chair)* — (conhecido também como "cadeira auxiliar") Em vez de outra pessoa (um auxiliar) desempenhar a figura complementar na dramatização de um protagonista, uma cadeira vazia a representa. Algumas vezes isso permite uma expressão mais espontânea de sentimentos ternos ou agressivos, dependendo da configuração do grupo ou das dificuldades que o paciente tenha de trabalhar com outra pessoa (Lippitt, 1958). É uma técnica inestimável num contexto terapêutico individual e foi incorporada como parte integrante da *gestalt*-terapia.

Câmara Lenta *(Slow motion)* — As ações podem ser amplificadas, congeladas ou tornadas mais disponíveis para serem trabalhadas se os participantes se movimentam como que em câmara lenta. Pode-se usar a analogia a estar debaixo d'água ou mergulhado numa gelatina. Esta técnica deve ser combinada com o *replay*, o espelho, o onirodrama, entre outras. Uma idéia proposta de aceleração das ações produz resultados diferentes, mas sua utilidade é bem mais limitada quanto ao uso com outras técnicas.

Carta *(Letter)* — O protagonista escreve ou lê uma carta imaginária de uma pessoa significativa. É um aquecimento útil, que permite um certo distanciamento antes de se prosseguir com o verdadeiro encontro psicodramático. Como encerramento, ele pode ser portador de uma sensação de resolução: o protagonista coloca no contexto da carta algum tipo de conselho ou informação para a outra pessoa de um relacionamento, ou ele lê o tipo de carta que, no fundo, ele gostaria de receber (Sacks, 1974).

Cena da Morte *(Death scene)* — O protagonista fala com uma pessoa significativa (desempenhada por um auxiliar) que se encontra à morte ou que morreu e está num caixão; ou, de outra maneira, o protagonista representa a pessoa morta e os membros do grupo falam com ele. É uma técnica poderosa e em geral exige que o protagonista esteja devidamente aquecido (Siroka & Schloss, 1968).

Cena de Julgamento *(Judgement scene)* — O protagonista apresenta um conflito como em uma cena de tribunal, talvez mentalmente, talvez no céu, como julgamento final. É uma técnica útil quando o protagonista se sente culpado, julga a si mesmo, ou se queixa de ser julgado pelos outros. Nesse contexto, comportamentos e crenças serão sujeitos a um processo dialético, que é dramatizado com o protagonista e auxiliares assumindo vários papéis de promotor, advogado de defesa, defensor, juiz, jurados, e assim por diante.

Cena do Berço *(Crib scene)* — Permite-se que todos os membros do grupo (o ideal é que sejam menos do que 12 pessoas) vivenciem a experiência de voltarem a ser bebês, confortados com suavidade e sendo ninados após uma boa refeição. Eles se deitam no chão acarpetado, em tapetes macios ou em colchões, em posição confortável, talvez com travesseiros e almofadas. O terapeuta/diretor e talvez um ou dois co-terapeutas passeiam em volta, dão palmadinhas delicadas e fazem afagos nos participantes "adormecidos" enquanto, hipnoticamente, repetem frases tais como: "A mamãe ama o filhinho, cuida dele, é um filhinho adorável...". Isso prossegue por cerca de dez minutos e, em seguida, o grupo é despertado com suavidade ainda no papel: "Assim, o bebê começa a despertar, a se movimentar, estica-se um pouco...". Por fim, os participantes são estimulados a sair do papel e são conduzidos de volta a eles mesmos. É uma forma de hipnose e aplicam-se regras similares. As sugestões devem ser feitas com clareza, com apoio e num ritmo lento (Allen, 1969).

Cenas de Adeus (Goodbye scenes) — Estas são usadas para completar negócios inacabados como parte importante do trabalho de luto (Blatner, 1985a, pp. 61-72). (Ver também *Cena da Morte*.)

Choque Psicodramático (Psychodramatic shock) — O protagonista é apresentado a uma situação de grande carga emocional sem aviso prévio; entretanto, deve ser feita quando o grupo já estiver aquecido. O diretor introduz esta técnica quando é útil fazer com que o protagonista lide com uma situação penosa, tal como um trauma de guerra, um anúncio ou processo judicial de divórcio, notícias sobre a morte de alguém ou o ressurgimento de uma experiência psicótica (isto é, uma alucinação ou delírio). Por certo, esta técnica requer alto grau de habilidade e julgamento, bem como tempo suficiente para ser trabalhado por completo até conseguir uma boa integração. Esta técnica é uma espécie de "terapia implosiva" e descondicionadora, repetindo uma cena traumática até que ela perca sua força negativa. Por exemplo, há o caso real de uma mulher que durante uma refeição ficou com muita raiva de seu pai e praguejou dizendo a ele que caísse morto — o que de fato aconteceu. A cena foi encenada repetidas vezes para permitir que ela a integrasse em sua vida (Z. Moreno, 1966).

Concretização (Concretization) — Uma das características do psicodrama é ajudar o paciente a converter suas afirmativas abstratas em algo mais concreto, pois deixar as coisas vagas é uma maneira freqüente de ter de evitar e lidar diretamente com as questões. A primeira maneira de fazer isso é transformar assuntos gerais como "conflitos com autoridades" em cenas específicas: uma situação com um patrão, pai ou professor do paciente. Outra maneira de materializar as questões é converter as metáforas em realidades. Assim: "Gostaria que eles saíssem das minhas costas" será encenado com um auxiliar apoiando-se com delicadeza nas costas do protagonista. Sentimentos de isolamento são encenados, fazendo com que a platéia se retire até determinada distância, apagando as luzes ou, ainda, usando a técnica do assalto ["breaking in"].

Congelar (Freeze) — Veja: *Interromper a Ação*.

Construção do Ego (Ego building) — O grupo discute com franqueza a respeito do protagonista, enquanto este olha para o grupo e escuta em silêncio. O grupo focaliza não apenas as qualidades positivas. O diretor interrompe a discussão assim que o grupo tiver esgotado suas colocações e procura descobrir como o protagonista se sente (e também como o grupo se sente após ter dito tudo o que disse). Qualquer elemento do grupo, se assim o desejar, deve ter a oportunidade desta experiência (Feinberg, 1959).

Coro (Chorus) — A platéia ou um subgrupo de auxiliares são instruídos a repetir certas frases como se fossem o equivalente psicológico moderno do antigo coro grego. Repetir as freqüentes dúvidas, reprimendas ou outras palavras e frases que provoquem ansiedade pode vir a intensificar a experiência do protagonista. Quando o processo aproxima-se de uma integração saudável pode-se usar afirmativas de apoio.

Dança e Movimento (Dance and movement) — O protagonista pode ser estimulado ou pode-se permitir a ele que se movimente livremente numa cena, de modo a expressar emoções ou aquecer-se para uma cena. A propósito, nas décadas de 40 e 50, o trabalho pioneiro de Marian Chace com terapia de dança foi feito em coordenação com o programa de psicodrama no St. Elizabeth's Hospital em Washington, DC (ver *Música, Canto e Ritmo*).

Desempenho de Papel (Role-playing) — O foco no desempenho de papéis é descobrir a melhor abordagem para um problema. É usado com mais freqüência nas empresas, na indústria e na educação. Na verdade, os limites entre o desempenho de papéis e o sociodrama, e até mesmo o psicodrama, são freqüentemente confusos. De modo geral, entretanto, o desempenho de papéis não visa descobrir os sentimentos profundos envolvidos no comportamento de um indivíduo. Quando centrado em determinado problema é mais como um sociograma, porque visa definir seus diversos aspectos. O desempenho de papéis centrado no método investiga estratégias alternativas para lidar com o problema. Ensaiar e aprimorar essas abordagens vem a ser o treinamento do papel (*role-playing*)

Deslocamento de Sentimentos (Moving feelings) — Se o protagonista está bloqueado em suas emoções, o diretor o ajuda a observar a região onde se localiza a tensão. Se é uma parte do corpo que não permite ser colocada em ação, faz-se a sugestão de que os sentimentos sejam deslocados para outra parte do corpo, mais expressiva. Por exemplo, a raiva no estômago passa a ser raiva nos punhos ou lágrimas no coração transformam-se em lágrimas nos olhos (Goldman & Morrison, 1984).

Diálogo Dirigido (Directed dialogue) — Emunah (1983) sugere uma técnica provocativa na qual os membros do grupo vivenciam múltiplas maneiras de usar frases específicas. Depois de formarem pares, cada pessoa recebe uma ou duas frases que devem ser repetidas várias vezes, mas com livre variação de tom de voz, expressão ou gestos. Dentre as frases provocativas temos: "Preciso ir" contra "Quero que você fique"; "Eu quero isso" contra "Você não pode ter isso"; ou "Tem uma coisa que preciso te dizer" contra "Eu não quero ouvir".

Diretor (Director) — No psicodrama ou no *role-playing* o diretor é a pessoa que facilita o processo de encenação. Em geral, o diretor é o líder do grupo ou o terapeuta do paciente, mas algumas vezes um consultor convidado dirige enquanto o terapeuta passa a fazer parte da platéia. Pode haver também um co-terapeuta ou um diretor assistente que ajuda com os diversos papéis.

Distância simbólica *(Symbolic distance)* — O protagonista desempenha um papel que é um pouco ou até mesmo bastante diferente de seu papel na vida real e em seguida vai sendo conduzido de volta ao desempenho de seu papel real. Esta técnica, usando personagens de livros de histórias, é de imensa utilidade quando se trabalha com crianças. Por exemplo, um menino e uma menina em tratamento, sem parentesco, estavam ansiosos com o encerramento, que se aproximava. Eles representaram uma variação improvisada de Hansel e Gretel — irmão e irmã enfrentando o mundo. A partir daí, foram capazes de gerar cenas de projeção de futuro mais realistas (Parrish, 1953).

Dramatização *(Enactment)* — Os membros do grupo são encorajados a dramatizar suas situações de vida numa cena, para representar fisicamente os encontros que existiram apenas em suas fantasias ou recordações. Assim, a pessoa cuja situação é o foco do grupo torna-se protagonista e é auxiliada a vivenciar o processo de trabalhar com as atitudes e sentimentos em forma de ação. As dramatizações são do passado (recordações, reviver experiências), do presente ou do futuro (preocupações, esperanças, testar possíveis cenários, fantasias).

Duplo *(Double)* — Um auxiliar junta-se ao protagonista, seja um co-terapeuta ou um membro do grupo, cujo papel é funcionar como suporte na apresentação da posição ou dos sentimentos do protagonista. Os duplos deveriam, de início, trabalhar visando estabelecer um vínculo empático com o protagonista. Em geral, eles ficam afastados e ao lado do protagonista de modo a poder replicar as comunicações não-verbais e mostrar uma espécie de "frente unida". O duplo é uma das técnicas mais importantes e fundamentais do psicodrama (Leveton, 1977).

Duplo Voluntário *(Voluntary double)* — Os membros da platéia são encorajados ou têm permissão para indicar ao diretor que querem entrar como duplos (se permitido) quando acreditam estar em intensa identificação com o protagonista, podendo facilitar o processo criativo. O duplo voluntário pode se manter na ação até ser dispensado pelo diretor ou ele pode ir desaparecendo assim que sua contribuição tiver sido feita (Torrance, 1978).

Duplos Múltiplos *(Multiple double)* — São oferecidos ao protagonista dois ou três duplos que o ajudam a expressar diferentes partes do *self*. Podem representar vários aspectos, tais como o *self* no futuro, presente e passado; o *self* "bom" e o "mau"; a descrição feita por Eric Berne do Pai, Adulto e Criança; ou o *Topdog* e o *Underdog* de Fritz Perls (Z. Moreno, 1959).

Ego-Auxiliar Reformado *(Reformed auxiliary ego)* — Depois de investigar a situação de um protagonista e provocar a catarse associada com o descobrimento da dor ou necessidade não-atendida, muitas vezes, é útil proporcionar uma experiência emocional corretiva. O auxiliar, que pode estar representando um pai rude ou deprimido, por exemplo, é instruído a desempenhar o papel de maneira mais nutridora, validadora, empática ou apoiadora. Fazer com que o paciente identifique quais comportamentos podem vir a preencher as suas necessidades não-atendidas ajuda na experiência global de *insight* (Sacks, 1970).

Ego Múltiplo *(Multiple ego)* — O protagonista usa cadeiras vazias ou posições no palco para representar diferentes partes do *self*, tais como a consciência e a tentação. Em seguida, desempenhando os diversos papéis, agora separados no espaço — com ou sem a ajuda de auxiliares —, o protagonista faz as partes apresentarem suas posições e encontrarem-se umas com as outras, o que será bastante útil na solução de conflitos internos (Blatner, 1985b, pp. 29-42).

Encerramento *(Closure)* — Em seguida à ação, o diretor deveria providenciar que os atores tivessem oportunidade de "sair-do-papel" conversando a respeito de suas expressões no papel e dando a si mesmos alguma distância dos acontecimentos. Fazer com que eles se levantem e "chocalhem" o personagem será bastante útil. O compartilhar deve ser dirigido de modo que não venha a ser uma análise do problema do protagonista. Permita boa dose de tempo para o processo.

Escapar *(Breaking out)* — (também chamado de "círculo de pressão") Para um protagonista que se sente preso numa armadilha, o grupo faz um círculo à sua volta, cada qual agarra os braços do outro, e pressiona o protagonista no meio, tentando fazer com que ele permaneça ali, não o deixando escapar. Ele então tenta romper o círculo do modo que julgar conveniente (exceto a violência). O protagonista pode nomear as pressões que está sofrendo, da forma que as vivencia, ou elas podem ser descritas como uma simples sensação geral de pressão. Se o indivíduo percebe que esse tipo de interação com as outras pessoas é difícil, pode-se usar cadeiras para simbolizar o mesmo círculo de pressão e ele se livra delas. O grupo não deve ter mais do que seis a oito pessoas (Weiner & Sachs, 1981).

Espectrograma *(Spectrogram)* — Quando um tema ou uma qualidade se tornam objeto de discussão, um grupo pode indicar sua posição com relação ao tema ou como ele se avalia, traçando uma linha invisível na sala, colocando-se em algum ponto ao longo dessa linha. Esta técnica conduz a uma grande discussão, na medida em que materializa e clareia o problema. É uma forma unidimensional de sociometria de ação (Kole, 1967).

Espelho *(Mirror)* — O protagonista recua e observa, enquanto o papel que ele representou é repetido por um auxiliar. Uma interação da família pode também ser espelhada ou um pai pode observar a cena a partir de sua própria infância, como maneira de obter *insight* em relação a seu próprio comportamento de pai. É uma versão humana do *playback* do videoteipe. Pode vir a ser uma técnica poderosa de confrontação e deve ser usada com discrição. Não se pode fazer do protagonista um objeto de ridículo. A técnica de inversão de papéis, para dar aos protagonistas um *feedback* com relação ao impacto de seu comportamento não-verbal, é semelhante à técnica do espelho (Torrance, 1978).

***Fantasia Dirigida** (Guided fantasy)* — É um método catalisado por sugestões verbais do diretor. O protagonista acha-se relaxado e imagina uma série de falas parcialmente sugeridas pelo diretor. As técnicas psicodramáticas podem ser modificadas e aplicadas para ajudar o protagonista a lidar com as situações à medida que estas surgem. Esta abordagem tem sido utilizada por Roberto Assagioli em seu método de psicossíntese e também por Leuner, Desoile, Schutz, Schoor e muitos outros. Também pode ser usada com um grupo, com as pessoas deitadas do chão ou formando um círculo com suas cabeças juntas. Pode ser um aquecimento útil ou uma boa técnica de encerramento. Entre os temas usados estão uma viagem através do corpo ou no interior do oceano e investigar uma construção estranha ou um castelo (Samuels & Samuels, 1975, pp. 181-207).

***Final da Cadeira Vazia** (Final empty chair)* — Durante o compartilhamento de um psicodrama, os membros da platéia podem reagir às pessoas de suas próprias vidas que são semelhantes aos papéis principais da encenação precedente. Desta forma, completam sua "catarse de espectador", envolvem-se numa minidramatização, encontrando as figuras do drama original do protagonista e/ou as figuras de suas próprias vidas. A apresentação pode ser irada, triste ou reconciliadora; ela pode ou não incluir inversão de papéis com a pessoa representada pela cadeira vazia (Speros, 1972).

***Hipnodrama** (Hypnodrama)* — Encena-se um psicodrama após ter-se induzido um leve estado de transe no protagonista e, talvez, até mesmo no grupo. O terapeuta que usar este método deve ter treinamento adequado em hipnoterapia (Greenberg, 1977, pp. 231-303).

***Idealizações** (Idealizations)* — Um protagonista pode representar seu *self* ideal numa cena, e o papel também poderá ser empregado para dialogar com outras partes de sua identidade. A criação do outro ideal, tal como um dos pais, filho ou companheiro, pode ser solicitada pelo uso da realidade suplementar (*surplus reality*), para a realização de uma cena ideal. Por exemplo, um protagonista pode vir a tornar-se o pai idealizado numa cena de "re-paternagem" (*reparenting*) ou pode vivenciar uma mãe ou pai idealizados numa cena na qual ele é "re-maternado" ou "re-paternado" (*reparented*). O apoio de uma cadeira de balanço, em geral, é de grande utilidade para cenas desta natureza.

***Identidade** (Identity)* — Um protagonista escolhe dois auxiliares, um para representar ele mesmo, e outro, para representar sua "identidade negativa" — ou seja, uma pessoa que ele odeia, despreza ou apenas de quem não gosta. (Uma alternativa seria comparar sua própria visão atual de si mesmo com seu *self* ideal.) Em seguida, à medida que o protagonista relaciona diferenças essenciais, os dois auxiliares, começando um de costas para o outro no centro da sala, afastam-se um passo. Se o protagonista menciona uma similaridade em vez de uma diferença, os auxiliares voltam um passo. Outra técnica pode ser usada para esclarecer e reduzir os fenômenos de transferência. Se o protagonista trata sua esposa como sua mãe, seu terapeuta como seu ministro, ele mesmo como seu pai, ou quaisquer outras duas figuras em sua vida, faça com que ele aplique técnica semelhante, começando com os dois auxiliares distantes um do outro. A cada semelhança observada, eles se aproximam um passo, e a cada diferença afastam-se um passo (Miller, 1972)

Iluminação (Lighting) — Luzes coloridas e redutores de iluminação aumentam a efetividade de muitas dramatizações. Certas cenas ficam mais vívidas quando encenadas sob luz vermelha (por exemplo, inferno, raiva); luz de âmbar (por exemplo, um evento vistoso ou espalhafatoso); luz azul (por exemplo, cenas introspectivas, céu, sonhos, depressão); relativa escuridão (vergonha, intimidade, isolamento); luz verde (inveja, fraude), e assim por diante. Os protagonistas podem participar requisitando o tipo de luz que eles desejam. A hora do dia e o local são fatores que determinam também a luminosidade. (Ainda que úteis, quando disponíveis, os acessórios teatrais não são necessários para se fazer psicodrama. Assim como não é indispensável um palco formal. A sugestão de se ter um lugar na sala onde as pessoas podem encenar uma situação é suficiente e, nesse sentido, "o palco é o bastante". A mobilização da ação na terapia pode ocorrer no mais simples dos contextos e tem sempre precedência sobre quaisquer outras técnicas adicionais.)

In situ — Moreno descreveu a possibilidade de aplicar o psicodrama à própria situação na qual o conflito estivesse ocorrendo — no próprio local, por assim dizer. Isso podia se dar em casa, no pátio da escola, no trabalho ou na rua. A idéia de fazer terapia familiar na casa da família é um exemplo de tal idéia, mas se Moreno o tivesse feito, por certo, teria feito com que a família usasse sua cozinha e quartos de dormir para representar as cenas, bem como suas salas de estar.

Instruir (Coaching) — No decorrer de uma dramatização o diretor pode funcionar como instrutor, sugerindo ao protagonista ou aos auxiliares variações nas abordagens, nas posturas corporais, no ritmo de voz ou na definição de papéis. Talvez um membro do grupo possa assumir a função de instrutor do protagonista. Num *setting* de *role-playing*, o ator principal torna-se o agente (ou auxiliar) do grupo, desempenhando a cena não como ele acharia que ela poderia ser, mas sim de acordo com as orientações do grupo. Uma pessoa por vez ou o grupo inteiro pode então orientar os atores quando estes forem encenar a situação.

Intensificação (Intensification) — Goldman e Morrison (1984) observam que os sentimentos podem ser intensificados e mais explícitos com o uso de uma variedade de técnicas, tais como fazendo eco ou repetindo a mensagem principal de uma situação ou expressão verbalizada de um sentimento; fazendo o protagonista representar com o corpo a forma de tais sentimentos; ou localizando os sentimentos em seu corpo. Algumas vezes, intensifico um sociograma de ação fazendo com que as diversas pessoas que compõem o átomo social do protagonista o cerquem e convirjam lentamente para ele, cada qual dizendo sua mensagem particular. Assim, uma pessoa que se sente aprisionada ou dividida pode vivenciar essa forma de concretização com os auxiliares que desempenham os papéis de seu átomo social empurrando-a, puxando-a ou apertando-a, repetindo as frases cada vez com mais insistência, com voz cada vez mais alta, até que o protagonista se sinta soterrado e tenha uma catarse de emoção que o prepara para o trabalho posterior de integração.

Interromper a Ação *(Cutting the action)* — O processo de uma encenação pode ser interrompido se os participantes saírem definitivamente ou ficarem bloqueados e incapazes de continuar, cada vez que o episódio atinge o momento da conclusão ou quando quer que o diretor perceba a oportunidade de estimular um raciocínio mais criativo, de nível mais elevado com o uso de uma técnica ou episódio diferente. (A frase em inglês vem do antigo clichê usado pelos diretores de cinema: *cut!* — corta!) É dada uma nova orientação e a encenação prossegue. Uma ordem semelhante, "Parado, (*Freeze*), pode indicar que se faz necessário algum ajuste mínimo. Os atores devem manter o *momentum* de suas posições físicas e emocionais e em seguida retomar seu comportamento (a não ser pelo ajuste feito) como se nada os tivesse interrompido. Uma das aplicações desta técnica se dá em situações em que o diretor acredita que um protagonista está ficando irado e em perigo de perder o controle. Outra hipótese é a cena tornar-se confusa e embaralhada, indicando a possibilidade de se abandonar a interação, de "ficar de fora", em certo sentido, e refletir acerca de estratégias alternativas.

Inversão de Papéis *(Role reversal)* — Os participantes principais de uma interação trocam de papéis. Fazer um protagonista inverter o papel num psicodrama é um modo de transcender os limites habituais da egocentricidade. A inversão de papéis é recomendada sempre que convém que o protagonista tenha empatia com o ponto de vista dos outros. Além disso, a inversão de papéis é também usada na montagem de uma cena e no aquecimento de um auxiliar. O protagonista inverte papéis e demonstra como a outra pessoa na cena se comporta, dando assim pistas não-verbais para o auxiliar, de maneira que a cena é representada o mais próximo possível da experiência do protagonista. (É também chamado de mudar as partes ou trocar de papéis.)

Irromper *(Breaking in)* — também chamado de "mergulhar no círculo" (*plunging in the circle*). O protagonista demonstra seus esforços em lidar com sentimentos de isolamento ou de se envolver com seus sentimentos mais profundos tentando irromper (mas sem violência) num círculo formado por seis a oito membros do grupo, abraçados e voltados para dentro (Weiner & Sachs, 1981).

Loja Mágica *(Magic shop)* — Um de cada vez, os membros do grupo negociam com um "dono de loja" capaz de atender a seus desejos mais caros. Muitas vezes, uma pequena elaboração jocosa do cenário misterioso e das qualidades mágicas do dono da loja estabelecem o clima. Selecionam-se alguns membros da platéia para ajudar a garantir que os negócios ou as trocas tenham certo grau de "justiça poética" (Blatner, 1973, pp. 40-2).

Máscaras (Masks) — Podem ser usadas para proporcionar maior distanciamento no papel e para facilitar o senso de que quem age na situação é o papel, e não a pessoa, facilitando assim o sociodrama. Num nível pessoal, Landy (1985) descreve uma técnica na qual o protagonista se prepara construindo quatro máscaras de gaze impregnada de gesso baseada na configuração de sua própria face, em seguida molda-as ou decora-as de modo a que elas venham representar o *self*, os pais e um irmão. Elas se tornam veículos para um encontro de sociograma de ação modificada: cada figura é "entrevistada", o protagonista desempenha suas partes e, em seguida, as envolve num encontro dramatizado. A idéia de usar máscaras deve ser considerada mais freqüentemente como uma síntese de arte e psicodrama.

Monodrama — O paciente desempenha todas as partes na dramatização. A vantagem aqui é o fato de se ter acesso ao ponto de vista do protagonista. Além disso, não necessita de auxiliares e pode fazer parte de uma terapia individual. Uma terceira vantagem é que conduz o paciente a uma ampliação de sua perspectiva por meio da inversão de papéis. É muitas vezes usado com a técnica da cadeira vazia, e o protagonista move-se para outro assento quando assume um papel diferente. Uma das desvantagens é a ausência do estímulo que pode advir do comportamento de um auxiliar. A técnica da *gestalt*-terapia, de Fritz Perls, em essência, era uma adaptação da técnica monodramática.

Mundo Auxiliar (Auxiliary world) — O grupo e até mesmo o meio real é estruturado de maneira a recriar a experiência fenomenológica do paciente. Por exemplo, Zerka Moreno escreveu sobre um paciente que tinha a ilusão de ser Jesus Cristo, então, lhe foram designados diversos auxiliares, protagonizados por co-terapeutas ou membros da equipe, que encenavam os papéis de discípulos e figuras similares. Ele encenou inúmeros rituais até ser capaz de abandonar a necessidade de estar sempre no papel.

Música, Canto e Ritmo (Music, singing, and rhythm) — Existem numerosas atividades e técnicas em condições de serem usadas como aquecimentos ou como encerramento (Veja: *Dança e Movimento*).

Não-violência (Nonviolence) — Um preceito fundamental do psicodrama é a concordância explícita do grupo de não provocar qualquer dano corporal no outro. O psicodrama é por vezes uma modalidade ativa e pressupõe expressões verbais e físicas de sentimento, inclusive fantasias de violência. Os diretores e os membros do grupo assumem a responsabilidade de canalizar esses sentimentos para atividades que dão expressão simbólica aos sentimentos, tais como bater em colchões ou travesseiros com bastões de borracha. O diretor faz com que os participantes parem e retirem seus óculos, sapatos e jóias, o que comunica uma sensação clara e confortável de que nenhum dano será feito contra ninguém. Técnicas tais como câmara lenta foram planejadas revelando a intenção de se sustentar a intensidade de um protagonista ao mesmo tempo em que todos estão protegidos contra qualquer mal.

Onirodrama (Dream presentation) — Serão encenados como se estivessem acontecendo aqui-e-agora. Os auxiliares representam outras figuras, sejam animadas ou inanimadas. Sonhos inacabados são completados de modo a esclarecer medos e a introduzir uma afirmação positiva de resolução positiva (Moreno, 1958). O psicodrama é um bom veículo para o processo de ampliar tanto os sonhos como as fantasias dirigidas, de aumentar nossa experiência interior. James Hillman nos convidou a "continuar sonhando" (1979), e Moreno declarou: "Eu os ensino a voltar a sonhar".

Palco Psicodramático (The stage) — Na opinião de Moreno, o palco era uma parte importante do psicodrama. Ele projetou palcos acessíveis a uma pequena platéia e que consistiam de uma área circular tendo à sua volta três fileiras de assentos, o que acentuava a idéia de ação dramática. Foi um exemplo de arquitetura aplicada à psicologia (Enneis, 1952). Se o objetivo é realizar grande quantidade de psicodrama clássico, é desejável dispor de um palco desta natureza. Vale observar, entretanto, que a maioria dos psicodramas é efetuada em contextos menos formais — em salas de grupo, salões de conferência vazios (nos quais as cadeiras e mesas serão afastadas do caminho) ou em amplos escritórios. É necessária uma área de pelo menos $5m^2$ e convém evitar os palcos elevados das escolas ou auditórios de teatro, pois os mesmos são de difícil acesso e não permitem suficiente intimidade do grupo. Como já dissemos, se adaptado, o método pode também ser empregado nos limites estreitos do consultório, pois a ação pressupõe mais o modo de envolvimento do paciente do que qualquer produção formal.

Papéis do Protagonista (Protagonist roles) — Durante uma sessão de psicodrama, convida-se um protagonista a desempenhar diferentes papéis do "processo": desta maneira ele pode se tornar seu próprio duplo, diretor, conselheiro, *self* mais elevado, aquele que faz tentações, ou espectador (a última é uma variação da técnica de espelho).

Papel Substituto (Substitute role) — Os pacientes que não estão dispostos a retratar a si mesmos podem querer desempenhar o papel de alguma outra pessoa, relacionada com sua própria situação. Por exemplo, uma mulher de meia-idade, agitada e com depressão, consentiu em representar sua mãe, que dirigira uma pensão anos atrás. Nesse papel ela se achava à vontade e parecia feliz no palco. Durante a terceira sessão, na qual ela continuou a representar sua mãe, a paciente levantou a questão de que o ocupante de um dos quartos era promíscuo. Esta era também sua própria história. Quando jovem tivera uma gravidez ilegítima, seguida de um aborto. Agora que se aproximava da meia-idade, ela se preocupava com o incidente e acreditava que se sua família atual descobrisse o episódio, não mais iria amá-la. Quando tudo isso veio à tona num psicodrama, ela pôde ver, com o auxílio de uma inversão de papéis e do *feedback* da platéia, que estava de fato segura com relação ao amor de sua família (Parrish, 1953).

Personificação (Personification) — Papéis de objetos inanimados, tais como o da escrivaninha ou o sofá de uma sala de estar, cãezinhos ou outros animais, idéias abstratas, as partes do corpo de uma pessoa, o "outro" genérico (isto é, "eles"); todos podem ser retratados por um auxiliar como se tivessem subjetividade e sentimentos.

Pessoa Auxiliar (Auxiliary person) — Um membro do grupo assume um papel em potencial, caminhando de um lado a outro do palco. O diretor diz: "Eis aqui uma pessoa de sua vida; ela pode ser de qualquer sexo ou idade. Aproxime-se dela e interaja com ela da maneira que lhe ocorrer". É um aquecimento, semelhante ao uso da cadeira vazia; entretanto, o auxiliar é logo usado, permitindo uma maior interação dinâmica. Por exemplo, em uma dramatização, a pessoa assumiu o papel de um irmão morto no Vietnã, seguindo-se então um processo psicodramático de trabalho de luto (Eya Fechin Branham, 1975, comunicação pessoal).

Platéia (Audience) — Em geral, é um grupo de terapia embora possa ser qualquer tipo de grupo: uma família, diversos terapeutas ou membros de uma equipe, alguns amigos, e assim por diante. Fazem parte todas as pessoas presentes, mesmo que não estejam desempenhando um papel específico em determinada dramatização, porém, a platéia constitui, por vezes, um papel coletivo. Na maioria dos casos, consiste de menos de vinte pacientes. O psicodrama pode ser eficaz com poucos, quatro ou cinco pacientes, embora eu acredite que o ideal seja um número em torno de 8 a 12. Moreno costumava abrir as sessões com mais de cem pessoas na platéia, mas era uma prática controvertida devido à falta de *follow-up* e coesão grupal que garantisse a confidencialidade. Os métodos psicodramáticos modificados admitem ser aplicados com eficácia se houver apenas uma outra pessoa presente e até mesmo no relacionamento terapêutico triádico.

Projeção no Futuro (Future projection) — Uma determinada cena do futuro é elaborada e pode incluir subcenas, tais como a maioria dos resultados esperados, os acontecimentos mais temidos, uma reação exagerada, uma expectativa realística, ou apenas uma investigação de alguma das dimensões de uma situação prestes a acontecer. No treinamento de papéis, esta técnica se torna uma oportunidade para ensaio e prática de comportamento (Yablonsky, 1954).

Protagonista — É um termo empregado no psicodrama para indicar a pessoa que desempenha o papel principal em uma dramatização. O protagonista apresenta o tema a ser investigado e a experiência dessa pessoa torna-se o foco central do grupo. Não se usa o termo "paciente" por uma única razão: quando uma pessoa se torna protagonista ela pode desempenhar diversos papéis além do dela mesma; por questão de clareza, portanto, o termo refere-se à pessoa que é o foco de uma dramatização. Durante uma sessão de grupo mais geral, o protagonista pode mudar de uma pessoa para outra, mas cada mudança requer toda uma nova cena, objetivo e, por assim dizer, um novo "contrato terapêutico".

O protagonista numa investigação psicodramática que inclui diversas cenas pode representar a si mesmo ou outras pessoas significativas em sua vida. Pode tornar-se seu próprio duplo, co-diretor, ou (na técnica do espelho) sua própria platéia. Assim, não é o papel desempenhado que representa o protagonista, mas sim a pessoa que representa e investiga o problema. No sociodrama o protagonista pode ser o representante de um grupo ou subgrupo e os conflitos examinados dizem respeito a uma única dimensão ou papel.

Dependendo do caso, além de representar a si mesmo, o protagonista assume também o papel de uma pessoa significativa de sua vida, uma parte de si mesmo, uma figura de um sonho que teve; mas qualquer que seja o papel assumido por ele, o foco permanece em sua experiência. Por exemplo, se um protagonista representa uma cena sobre seu casamento e a pessoa que faz o papel de sua esposa (o auxiliar) começa a ficar emotiva, ela deveria ser substituída na cena, valendo a pena, talvez, lidar com ela mais tarde; entretanto, o foco deve permanecer no protagonista. Se o protagonista trocou de papéis na cena e o auxiliar — então no papel do paciente — começou a dirigir a cena para um caminho diferente da verdadeira situação do protagonista, o diretor deve verificar isso com o protagonista ("Você representaria isso dessa maneira?"). Se esta forma for inadequada, o diretor deve fazer voltar o foco ao protagonista, afastando-se da fantasia (ou realidade subjetiva) do auxiliar que desempenha o papel original do protagonista.

Também não é preciso que o protagonista permaneça o mesmo durante todo o transcorrer de uma sessão de grupo — apenas pelo período de um psicodrama por vez. Em algumas sessões de grupo, por exemplo, o protagonista pode, por um curto espaço de tempo, ser um dos membros da equipe ou até o próprio terapeuta. Se o diretor se empenha numa luta contratransferencial, uma dramatização curta com ele ou ela como protagonista pode resolver a questão. Assim, ser um protagonista nem sempre eqüivale a estar no papel do paciente. De outro lado, o papel do paciente deve ser menos prefixado e, como enfatizou Moreno, cada pessoa torna-se um agente de cura do outro.

A razão pela qual o "protagonista" é um termo mais adequado do que "paciente" inclui também a descrição da dinâmica de uma sessão. Um protagonista pode desempenhar seu próprio papel, o de um outro paciente, de um parente ou seu próprio duplo, enquanto um auxiliar nessa situação representa o papel de um paciente-protagonista "físico".

Durante um psicodrama o protagonista torna-se mais flexível do que na vida real, e aí reside a magia do contexto de uma encenação.

Protagonistas Múltiplos *(Multiple protagonists)* — (Ver: *Psicodrama Familiar*, *Sessão com Duplo Protagonista*) O psicodrama é empregado para catalisar encontros mais autênticos e para gerar soluções criativas de problemas entre diversas pessoas, tais como membros de uma família ou um pequeno grupo. Neste sentido, Moreno já fazia "terapia conjunta" (uma precursora da terapia de família) nos anos 30. As técnicas sistêmicas de terapia familiar são bastante semelhantes àquelas utilizadas na condução de grupo de psicodrama.

Psicodrama a Dois *(Psychodrama à deux)* — Aplicam-se, por vezes, estas técnicas em terapia individual; elas têm algumas semelhanças com a *gestalt*-terapia, com o terapeuta desempenhando os papéis de diretor, duplo e outros papéis auxiliares. É uma maneira útil de integrar as muitas contribuições valiosas do psicodrama ao *setting* terapêutico individual tradicional (Vander May, 1981).

Psicodrama de Alucinação *(Hallucinatory psychodrama)* — Os pacientes representam os fenômenos de suas alucinações ou delírios, tais como são feitos no trabalho com sonhos. As diferentes fontes de vozes se personalizam, são elaboradas e investigam-se os resultados alternativos (Moreno, 1958). O uso desta técnica requer bom julgamento clínico.

Psicodrama de Improviso *(Unplanned psychodrama)* — diz respeito à reação que se possa ter a um fato da vida real, no momento em que está acontecendo, com uma dramatização psicodramática. Por exemplo, pode ser usado para resolver conflitos no decorrer de uma excursão ou passeio, em casa com membros da família ou em situações semelhantes. É de grande eficácia em cenários como acampamentos, centros de tratamento-dia ou hospitais psiquiátricos. (Ver *In situ*.)

Psicodrama Ensaiado *(Rehearsed psychodrama)* — Às vezes um paciente com talento criativo deseja apresentar uma cena ou uma série de cenas baseadas ou relacionadas à sua própria vida. Ele mesmo adapta um trecho literário ou uma peça teatral, escreve, dirige, ensaia e representa uma peça (ou uma cena breve), com a ajuda de facilitadores treinados. Essas cenas serão trabalhadas ou examinadas mais tarde usando os métodos psicodramáticos.

Psicodrama Familiar *(Family psychodrama)* — O terapeuta ou diretor trabalha com membros do núcleo familiar central ou até mesmo com membros da família ampliada usando a inversão de papéis, a projeção para o futuro e quaisquer outras técnicas psicodramáticas adequadas. Os membros da família aprendem a servir de auxiliares uns para os outros. A abordagem inclui ensinar a elas a utilização da inversão de papéis como uma maneira de mobilizar a preocupação empática interpessoal e traz grandes benefícios para os participantes. O método psicodramático é uma poderosa ferramenta de diagnóstico terapêutico e educacional, aumentando de maneira significativa a eficácia da terapia familiar

(Remer, 1986). O psicodrama também é utilíssimo na terapia de grupo com múltiplas famílias.

Psicodrama Planejado (Planned psychodrama) — Há diversos níveis de planejamento. Simplesmente, preparar uma sessão de psicodrama ou agendá-la a intervalos regulares é a maneira mais usual. Outro nível inclui o planejamento verdadeiro de certos elementos num psicodrama que irá se desenvolver. Por exemplo, o terapeuta talvez pretenda trabalhar uma determinada questão com o paciente na próxima sessão de psicodrama. Uma forma ainda mais específica pode ocorrer, por exemplo: o paciente, o terapeuta e o diretor devem decidir certos detalhes por antecipação, tais como o estabelecimento de uma cena de abertura ou a escolha de certos auxiliares de confiança. Ainda que alguns elementos tenham sido planejados, resta bastante espaço para desenvolvimentos espontâneos ao longo da dramatização.

Realidade Suplementar (Surplus reality) — Além das cenas que tratam de acontecimentos verdadeiros na vida da pessoa pode-se representar também cenas que, como disse Zerka Moreno, "jamais ocorreram, jamais ocorrerão ou jamais poderão ocorrer". Essas cenas, muitas vezes, representam esperanças, medos, e questões psicológicas não-resolvidas que são vivenciadas como sendo por vezes mais reais do que os eventos do dia-a-dia. O psicodrama permite que as pessoas usem a imaginação como base das dramatizações, validando assim nossa capacidade de participar em experiências que são "maiores do que a vida". Moreno chamava o psicodrama de "Teatro da Verdade" porque o reino das emoções, fantasias e realidades suplementares faz parte do que é realmente verdadeiro para cada pessoa.

Realização pessoal (Self-realization) — Um protagonista encena uma visão geral de sua vida, inclusive elementos do passado e do presente, dando ênfase a uma seqüência de acontecimentos possíveis, desejáveis ou prováveis. Este é um cenário abreviado de pontos altos e baixos da vida.

Realização Simbólica (Symbolic realization) — Dramatizam-se situações simbólicas. Por exemplo, se o protagonista se sente sob o peso de problemas, sugiro que um auxiliar ou dois pendurem-se com delicadeza em suas costas. Se o protagonista se sente isolado ou numa armadilha, faça com que ele realize o exercício de "Irromper" ou "Escapar", tendo que se relacionar com um pequeno grupo de auxiliares num pequeno círculo.

Replay — As cenas são reencenadas com modificações, de modo a vivenciar uma sensação mais leve, um final mais feliz, uma estratégia interpessoal mais eficaz, uma resposta dessensibilizada a uma situação ameaçadora ou resultado semelhante. É possível variar o *setting*, os participantes, o comportamento do protagonista ou o comportamento de outra pessoa; entretanto, é melhor mudar apenas uma variável de cada vez.

Segredos compartilhados (Shared secrets) — Cada membro do grupo escreve um segredo num pedaço de papel e coloca-o num recipiente, misturado aos de todos os outros presentes. Em seguida, os segredos são retirados (cada um assegurando-se de não pegar o próprio). Cada pessoa, então, lê o segredo e o elabora por cerca de um ou dois minutos, como se ele fosse seu próprio segredo. Esta técnica é mais indicada para um grupo que não tenha mais do que nove elementos. É útil como aquecimento para construir a coesão grupal e como método para fazer crescer a empatia.

Sessão com Duplo Protagonista (Double protagonist session) — (Veja: *Protagonistas Múltiplos*). Pode-se examinar os relacionamentos estando presentes ambas as partes envolvidas, como, por exemplo, um casal, um paciente e sua enfermeira, pai e filho, e assim por diante.

Sociodrama — Uma situação é investigada em termos de um único relacionamento principal, tal como o existente entre paciente e médico, professores e administradores, conservadores e liberais, e assim por diante. A especificidade única e a combinação de papéis que constitui a vida de indivíduos reais são abordadas no *psicodrama*. Entretanto, questões gerais que dizem respeito às pessoas de um determinado grupo constituem-se em excelente material para sociodrama. A abordagem ajuda bastante a aprender ou a examinar com criatividade as possibilidades inerentes aos desafios dos vários papéis sociais e outras formas de papéis.

Sociometria (Sociometry) — O método usado por Moreno para medir os relacionamentos interpessoais em um grupo serve também como aquecimento para as interações grupais. O método básico emprega papel e lápis e nele cada pessoa registra sua escolha preferida de outros membros do grupo como parceiros em diversas atividades. As escolhas são todas colocadas num diagrama ou tabela e em seguida os resultados são compartilhados com o grupo. Fica óbvio quem são as "estrelas" e quais as pessoas mais isoladas. As diversas posições tornam-se temas para as investigações psicodramáticas. Há também uma profusão de maneiras de demonstrar escolhas sociométricas sem papel ou lápis (ver *Ação Sociométrica*).

Sociometria do Instante (Instant sociometry) — Num grupo grande, depois de algumas ações genéricas de aquecimento, faça com que as pessoas rodem em volta procurando uma "família". As orientações devem ser no sentido de se constituir um agrupamento familiar. O tipo de agrupamento produzido deverá ser objeto de posterior discussão e dramatização.

Solilóquio (Soliloquy) — O protagonista compartilha com a platéia os sentimentos e pensamentos que, de hábito, seriam mantidos ocultos ou reprimidos e empenha-se numa atividade solitária, tal como caminhar para casa, relaxando após um dia extenuante ou preparando-se para um acontecimento prestes a ocorrer. Poderia incluir o aconselhamento, palavras de estímulo ou de crítica. As variações incluem fazer com que o protagonista faça um solilóquio, com um duplo, à medida que os dois caminham juntos ou fazendo com que o protagonista converse com um animal de estimação, ou convertendo o diálogo interno em um encontro com uma cadeira vazia ou auxiliar representando um *self* futuro mais sábio ou outra parte da personalidade (Z. Moreno, 1959).

Status Nascendi — É o termo empregado por Moreno para aquela fase de uma situação na qual os elementos dinâmicos ainda estão sendo reunidos, quando as decisões fundamentais estão sendo tomadas e os eventos cruciais estão ocorrendo. O objetivo é ir ao encontro dos acontecimentos críticos, pois estes constituem as cenas de maior potencial para uma revisão criativa. Assim, uma boa instrução psicodramática seria: "Mostre-nos uma época em que as coisas eram diferentes", antes que certas decisões ou mudanças básicas tenham sido tomadas. Estas cenas ocorrem geralmente como a terceira ou quarta cena de uma série.

Tabuleiro de Xadrez *(Chessboard)* — É uma variação do sociograma de ação e ilustra a gama de possibilidades de símbolos que podem ser utilizados no aquecimento dos protagonistas para os diversos papéis em suas redes sociais. Por exemplo, usando a metáfora de um jogo de xadrez, um protagonista assume o papel do rei (ou de qualquer outra figura que ele sinta ser mais apropriada), e é convidado a escolher as pessoas do grupo que deseja ter como seus bispos, rainha, cavalos, torres e peões. Poderia ser utilizado para ajudar o paciente a demonstrar suas percepções e sentimentos com relação aos outros pacientes e demais membros da equipe.

Em uma terapia individual, o terapeuta, se desejar, representa um sociograma de ação num tabuleiro com pequenas peças de xadrez. Ou, ainda, moedas de várias espécies, diferentes tipos de marionetes e outros conjuntos variados de objetos tornam-se peças de um conjunto de figuras simbólicas que representam as percepções de diferentes papéis no átomo social do paciente.

Técnicas Não-verbais *(Nonverbal techniques)* — A dança, a música, a pantomima, o toque e outras formas de comunicação não-verbal são veículos poderosos para ajudar a superar os padrões habituais de defesa e contenção. (Ver *Música, Canto e Ritmo.*)

Telefone — Este acessório produz uma boa interação, em especial com adolescentes. Por estar desligado, ele permite fazer ou receber qualquer tipo de chamadas sem criar problemas. Para dinamizar a ação basta usar um ou dois telefones e, com o auxílio de uma fita cassete oculta, reproduzir o som de um telefone tocando (Emunah, 1985).

Testes da Situação *(Situation tests)* — Uma determinada situação é apresentada e membros do grupo são convidados a mostrar como lidariam com ela. Ou, então, pede-se a uma pessoa que saia; as outras montam a cena e, em seguida, a pessoa retorna e assume o papel do protagonista na situação.

Tocar *(Touching)* — O contato corporal ou toque, freqüentemente, estão presentes em sessões de psicodrama. Podem ser usados de modo positivo, seja num caloroso aperto de mãos ou passando o braço em volta dos ombros ou, de modo negativo, como, por exemplo, empurrando com desdém. As experiências da infância de muitas pessoas foram afetadas pelo modo como elas foram carregadas, seguradas, surradas, e assim por diante.

Treinamento de Papel (Role-training) — O objetivo primordial é ensaiar ou aprimorar um papel, tal como a maneira de proceder numa entrevista para obtenção de um emprego, como convidar alguém para um encontro, como dizer não a um vendedor, e assim por diante. A tarefa básica é, em geral, estabelecida logo de partida e nenhum esforço importante é feito no sentido de investigar os sentimentos mais profundos envolvidos (Seabourne, 1985).

Videopsicodrama (Videotaped psychodrama) — A experiência psicodramática gravada em videoteipe compreende as tarefas de envolvimento na dramatização, assistir ao videoteipe e, em seguida, reencenar partes do psicodrama que precisam ser mais trabalhadas. (No passado, Moreno usou também gravações em audioteipe e filmes de cinema para que os pacientes pudessem ouvir ou ver a si mesmos e utilizar essa experiência como aquecimento para novas investigações.) (Ver Heilveil, 1983; Lee, 1981).

REFERÊNCIAS

ALLEN, Doris Twitchell. (1969). The crib scene: A psychodramatic exercise. *Psychotherapy: Theory, Research, and Practice*, 6, pp. 206-8.

BLATNER, Adam. (1973). *Acting-in*. Nova York, Springer Publishing Co., pp. 40-2.

———. (1985a). The principles of grief work. *Creating Your Living*. San Marcos, Author, pp. 61-72.

———. (1985b). Psychodramatic approaches to personal growth. *Creating Your Living*. San Marcos, Author, pp. 29-42.

CORSINI, Raymond J. (1953). The "behind your back" technique in psychodrama. *Group Psychotherapy*, 6, pp. 102-9.

EMUNAH, Renee. (1983). Drama therapy with adult psychiatric patients. *The Arts in Psychotherapy*, 10, pp. 77-84.

———. (1985).Drama therapy and adolescent resistance. *The Arts in Psychotherapy*, 12, pp. 71-9.

ENNEIS, James M. (1952). Establishing a psychodrama program. *Group Psychotherapy*, 5(2), pp. 111-9.

FINE, Leon. (1968, junho 28). Apresentação em um *workshop* de treinamento profissional, Belmont.

FEINBERG, Henry. (1959). The ego building technique. *Group Psychotherapy*, 12(3-4), pp. 230-5.

GOLDMAN, Elaine & MORRISON, Delcy Schram. (1984). *Psychodrama: Experience and process*. Phoenix Eldemar.

GREENBERG, Ira A. (Ed.). (1977). Group hypnotherapy and hypnodrama. Chicago, Nelson-Hall.

HEILVEIL, Ira. (1983). *Video in mental health practice: An activities handbook*. Nova York, Springer Publishing Co.

HILLMAN, James. (1979). *Dreams and the underworld*. Nova York, Harper & Row.

KIPPER, David. (1986). *Psychotherapy through clinical role playing*. Nova York, Brunner/Mazel.

KOLE, Delbert. (1967). The spectrogram in psychodrama. *Group Psychotherapy*, 20(1-2), pp. 53-61.

LANDY, Robert. (1985). The image of the mask; Implications for the theatre and therapy. *Journal of Mental Imagery*, 9(4), pp. 43-56.

LEE, Richard H. (1981). Video as adjunct to psychodrama and role playing. In: Jerry L. Fryrear & Bob Fleshman (Eds.). *Videotherapy in mental health*. Springfield, Charles C. Thomas, pp. 121-45.

LEVETON, Eva. (1977). *Psychodrama for the timid clinician*. Nova York, Springer Publishing Co.

LIPPITT, Rosemary. (1958). Auxiliary chair technique. *Group Psychotherapy*, 11(1-2), pp. 8-23.

MILLER, Donnell. (1972). Psychodramatic ways of coping with potentially dangerous situations in psychotic and non-psychotic populations. *Group Psychotherapy and Psychodrama*, 25(1-2), pp. 57-68.

MORENO, J. L. (1958). Rules and techniques of psychodrama. In: Jules H. Masserman and J. L. Moreno (Eds.). *Progress in psychoterapy*. Nova York, Grune & Stratton, v. 3, pp. 86-132.

MORENO, Zerka T. (1959). A survey of psychodramatic techniques. *Group Psychotherapy*, 12, pp. 5-14.

———. (1966). Psychodramatic rules, techniques, and adjunctive methods. *Group Psychotherapy*, 18, pp. 73-86.

OSSORIO, Abel G. & FINE, Leon. (1960). Psychodrama as a catalyst for social change in a mental hospital. In: J. Masserman & J. L. Moreno (Eds.). *Progress in psychoterapy*. Nova York, Grune & Stratton, v. 5, pp. 121-31.

PARRISH, Marguerite. (1953). Psychodrama: Description of applications and review of techniques. *Group Psychotherapy*, 6(1-2), pp. 74-7.

REMER, Rory. (1986). Use of psychodramatic intervention with families: Change on multiple levels. *Journal of Group Psychotherapy, Psychodrama, & Sociometry*, 39(1), pp. 13-30.

SACKS, James M. (1967). The judgement technique in psychodrama. *Group Psychotherapy*, 18(1-2), pp. 69-72.

———. (1970). The reformed auxiliary ego technique: A psychodramatic rekindling of hope. *Group Psychotherapy*, 23, pp. 118-26.

———. (1970). The letter. *Group Psychotherapy* and *Psychodrama*, 27(3-4), pp. 184-90.

SAMUELS, Mike & SAMUELS, Nancy. (1975). *Seeing with the mind's eye: The history, techniques and uses of visualization*. Nova York, Random House/The Bookworks.

SCHUTZ, Will. (1971). *Here comes everybody*. Nova York, Harper & Row.

SEABOURNE, Barbara. (1963). The action sociogram. *Group Psychotherapy*, 16(3), pp. 145-55.

———. (1985). *Practical aspects of psychodrama*. St. Louis: Author. (Publicado originalmente em 1966. Ver Bibliografia.)

SIROKA, Robert & SCLOSS, Gilbert A. (1968). The death scene in psychodrama. *Psychotherapy: Theory, Research, and Practice*, 5, pp. 355-61.

SPEROS, Tom. (1972). The final empty chair. *Group Psychotherapy*, 25(1-2), pp. 32-3.

TORRANCE, E. Paul. (1978). Sociodrama and the creative process. In: Frederick Flach (Ed.), *Geigy Series on Creative Psychiatry*. Ardsley, Geigy Pharmaceuticals.

VANDER MAY, James. (1981). *Psychodrama a deux*. Grand Rapids, Author.

WEINER, Hannah B. & SACKS, James M. (1981). Return from "Splendid isolation". In: Richard Courtney & Gertrud Schattner (Eds.). *Drama in Therapy*. Nova York, Drama Book Specialists, v. 2, pp.129-56.

YABLONSKY, Lewis. (1954). The future-projection technique. *Group Psychotherapy*, 7(3-4), pp. 303-05.

BIBLIOGRAFIA

Além das referências já apresentadas ao longo do livro, existem outras que merecem ser mencionadas. A maior parte da literatura sobre psicodrama é encontrada no periódico da ASGPP, no *Journal of Group Psychoterapy, Psychodrama and Sociometry* (JGPPS). Na verdade, seu nome mudou diversas vezes. Até o final, essa revista e outras semelhantes foram publicadas pela Beacon House, de propriedade de Moreno, e seus vários títulos estão listados a seguir sob seu nome. A partir de 1980 os JGPPS foram publicados por Heldref, Inc. (ver abaixo). As referências a seguir enfatizam os livros principais, bem como algumas publicações adicionais, talvez ainda não tão conhecidas por serem bastante recentes. Inúmeras referências sobre psicodrama podem ser encontradas nos livros de Blatner, Corsini, Gendron, Greer, Kipper e Swink.

ANDERSON, Walt. (1977). *Therapy and the arts.* Nova York, Harper/ Colophon.
ANZIEU, Didier. (1982). Psychodrama as a technique of the psycho-analysis of institutions. In: Malcolm Pines & Lise Rafaelsen (Eds.). *The individual and the group.* Nova York, Plenum, v. 1. (Nota do autor: o livro contém também outros artigos sobre psicodrama.)
AVELINE, Mark. (1979, julho). Action techniques in psychoterapy. *British Journal of Hospital Medicine,* pp. 78-84.
BISCHOF, Ledford J. (1964). *Interpreting personality theories.* Nova York, Harper & Row.
BLATNER, Adam. (1973). *Acting-in: Practical applications of psychodramatic methods.* Nova York, Springer Publishing Co. (Nota do autor: Esta brochura é a melhor introdução ao assunto.)
————. (1985). *Creating your living: Applications of psychodramatic methods in everyday life.* San Marcos, Author.
————. (1988). Psychodrama. In: R. J. Corsini & D. Wedding (Eds.). *Current psychoterapies* (4ª ed.). Itasca, Peacock.
BLATNER, Adam & BLATNER Allee, (1987). *The art of play: An adult's guide to reclaiming imagination and spontaneity.* Nova York, Human Sciences Press.

BOIES, Karen G. (1973). Role playing as a behavior change technique: Review of the empirical literature. In: Isaac M. Marks (Ed.). *Psychoterapy and behavior change,* 1972. Chicago, Aldine.
BORIA, Giovanni. (1983). *Tele: Manuale di psicodramma classico* [Tele: Manual de psicodrama cla´ssico]. Mila˜o, Franco Angeli.
BUCHANAN, Dale R. (1984). Psychodrama. In: Tokasz B. Karasu (Ed.). *The psychiatric therapies: Part 2. The psychosocial therapies* (cap. 18). Washington, American Psychiatric Association. (Nota do autor: Trata-se de excelente e conciso suma´rio sobre o assunto.)
──────. Dale R. (1984). Moreno's social atom: A diagnostic and treatment tool for exploring interpersonal relationships. *The Arts in Psychoterapy,* 11, pp. 155-64.
COHEN, Roberta G. & LIPKIN, Gladys B. (1979). *Therapeutic group work for health professionals.* Nova York, Springer Publishing Co., pp. 179-217.
COMPERNOLLE, T. (1981). J. L. Moreno: An unrecognized pioneer of family therapy. *Family Process,* 20, pp. 331-5.
CORSINI, Raymond J. (1967). *Role playing in psychoterapy.* Chicago, Aldine. (Nota do autor: Muito bom, com bibliografia comentada.)
CORSINI, Raymond J. & PUTZEY, L. J. (1956). The historic background of group psychoterapy. *Group Psychotherapy,* 9, pp. 177-249. (Nota do autor: Bibliografia com mais de 1700 itens, inclusive os datados de 1906 a 1955.)
EMUNAH, Renee. Drama therapy with adult psychiatric patients. *The Arts in Psychoterapy,* 10, pp. 77-84.
FINE, Leon J. (1978). Psychodrama. In: Raymond J. Corsini (Ed.). *Current psychoterapies* (2ª ed.). Itasca, F. E. Peacock.
FLESHMAN, Bob & FRYREAR, Jerry. (1981). *The arts in therapy.* Chicago: Nelson-Hall. (Nota do autor: Excelente ana´lise das diversas terapias expressivas.)
FOX, Jonathan (Ed.). (1987). *The essential Moreno: Writings on psychodrama, group method and spontaneity by J. L. Moreno.* Nova York, Springer Publishing Co.
GARVEY, Dale M. (1967). Simulation, role-playing, and sociodrama in the social studies (com bibliografia comentada). *Emporia State Research Studies,* 16(2), pp. 5-34.
GENDRON, Jeanine. (1980). *Moreno: The roots and the branches; and bibliography of psychodrama,* 1972-1980. Beacon, Beacon House.
GOLDMAN, Elaine Eller & MORRISON, Delcy Schram, (1984). *Psychodrama: Experience and process.* Phoenix, Eldemar. (5812 N. 12th St. No. 32, Phoenix, AZ 85014.)
GREENBERG, Ira A. (Ed.). (1974). *Psychodrama; Theory and therapy.* Nova York, Behavioral Publications.
──────. (Ed.). (1977). *Group hypnotherapy and hypnodrama.* Chicago, Nelson-Hall, pp.231-303.
──────. (1986). Psychodrama. In: I. L. Kutash & A. Wolf (Eds.). *Psychotherapist's casebook* (cap. 24). San Francisco, Josey-Bass.
GREER, Valerie J. & SACKS, James H. (1973). *Bibliography of psychodrama (1920-1972).* Nova York, Authors. (Nota do autor: 834 itens.)
GREGORIC, Linda & GREGORIC, Michael. (1981). Sociodrama: Video in social action. In: J. L. Fryrear & B. Fleshman (Eds.). *Videotherapy in mental health.* Springfield, Charles C. Thomas. pp. 244-56.
HALE, Ann E. (1985). *Conducting clinical sociometric explorations: A manual for psychodramatists and sociometrists.* Roanoke, Author. (Royal Publishing Company, 137 W, Campbell Avenue, Roanoke, VA 24011. Nota do autor: É a melhor introduc¸a˜o ao me´todo.)
HARE, A. Paul. (1985). *Social interaction as drama.* Beverly Hills, Sage Publications.
──────. (1987). Bibliography of the work of J. L. Moreno. *Journal of Group Psychotherapy, Psychodrama and Sociometry,* 39(1), pp. 95-128.
HAWLEY, Robert C. (1975). *Value exploration through role playing: Practical strategies for use in the classroom.* Nova York, Hart.

HEISEY, Marion J. (1982) *Clinical cases studies in psychodrama*. Washington, University Press of America.
HUDGINS, M. Katherine & KIESLER, Donald J. (1984). *Instructional manual for doubling in individual psychoterapy*. Richmond, Author. (Por cortesia do dr. D. J. Kiesler, do Depto. de Psicologia da Virginia Commonwealth University, 806, Franklin St., Richmond, VA 23284.)
IRWIN, Eleanor C., & PORTNER, Elaine, (Eds.). (1984). *The scope of drama therapy: Proceedings from the first annual drama therapy conference*. New Haven, Author. (Cortesia da NADT, 19 Edwards Street, New Haven, CT 06511.)
JEAMMET, Phillippe & KESTEMBERG, Evelyne. (1981). Le psychodrame psychanalytique; Technique, speficite, indications. *Psychotherapies*, 92(2), pp. 85-92.
JEAMMET, Phillippe & KESTEMBERG, Evelyne. (1983). Le psychodrame psychanalytique a l'adolescence. *Adolescence* 1(1), pp. 147-63.
JENNINGS, Sue. (1974). *Remedial drama*. Nova York, Theatre Arts Books.
─────. (1986). *Creative drama in group work*. Londres, Winslow Press. (Nota do autor: Inúmeras técnicas úteis)
KASE-POLISINI, Judith. (Ed.). (1985). *Creative drama in a developmental context*. Lanham, University Press of America.
KIPPER, David A. (1986). *Psychoterapy through clinical role playing*. Nova York, Brunner/Mazel. (Nota do autor: Texto excelente e completo)
KUMAR, V. K., & TREADWELL, T. W. (1985). *Practical sociometry for psychodramatists*. West Chester, Authors. (Depto de Psicologia da West Chester University, West Chester, PA 19383.)
LANDY, Robert J. (1982). *Handbook of educational drama and theater*. Westport, Greenwood Press. (Nota do autor: Diversas referências a dramatizações criativas em educação.)
─────. (1986). *Drama Therapy: Concepts and Practices*. Springfield, Charles C. Thomas.
LANGLEY, Dorothy & LANGLEY, Gordon E. (1983). *Dramatherapy and psychiatry*. Londres, Croom Helm.
LEBOVICI, Serge. (1974). A combination of psychodrama and psycho-analysis. In: Stefan de Schill (Ed.). *The challenge for group psychotherapy: Present and future*. Nova York, International Universities Press, pp. 286-315.
LEE, Richard H. (1981). Video as adjunct to psychodrama and role playing. In: J. L. Fryrear & B. Fleshman (Eds.). *Videotherapy in mental health*. Springfield, Charles C. Thomas, pp. 121-45.
LEVETON, Eva. (1977). *Psychodrama for the timid clinician*. Nova York, Springer Publishing Co.
MCCRIE, E. (1975, dezembro), Psychodrama: An interview with Zerka T. Moreno. *Practical Psychology for Physicians*, pp. 45-8, 68-79.
MCNIFF, Shaun. (1981). *The arts and psychotherapy*. Springfield, Charles C. Thomas.
─────. (1986). *Educating the creative arts therapist: A profile of the profession*, Springfield, Charles C. Thomas.
MORENO, J. L.: Ver escritos principais no final desta seção.
MORENO, Zerka T. (1978). Psychodrama. In: H. Mullan & M. Rosenbaum (Eds.). *Group psychotherapy: Theory and practice* (2ª ed.). Nova York, Free Press, pp. 352-376
─────. (1983). In: H. I. Kaplan & B. J. Sadock (Eds.). *Comprehensive group psychotherapy* (2ª ed.). Baltimore: Williams and Wilkins, pp. 158-66.
─────. (1987). Psychodrama. In: Jeffrey Zeig (Ed.). *The evolution of psychotherapy*. Nova York, Brunner/Mazel, pp. 341-58.
NAAR, Ray. (1982). *A primer of group psychotherapy*. Nova York, Human Sciences Press, pp. 177-203.
NICHOLAS, Mary W. (1984). *Change in the context of group therapy*. Nova York,

Brunner/Mazel. (Nota do autor: O livro contém boas explicações teóricas sobre as razões pelas quais o psicodrama deve ser integrado a outras terapias e psicologias modernas.)

OLSSON, Peter A. & BARTH, Patricia A. (1983). New Uses of Psychodrama. *Journal of Operational Psychiatry*, 14(2), pp. 95-101.

PETZOLD, Hilarion. (Ed.). (1985). *Dramatische therapie* [Terapia dramática]. Stuttgart, Hippokrates Verlag. (Nota do autor: Contém inúmeras referências a artigos publicados na França e Alemanha.)

PETZOLD, Hilarion & MATHIAS, U. (1982). *Rollenentwicklung und Identität* [Desenvolvimento de papel e identidade]. Paderborn, Alemanha, Junfermann.

POLANSKY, Norman A. Ego functions in Psychodrama. In: N. Polansky (Ed.). *Integrated ego psychology* (cap. 11). Nova York, Aldine.

QUELL, Brin. (1980) *Get those people moving: A handbook on using creative dramatics in a variety of settings*. Albany, Depto. de Recursos Humanos. (Albany City Arts Office, 450 Madison Ave., Albany, NY 12210.)

SACKS, James M. (1974). The psychodramatic approach. In: Donald S. Milman & George D. Goldman (Eds.). *Group process today: Evaluation and perspectives*. Springfield, Charles C. Thomas.

———. (1981). Drama therapy with the acting out patient. In: G. Schattner & R. Courtney (Eds.). *Drama in therapy: Vol 2. Adults*. Nova York, Drama Book Specialists, pp. 35-56.

SCHATTNER, Gertrud & COURTNEY, Richard (Eds.). (1981). *Drama in therapy*, vol. 1. *Children*; vol. 2. *Adults*. Nova York, Drama Book Specialists. (Nota do autor: Excelente antologia com diversos artigos importantes.)

SCHRAMSKI, Thomas. (1982). *A systematic model of psychodrama*. Tucson, Author. (Monografia disponível com o autor, 927 North 10th Ave., Suite A, Tucson, AZ 85705.)

SCHRAMSKI, Thomas & FELDMAN, Clyde A. (1984). *Selected Abstracts of outcome research in the action methods*. Tucson, Author. (Disponível com o autor, 927 North 10th Ave., Suite A, Tucson, AZ 85705.)

SEABOURNE, Barbara. (1985). *Practical aspects of psychodrama*. St. Louis, Author. (Pode ser obtido com o autor na 546 Oakwood, St. Louis, Missouri 63119.) (Nota do autor: A monografia de 68 páginas contém diversos artigos práticos que fizeram parte da publicação de 1970 de Blatner, q.v.)

SHAFTEL, Fannie & SHAFTEL, George. (1982). *Role-playing in the curriculum* (2ª ed.). Englewood Cliffs, Prentice-Hall, 1982. (Nota do autor: Trata-se de edição revisada de seu livro de 1967, *Role playing for social values*.)

SHAW, Malcom E., CORSINI, Raymond, BLAKE, Robert & MOUTON, Jane. (1980). *Role playing: A practical manual for group facilitators*. San Diego, University Associates. (Nota do autor: Excelente bibliografia, notadamente voltada para platéias organizacionais e empresariais.)

STARR, Adeline. (1977). *Psychodrama: Rehearsal for living*. Chicago, Nelson-Hall.

SWINK, David F. (1984). *Intensive psychodrama training series*. Washington, St. Elizabeth's Hospital, Psychodrama Section. (Nota do autor: Excelente bibliografia e currículo para treinamento.)

TORRANCE, E. Paul. (1978). Sociodrama and the creative process. In: Frederic Flach (Ed.). *Creative psychiatry*. Ardsley, Geigy Pharmaceuticals, nº 14, pp. 1-31.

TORRANCE, E. Paul, MURDOCK, Mary & FLETCHER, David. (no prelo). *Sociodrama: Creative problem solving in action*. Buffalo, Bearly, Ltd.

TREAWELL, Thomas W. (Ed.). (1974). *Confrontation and training via the group process — the action techniques*. Nova York, Simon & Schuster. (Selected Academic Readings.)

VANDER MAY, James H. (1981). *Psychodrama a deux.* Grand Rapids, Author. (Monografia disponível com o autor em Pine Rest Christian Hospital, 300 68th Street S., Grand rapids, MI 49508.)

VAN MENTZ, Morry. (1983). *The effective use of role-play: A handbook for teachers and trainers.* Londres, Kogan Page.

WARNER, G. Douglas. (1978-1985). *Psychodrama training tips* (vols. 1, 2). Hagerstown, Author. (326 Summit Ave., Hagerstown, MD 21740.)

WEINER, Hannah B. (1975). Living experiences with death — a journeyman's view through psychodrama. *Omega*, 6(3), pp. 251-74. (Nota do autor: Grande variedade de técnicas.)

WEINER, Hannah B. & SACKS, James M. (1981). Return from splendid isolation. In: G. Schattner & R. Courtney (Eds.). *Drama in therapy.* Nova York, Drama Book Specialists, pp. 129-56.

WOLBERG, Arlene R. (1976). The contribution of Jacob Moreno. In: Lewis R. Wolberg & M. L. Aronson (Eds.). *Group therapy, 1976 — an overview.* Nova York, Stratton Intercontinental Medical Books. (Nota do autor: inclui outros artigos importantes.)

YABLONSKY, Lewis. (1975). *Psychodrama: Resolving emotional problems through role-playing.* Nova York, Basic Books.

PRINCIPAIS TRABALHOS DE J. L. MORENO

Nesta seção apresentamos alguns dos principais escritos de J. L. Moreno. Criador do psicodrama e escritor prolífico, ele é autor de inúmeros livros e artigos que podem ser encontrados como referências nos outros itens-chave desta bibliografia, em especial no artigo de Hare e nos livros de Blatner e Gendron. Moreno publicou a maioria de seus trabalhos em sua própria editora, a Beacon House, Inc., situada em sua residência em Beacon, Nova York. A não ser referência em contrário, esta é a fonte editorial dos itens mencionados. A comercialização de seus outros livros ficou a cargo da Horsham Clinic, e os mesmos podem ser obtidos escrevendo-se para Beacon House, Inc., Welsh Rd. & Butler Pike, Amble PA 19002.

MORENO, J. L. (1921). *The words of the Father.* Reimpresso em 1971. (Nota do autor: Sua publicação inicial, em Viena, foi anônima; consta de poesia de grande inspiração e da exposição das idéias filosóficas e teológicas de Moreno. Recebeu também o título de *The Psychodrama of God: A new hypothesis of the self.*)

MORENO, J. L. (1923). *The theater of spontaneity.* (Nota do autor: Publicado inicialmente em Viena sob o título *Das Stegreiftheatre*; traduzido e publicado pela Beacon House em 1947 e 1972.) Publicado no Brasil sob o título: *O teatro da espontaneidade.* São Paulo, Summus, 1984.

MORENO, J. L. (1934). *Who shall survive? A new approach to the problem of human interrelations.* Washington, DC: Nervous & Mental Disease Publishing Co. (Nota do autor: Em 1953, foi revisado e ampliado e teve o subtítulo alterado para: *Who shall survive? Foundations of sociometry, group psychotherapy, and sociodrama.*)

• No Brasil, publicado sob o título: *Quem sobreviverá?* Goiânia, Dimensão, 1992.)

MORENO, J. L. (1946). *Psychodrama* (Vol. 1). (Reeditado em 1972).

MORENO, J. L. (1951). (Ed.). *Sociometry: Experimental method and the science of society.*

MORENO, J. L. (1956). *Sociometry and the science of man.*

MORENO, J. L. (1956-1960). (Ed.). *Progress in psychotherapy* (Vols. 1-5). Nova York,

Grune & Stratton. (Vol. 1 editado em conjunto com Frieda Fromm-Reichman; Vols. 2-5, com Jules Masserman; ambas eram os primeiros nomes nos livros.)

MORENO, J. L. (1960). *The Sociometry Reader*. Glencoe, IL: The Free Press. (Co-editado com Helen Hall Jennings e outros.)

MORENO, J. L. (1969). *Psychodrama* (Vol. 3).

MORENO, J. L. (1971). Psychodrama. In: H. I. Kaplan & B. Sadock (Eds.). *Comprehensive group psychotherapy*. Baltimore: Williams and Wilkins.

MORENO, J. L. (1972). The religion of God-Father. In: Paul E. Johnson (Ed.). *Healer of the mind: A psychiatrist's search for faith*. Nashville, TN: Abingdon.

MORENO, J. L. & ELEFTHERY, Dean G. (1975). An introduction to group psychodrama. In: George Gazda (Ed.). *Basic approaches to group psychotherapy and group counseling* (2ª ed.). Springfield, IL, Charles C. Thomas.

MORENO, J. L., FRIEDEMANN, A. BATTEGAY, R. & MORENO, Z. (Eds.). (1966). *International handbook of group psychotherapy*. Nova York, Philosophical Library.

MORENO, J. L. & MORENO, Z. T. (1956). *Psychodrama* (Vol. 2).

Periódicos editados e/ou publicados pelo dr. Moreno:

Sociometry: A Journal of International Relations (Vols. 1-18, 1937-1956). (Nota do autor: Nos primeiros volumes acham-se algumas das idéias básicas de Moreno e revelam o ecletismo das pessoas cujos trabalhos eram neles publicados. Em 1956 a revista foi transferida para a American Sociological Society.)

International Journal of Sociometry (Vols. 1-5, 1956-1968).

Handbook of International Sociometry (Vols. 6-8, 1971-1973).

Sociatry (Vols. 1-3, 1947-1950).

Group Psychotherapy (Vols. 4-22, 1951-1970). (Continuação, com a mudança de título, de *Sociatry*.)

Group Psychotherapy and Psychodrama (Vols. 23-28, 1970-1975). (Continuação, com mudança de título, de *Group Psychotherapy*.)

[Após a morte de Moreno, em 1974, a revista prosseguiu, editada por um comitê de líderes no campo do psicodrama.]

Group Psychotherapy, Psychodrama, and Sociometry (Vols. 29-33, 1976-1980).

The Journal of Group Psychotherapy, Psychodrama, and Sociometry (Vol. 34+, 1980-presente). (Publicada por Heldref Publications, 4000 Albermale Street, NW, Washington, DC 20016, sob responsabilidade editorial da American Society for Group Psychotherapy and Psychodrama.)

APÊNDICE A:
Cronologia Histórica do Psicodrama e da Psicoterapia de Grupo

PRECURSORES INICIAIS

1905: Joseph H. Pratt, médico residente no Massachusetts Hospital em Boston, proporciona palestras inspiradoras aos pacientes com tuberculose. Ele reunia seus pacientes em grupos e lhes explicava a respeito da necessidade, da higiene, orientava-os e exortava-os a que se submetessem à sua vontade. Esse "método de sala de aula" era chamado de "controle de pensamento", e outros médicos empregaram o mesmo método em numerosos distúrbios físicos (Pratt, 1907). Mais tarde, entre 1920 e 1930, Pratt pronunciou palestras informativas a pacientes psiquiátricos no Boston Dispensary nas quais ele dava menos ênfase à doença e maior atenção às emoções e seus efeitos nas psiconeuroses. O grupo tornou-se para ele o ponto central da terapia (Pratt, 1945).

1908-1911: Jacob L. Moreno começa a fazer experiências com teatro criativo com crianças em Viena.

1912: Moreno organiza o primeiro grupo de auto-ajuda, na classe desfavorecida das prostitutas de Viena.

1917-1918: Moreno trabalha com refugiados tiroleses da Primeira Guerra Mundial que eram realocados num campo nos arredores de Viena; ali ele desenvolveu suas idéias iniciais sobre a sociometria.

1921: E. W. Lazell trabalha com veteranos da Primeira Guerra no St. Elizabeth's Hospital em Washington, DC. Seu procedimento era semelhante ao de Pratt, porém ele trabalhava com pacientes com doenças mentais e chamava de "análise de grupo" suas palestras aos pacientes em dinâmica psicanalítica. (Lazell, 1921).

1921: Alfred Adler e Rudolph Dreikurs, em Viena, organizaram conferências com professores, famílias e crianças ou adolescentes, todos juntos, e fizeram sessões algumas de aconselhamento nesses *settings*. Mais tarde, Dreikurs trabalhou com grupos de alcoólicos em Viena antes de rumar para os Estados Unidos.

1921-1924: J. L. Moreno organiza seu "Teatro da Espontaneidade" em Viena, dando início ao que viria a ser o psicodrama. (Moreno estabeleceu a data de 1º de abril de 1921 como o começo "oficial" do psicodrama.) Em 1923 publicou *Das Stegreiftheatre* (O Teatro da Espontaneidade), no qual descrevia as idéias a respeito da pesquisa em espontaneidade, teoria do papel, e estudos de ação. Ele projetou também o primeiro "teatro de arena"* (Held, 1982). Moreno considera o período entre 1911 e 1923 o primeiro período "axionormativo", no qual foram lançadas as bases filosóficas essenciais para o desenvolvimento da teoria sociométrica (Renouvier, 1958).

1922: Sigmund Freud especula a respeito da dinâmica de grupo em seu trabalho "Psicologia de Grupo e Análise do Ego".

1923-1930: Trigant Burrow trabalha intensamente com alguns grupos experimentais e (a partir de 1918) usa métodos psicanalíticos no *setting* grupal. Ele usava o grupo para reduzir a autoridade do analista e desenvolveu algumas teorias sociais interessantes sobre comportamento.

1927-1929: J. L. Moreno demonstra o *role-playing* no Mt. Sinai Hospital em Nova York (e em outros lugares).

1929: Louis Wender começa a fazer trabalho de grupo de orientação psicanalítica (Wender, 1951).

1929-1930: L. Cody Marsh, ministro no Kings Park State Hospital em Nova York, acrescentou um espírito evangelizador à tarefa de ajudar seus pacientes: "Pela multidão eles foram alquebrados, pela multidão serão curados". Ele fazia discursos inspirados através de rádios e instituiu idéias de "ambientes terapêuticos". Considerava cada paciente um estudante que recebia sua "condição" como parte do aprendizado sobre a grande questão da civilização" e que precisava vivenciar sua "reeducação" (Marsh, 1931). Durante esse período, Austin Riggs também fez palestras com alto-falantes para pacientes psiquiátricos em um hospital de Stockbridge, Massachusetts.

1929-1930: Moreno produz o *Impromptu Theater* (Teatro do Improviso), combinando psicodrama e dinâmica de grupo no Carnegie Hall.

1931: Moreno é consultado como psiquiatra na prisão de Sing Sing em Nova York e começa a escrever a respeito do uso da psicoterapia de grupo.

1932: J. L. Moreno cunha os termos "terapia de grupo" e "psicoterapia de grupo" numa conferência da American Psychiatric Association, na Philadelphia, depois de efetuar pesquisa básica em populações de presídios. (William Alanson White o estimulou a levar adiante o trabalho.) A abordagem de Moreno, com métodos realmente interativos e centrados no grupo, contrastava com os métodos anteriores de trabalhos com

• Ver *Palco Psicodramático*.

grupos que com freqüência não passavam de aulas sobre saúde mental, ensinadas por meio de palestras e exortações.

1933: Moreno é consultado na New York State Training School for Girls, em Hudson, Nova York, em colaboração com Helen Hall Jennings; ao longo dos anos seguintes ele introduziu o *role-playing* e produziu seu sistema sociométrico. Em 4 de abril exibiu algumas de suas primeiras tabelas na convenção da New York Medical Society; que considerava como o início oficial do "movimento sociométrico".

1934: Moreno publica *Who shall survive — A New Approach to the Problema of Human Interrelations*. (*Quem sobreviverá?* Goiânia, Dimensão, 1992.) Ele introduziu também o psicodrama no St. Elizabeth's Hospital em Washington, DC, que na época era um dos mais dinâmicos centros psiquiátricos do país. Moreno recebeu grande apoio de inúmeros profissionais influentes.

1934: Samuel R. Slavson, engenheiro voluntário no Jewish Board of Guardians' Big Sister Program, começou a executar voluntariamente atividades de arte e desenvolvimento de habilidades com grupos de moças adolescentes em casas de grupos. Ele prosseguiu até se tornar adepto da psicanálise e começou a expandir suas atividades, chamando-a de "egoterapia", aplicando-a a grupos de jovens no período de latência e finalmente a crianças em idade pré-escolar. Considerava seu trabalho "para-analítico", e nele incluía palestras e ludoterapia de linhas permissivas.

1934: Paul Schilder no Bellevue Hospital de Nova York organizou grupos de orientação psicanalítica tanto para pacientes internos como externos. Para estes, ele interpretava tanto os fenômenos de resistência como os de transferência.

1936: Moreno inaugura o Beacon Hill Sanitarium, hospital psiquiátrico particular cerca de 90 quilômetros ao norte de Nova York no rio Hudson, com um teatro psicodramático anexo e facilidades para treinamento de profissionais. (Nesse mesmo ano ele se tornou cidadão naturalizado.)

1937: Moreno inicia a publicação de sua primeira revista profissional — *Sociometry: A Journal of Interpersonal Relations*. (Ele usou a expressão "relações interpessoais" antes que ela se tornasse o nome da abordagem de Harry Stack Sullivan.) Ele aplicou testes sociométricos na Public School 181, no Brooklin. Moreno considerava esse o ano do início da "segunda fase sociométrica".

1937: Lauretta Bender (esposa de Schilder e uma das pioneiras da psiquiatria infantil), também em Bellevue, organizou grupos de ludoterapia para crianças com distúrbios emocionais (Bender, 1937).

1936-1937: Kurt Lewin, Muzafer Sharif e outros psicólogos sociais dão início a importantes estudos em dinâmica de grupo, embora não voltados para a terapia.

1937: Abraham A. Low, em Chicago, usa o "treinamento da vontade" (*will training*) em seu trabalho com os doentes mentais; mais tarde, em 1941, organizou a Recovery, Inc., um programa de auto-ajuda grupal

que utilizava o debate e a leitura de seus livros como programa de acompanhamento.
1937: O trabalho dos Alcoólicos Anônimos, fundado poucos anos antes, em Akron, Ohio, começa a ser reconhecido.
1940: S. H. Foulkes e E. James Anthony organizam o Group Analytic Society em Northfield, Inglaterra.

O PERÍODO DE EXPANSÃO

1941: É construído e posto em funcionamento um teatro de psicodrama no St. Elizabeth's Hospital em Washington, DC.
1941-1945: Durante a Segunda Guerra Mundial, a terapia de grupo começa a ser usada em larga escala em hospitais militares e de veteranos.
1942: J. L. Moreno organiza a American Society for Group Psychotherapy and Psychodrama (ASGPP), primeira associação profissional para terapeutas de grupo. Ele abriu também o Sociometric Institute and Theater of Psychodrama na 101 Park Avenue em Nova York e começou a proporcionar sessões abertas, atraindo uma multidão de profissionais curiosos de inúmeras disciplinas. Este foi o começo do que ele considerou a "terceira fase do desenvolvimento sociométrico", logo seguido pela disseminação da psicoterapia de grupo, da sociometria e do psicodrama, nacional e internacionalmente. (As sessões abertas de Moreno prosseguiram em noites de fim de semana até princípios da década de 70. Em 1962, ele mudou seu *setting* para 236 West 78th Street.)
1943: S. R. Slavson funda o American Group Psychotherapy Association, voltado para a prática psicanalítica. Ele também começou a publicar o *The International Journal of Group Psychotherapy*.
1945: Moreno começa a publicação de seu segundo periódico, *Sociatry*, que mais tarde tornou-se o órgão oficial da ASGPP e depois de dois anos foi rebatizado de *Group Psychotherapy*. No ano seguinte, publicou *Psychodrama* (Volume 1) (Corsini & Putzey, 1956). Diversos outros artigos e livros vieram a seguir, como se observa na bibliografia.
1946-1949: A. Snedeker, como cirurgião geral, instituiu uma política para implantar psicoterapia de grupo como a principal técnica de tratamento psiquiátrico nos hospitais da Veterans Admnistration.
1946-1950: J. D. Sutherland, S. H. Foulkes e H. Eziel aplicaram a psicanálise de grupo na Tavistock Clinic, em Londres. Winefied Bion, seguidor de Melanie Klein, iniciou a pesquisa da cultura grupal. Esse grupo começou a publicação de um jornal, *Human Relations: A journal of Small Group Research*.
1946: Joshua Bierer, na Inglaterra, havia assumido as idéias de Adler e escrito sobre trabalho de grupo e de psiquiatria social desde 1938. Ele criou clubes sociais para a recuperação de pacientes.
1946-1947: O National Training Laboratories em Bethel, no Maine,

dá início a suas conferências de desenvolvimento comunitário, que mais tarde evoluíram e se tornaram grupos de sensibilização e, posteriormente, os grupos de encontro. Diversos líderes haviam sido discípulos de Kurt Lewin e J. L. Moreno. As principais figuras eram Ronald Lippitt, Kenneth Benne, Leland Bradford e Jack Gibb (Goettschalk & Pattison, 1969; Lippitt, Bradford & Benne, 1947).

1948-1949: Alexander Wolf afirma que a psicanálise individual podia ser desenvolvida num *setting* grupal e, em seus escritos, observou que tal contexto recria a dinâmica familiar dos pacientes sob diversos aspectos.

1949: Robert Bartlett Haas aplica teorias de grupo e psicodrama a contextos educacionais, tanto em sala de aula quanto nos pátios de recreação.

1949-1955: Maxwell Jones desenvolve o conceito de "comunidade terapêutica" na Unidade de Reabilitação Social (mais tarde rebatizada de Henderson Hospital) do Belmont Hospital em Sutton, Inglaterra. Por volta daquela época, Paul Sivadon inaugurava, na França, a idéia de pátios abertos (destrancados).

1950-1960: Dá-se a expansão da psicoterapia de grupo, em especial por meio de líderes tais como Martin Grotjahn, Hyman Spotnitz, Jerome Frank, Florence Powdermaker, Clifford Sager, Helen Papanek, Max Rosenbaum, Helen Durkin e vários outros. As crianças eram tratadas em grupos por Haim Ginott, Gisela Konopka, Fritz Redl e outros.

1955-1959: O treinamento de sensibilidade, uma extensão das idéias dos grupos de sensibilização (*T-groups*), vinha sendo investigado na UCLA School of Business Administration na Califórnia e em outros *campus* como parte da expansão dos National Training Laboratories.

O PERÍODO DE INOVAÇÃO

1958-1966: Frederick (Fritz) Perls, Laura Perls, Paul Goodman, Ralph Hefferline e outros, desenvolvem a *gestalt*-terapia em Nova York, ela se tornou popular depois de Fritz Perls mudar-se para o Esalen Institute na Califórnia por volta de 1966.

1963-1966: Terapias de grupo em maratona (de tempo ampliado) (principalmente voltada para o crescimento pessoal); Frederick Stoller, George Bach, Elizabeth Mintz.

1963-1966: Eric Berne desenvolveu seu método de Análise Transacional.

1963-1966: Michael Murphy e Richard Price organizam o Esalen Institute, logo ao sul do Big Sur, Califórnia. Foi o protótipo do "centro de crescimento" e centenas de outros brotaram por todo o país (e em alguns outros países) ao longo das décadas seguintes. Esses centros se tornaram foco do movimento de potencial humano, que era um casamento entre a psicologia humanística e os métodos dos grupos de sensibilização (*T-groups*).

1967: Os "jogos" de Synanon abrem-se ao público na forma de um grupo de encontro em Santa Monica, subúrbio litorâneo a oeste de Los Angeles. Synanon foi inaugurado em 1958 por Charles Diedrich como um centro para tratamento de pessoas viciadas em drogas. Os jogos eram no limite da confrontação violenta, e parte dessa abordagem generalizou-se, vindo a contaminar grande parte do movimento de grupos de encontro.

1968: Os gurus hindus, *swamis*, e mestres espirituais do Oriente e suas doutrinas haviam entrado na moda, em parte em função do apoio dado pelos Beatles ao Maharishi Yogi e seu sistema de meditação transcendental. O uso de agentes psicodélicos vinha ao encontro do interesse metafísico, e as terapias de grupo passaram a incorporar questões transpessoais.

Nos anos 60 inúmeras outras técnicas de psicoterapia tornaram-se relativamente populares, e algumas dessas abordagens foram aplicadas em contextos grupais: terapias familiares (envolvendo diversas famílias ao mesmo tempo); arte, movimento, e outras terapias expressivas; a terapia primal de Arthur Janov; a terapia da realidade de William Glasser; e assim por diante.

Por volta desse período de intensa ação comunitária, expandiu-se tremendamente o conceito de trabalho de grupo. Surgiram grupos de auto-ajuda para fumantes, obesos, homossexuais e jogadores; para grupos com diversos problemas médicos especiais; para crianças com problemas de alfabetização, adultos com problemas mentais e muitos outros. Em meados da década de 70 foram criados asilos especiais para pacientes terminais — os Hospice — e grupos de luto.

Em resumo, acredito que a próxima barreira a ser vencida no uso da terapia de grupo será a integração natural de todos os aspectos de nossa sociedade, à medida que se amplia o número de pessoas habilitadas na utilização do contexto grupal, como facilitador nas áreas de gerenciamento, educação, recreação e ação política.

REFERÊNCIAS

BENDER, L. (1937). Group activities on a child's ward as a method of psychoterapy. *American Journal of Psychiatry*, 93, pp. 151-73.
CORSINI, Raymond J. & PUTZEY, J. J. (1956). Bibliography on group psychoterapy. *Group Psychotherapy*, 9(3), pp. 177-249.
GOTTSCHALK, Louis & PATTISON, E. Mansell. (1969). Psychiatric perspectives on T-groups and the laboratory method: An overview. *American Journal of Psychiatry*, 126(6), p. 824.
HELD, R. L. (1982). *Endless innovations: Frederick Kreisler's theory and scenic design*. Ann Arbor, MI: UMI Research Press, pp. 33-6.

LAZELL, E. W. (1921). The group treatment of dementia praecox. *Psychoanalytic Review*, 8, pp. 168-79.

LIPPITT, Ronald, BRADFORD, LELAND P. & BENNE, Kenneth D. (1947). Sociodramatic clarification of leader and group roles, as a starting point for effective group functioning. *Sociatry: A Journal of Group and Intergroup Therapy*, 1(1), pp. 82-91. (Nota do autor: Por volta de 1947 este e outros pioneiros do método dos Grupos de Sensibilização [*T-groups*] publicaram nas revistas de Moreno diversos outros artigos originais sobre o assunto.)

MARSH, L. C. (1931). Group treatment of the psychoses by the psychological equivalent of the revival. *Mental Hygiene in New York*, 15, pp. 328-49.

PRATT, J. H. (1907). The organization of tuberculosis classes. *Medical Communications of the Massachusetts Medical Society*, 20, pp. 475-92.

————. (1945). Group method in the treatment of psychosomatic disorders. *Sociometry*, 8, pp. 323-31.

RENOUVIER, Pierre. (1958). The group psychoterapy movement and J. L. Moreno, its pioneer and founder. *Group Psychotherapy*, 11(1), pp. 69-86.

WENDER, Louis. (1951). Reflections on group psychoterapy. *Quarterly Review of Psychiatry and Neurology*, 6, pp. 246-8.

APÊNDICE B:
Uma História Psicodramática
Um conto de Nachman da Bratzlav (em torno de 1820)

Era uma vez um príncipe que mergulhou na ilusão de que era um galo. Despiu-se por completo, postou-se debaixo da mesa e passou a comer apenas grãos ou migalhas. O rei recorreu à ajuda de inúmeros médicos, mas nenhum deles conseguiu curar o príncipe. Até que, um dia, um sábio apresentou-se ao rei e disse-lhe: "Acredito que eu possa curar o príncipe", e o rei deu-lhe permissão para tentar.

O sábio tirou suas roupas e, juntando-se ao príncipe embaixo da mesa, começou a ciscar os grãos e a cacarejar como um galo. O príncipe olhou desconfiado e perguntou: "Quem é você e o que faz aqui?". O sábio retrucou com a mesma pergunta. O príncipe respondeu: "Eu sou um galo!". "Oh, é mesmo?", disse o sábio. "Eu também sou!" E ficaram amigos.

Quando o sábio percebeu que o príncipe já se acostumara à sua presença, ele fez sinal pedindo uma camisa e vestiu-a. O príncipe, então, questionou-o de modo hostil: "Você ficou louco? Será que está esquecendo quem é você? Está tentando virar um homem?". O sábio respondeu: "Não me diga que você acredita que um galo que se veste de homem deixa de ser galo". O príncipe refletiu sobre isso e, em seguida, também vestiu uma camisa. Algum tempo depois, o sábio fez um gesto pedindo que colocassem comida embaixo da mesa. "Droga! O que você está fazendo?", protestou o príncipe. "Será que agora você vai comer como eles?" O sábio aplacou seus temores: "Não se aborreça. Ainda que um galo coma a mesma comida que os seres humanos, continuará sendo um bom galo". O príncipe refletiu alguns minutos sobre essas palavras e, em seguida, começou a comer também.

Por fim o sábio disse: "Você acredita que um galo precisa sentar-se embaixo da mesa o tempo todo? Se quiser pode levantar-se e passear por aí e ainda assim será um bom galo". O príncipe, então, seguiu o sábio, que saiu debaixo da mesa e começou a andar. "Lembre-se", disse o sábio, "você pode fazer tudo com os homens, no mundo deles e, ainda assim, permanecer o galo que você é". O príncipe convenceu-se e retomou sua vida como pessoa.

www.gruposummus.com.br

IMPRESSO NA
sumago gráfica editorial ltda
rua itauna, 789 vila maria
02111-031 são paulo sp
tel e fax 11 **2955 5636**
sumago@sumago.com.br

GRÁFICA